龔寶善著

現代倫理學

中華書局印行

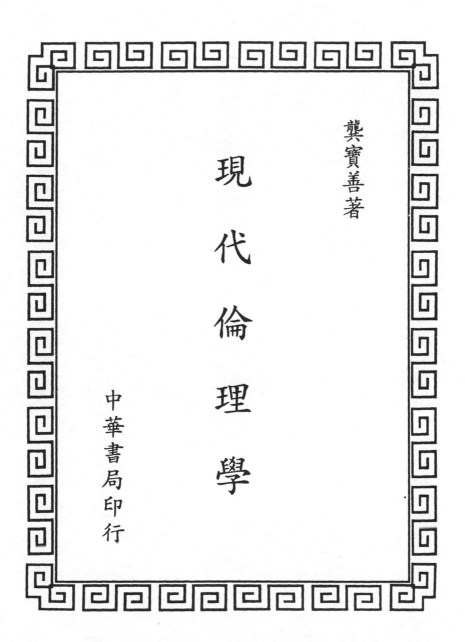

楊序

近人李石岑在其所著「人生哲學」中，注釋倫理學爲一人生日常應用的學問。雖其含義稍嫌簡單，但確是倫理學最主要功能之一。由於倫理學重在研討人與人間日常互相對待的許多德行，其內容應當力求平實，不宜走入玄虛或極端的途徑。

我國孔子與西哲亞里斯多德皆教人以中庸爲處事接物的準繩，尤其重視實踐篤行。論語：「子溫而厲，威而不猛，恭而安。」即是說明孔子平日行動態度皆遵守中庸之道。亞氏的倫理學曾舉出若干事例，就每一事例比照過與不及，以顯示中庸的規範。例如畏葸、愚勇之折中於果敢；無情、縱慾之折中於節制，優柔、暴烈之折中於和藹。而這些行爲皆屬於處世接物日常所易表現者。足徵倫理學允宜是一門平實持中的學問，有助於吾人平時生活的適應。

龔寶善教授近著「現代倫理學」一書，承其以初稿見示，閱讀一遍，覺其持論踏實，不尚空談，認爲倫理學是一門行爲研究和道德實踐的學科。研究的方法，兼採哲學和科學的觀點；倫理思想的闡述，均係切合孔子時中思想的原則。在行爲分析中，發現行爲外貌相似而實質相反，行爲外貌相異而實質相成兩種行爲現象，前者辨明是非，指出行爲的正道；後者權衡得失，指出行爲的中道。更具體說明正道和中道的可貴。誠屬治學頗有心得。

本書對於行爲是非的判斷，道德價值的衡量，道德實踐的準則，行爲規範的建立，人生理想的途徑，特別用力闡述，層次分明，立論正確。

年來我國對於倫理教育頗爲重視，本書出版，倘能用在專上學校講授方面，對現代靑年體認正確人生，當有不少裨益。因述所感，並爲之序。

中華民國五十九年四月十日楊亮功序

自序

作者於前年秋間獲有一年休假的機會，依照政府規定，在休假期間，應訂計劃從事進修，當即決定撰寫本書，並將綱目擬定，於十月間着手撰寫，爲期一年，草成初稿，嗣經斟酌修訂，妥爲補充，終於完成本書。

本書撰寫之主旨有二：

第一，試爲現代倫理學在研究方面，打開一條平實的道路。以往討論有關倫理道德的著述，可說琳瑯滿目，美不勝收。但多偏重於道德意識的鑽磨，倫理思想的省察，陳義高深，析理精微；有如殷商古器，令人煞費揣測。傳授大專在學青年，嘗感不易接受。至於有關人生日用的行爲探討，大都略而不詳。本書的任務，即擬彌補此一缺陷，特重倫理行爲的研究與分析。惟以作者學力有限，雖已勉爲闡述，自知缺漏頗多，亟盼對於此門學問有興趣的學者多所補充。

第二，試爲現代倫理學在應用方面，指出一些可行的途徑。作者從事教學有年，深感現代青年對於我國固有文化誠然缺少認識，對於現代倫理行爲亦多徬徨迷惑。在講授有關倫理學科時，特重行爲是非的判別，與道德價值的衡量，並進而指出倫理實際的基準，冀有助於青年立身處世的參考。因而認定倫理學的講授，宜以實用價值爲主，學術價值爲次。本書即係循着此一目標撰寫。此種觀點是否妥當？仍有待於研究倫理的學者共同商榷。

本書內容多係作者歷年閱讀他人著述加以融會而成，自問創見不多。但前後立場力求一貫，層次亦勉力交待清楚，務期讀者閱後有一明白概念。凡引證他人的文字和意見，均在原文中註明出處，以便讀者參閱。惟以成書倉促，錯誤在所難免，尚希讀者不吝教正。

本書完稿之初，曾經送請楊亮功先生審核，並承其惠賜序言，特此致謝。

中華民國五十九年五月五日龔寶善於國立臺灣師範大學

目錄

第一章　倫理學的意義

第一節　倫理行爲的發展

人類倫理行爲的發展，可從兩方面加以觀察。

就個體行爲的發展上說，當嬰兒初生時期，完全蒙昧無知。最先感覺到的便是一個「自我」，感到餓了，便需要吃，感到倦了，便需要睡。想吃時，不給他吃，便呱呱啼哭，想睡時，不管任何環境，他都可以倒頭便睡。稍大一些時，看到好玩的東西，不管是誰的，便會搶到手中；看到好吃的東西，不管是誰的，便會爭着要吃。完全以「自我」做中心，來滿足生活上的需要。他最先接觸到的便是母親和父親，他感到父母是爲他而存在，需要父母的照顧，離開了父母便感到不安全，也開始對別人發生好感。其次接觸到的便是他的兄弟姊妹，認爲是自己天生的伴侶，有時大家玩得很好，有時又會發生爭執，有時更要接受父母的管教，使他開始感到對待別人的行爲，不能過於任性，需要約束自己。他必須聽父母的話，才可以得到讚許；必須和兄弟姊妹相讓，才可以彼此和好。這是倫理行爲的開端。三四歲時，送到托兒所和幼兒園去，他開始擴大了生活的圈子，知道照顧他的人，除了父母以外，還有老師；和他作伴的人，除了兄弟姊妹以外，還有許多同學。他對待別人的行爲也就日漸複雜，爲了贏得別人的讚許，他必須要有禮貌，肯聽話；爲了適應團體生活，他必須要守秩序，愛清潔。這是倫理行爲發展的起步。以後年齡逐漸增加，接觸的人們逐漸加多，接觸的環境逐漸擴大，他才知道除了家庭的父母兄妹以外，更有學校裏面的老師和同學，社會裏面各種行業的份子，國家裏面的男女老少同胞，以至於全世界的各色各樣民族和人羣，都是自己可能接觸的對象。如何互相對待，甚至如何互助合作，都是他必須面臨的問題。他便會想到怎樣做一個大家所稱讚的人，怎樣做一些大家認爲有價值的事，能够好好的在團體中生活下去，使自己成爲一個道德高尙品格完美的人。

就羣體的行爲發展上說，在原始社會裏面，只有部落的組織，部落中的各個份子，完全接受酋長權力的支配，個人工作所得的收穫，常爲酋長取去一部份或全部份，而自己認爲應當如此。土地財物常屬於一個血族的領袖或神祇教派所共有，而不屬於私人。同族之人犯罪，常須接受公衆的制裁。遇有外來的侵略，大家都要服從酋長的命令，不惜犧牲一切來抵抗共同的敵人。遊牧社會的人羣，由於生活飄蕩不定，夫婦兩性的關係，並不十分固定，家屬的情誼和德行也就不容易建立起來。到了農業社會，生活日趨安定，宗族日漸繁衍，每個人都非常重視自己的血統，認爲同一祖先的血液，散佈在同一宗族的每一個份子身體裏面，使大家感到個人的生命乃是羣體生命的一部份，具有神聖不可侵犯的血統關係。便產生了親屬制度，構成了龐大家庭，在大家庭中的份子衆多，必須定出彼此互相對待的行爲禮節，藉以維繫家族的安定和繁榮，這是農業社會的一大特色。由農業社會轉變到工業社會，農人多半離開家園走向工廠，甚至婦女也到工廠去做工，爲了工作方便，成婚的兄弟多半離開大家庭另組小家庭，於是大家庭制度趨於沒落。更由於工業原料的收購　工業產品的外銷，必須運用國家的政治力量，來保障人民共同的經濟利益。於是國家的組織日趨堅強，人民愛護國家的意識也更加深厚，形成爲民族主義和國家主義，個人對國家民族有義務也有權利，社會公共道德更爲每個人所必須遵守。這是工業社會的特色。由於現代社會工商業經濟的高度發展，各國人民生活的需求彼此息息相關，每一個國家幾乎不能關起門來自己獨立生存。因此在政治上成立了聯合國，在經濟上開闢了共同市場，在文化上加速了彼此的交流和了解，在道德上更通行國際禮儀，和重視人道主義，使人類倫理行爲進展到一個新境界。

人類的本性，就個體講，呈現個別差異，習性有善有惡，行爲有是有非。就羣體講，彼此的習性極易暗示模仿，產生了錯綜的影響，表現的善惡是非更加顯得異常複雜，如何妥爲辨明，正確判斷，以樹立人類行爲的共同標準，更如何修養身心，體認人際關係，加以具體實踐，確是我們值得研究的課題。因此幾千年來，便有不少學人對於人類行爲道德的演進，行爲本質的分析，以及道德律和人生觀的建立，發表種種的論述和主張，逐漸形成爲一門專攻的學問，並且隨着時代的進步而改變研究的觀點，這也許就是倫理學能夠建立，並且不斷進展的原因。

第二節　倫理學名詞的詮釋

「倫理學」一詞，在我國成爲一種專門的學識，係從西方的英文 Ethics，經日人移譯爲漢文而來，我國遂予以沿用。至於我國雖已早有「倫理」一詞，但所指稱的事物，較人倫道德更爲廣泛，如禮記中有「樂者，通倫理者也。」朱子語錄載：「讀史當觀大倫理大機會大治亂之得失」。試更就倫理兩字的本義來講：「倫」字的意義，辭源解釋：「倫，常也，君臣、父子、夫婦、昆弟、朋友，爲五倫也。」「理」字的意義，許愼說文詮釋：「理，治玉也。」因爲玉的紋理最爲細密，故治玉需下精細琢磨的工夫。又易繫辭：「俯以察於地理。」因地有山川原隰，各具條理，理又可解釋爲條理。劉申叔著「倫理教科書」，曾經詳加引申的解釋說：「倫字之本義訓爲輩，而其字從人從侖。蓋人與人接，倫理始生。理字本訓爲治玉，引伸之，則爲區分之義。凡事物之可區別者是謂物理，而人心所以能區分事物者爲心理。故學科之以理字標目者，皆有條理秩序之義。倫理者，猶言人人當守其爲人之規則，而各遵其秩序耳。」（黃建中所著「比較倫理學」一書中，對倫理二字引證解釋極爲詳細，讀者可以參閱。） 李石岑在其所著「人生哲學卷上」中簡釋倫理學爲「大體以明人倫日用之理爲主旨。」並引戴東原孟子字義疏證中的幾句話：「就人倫日用而語於仁，語於禮義，舍人倫日用，無所謂仁、所謂義、所謂禮也。質言之，曰人倫日用，精言之，曰仁曰義曰禮」。綜合上面所引，就我國學人的看法，倫理學乃是研究人與人間，日常相處應當遵守道德規範的一門學問。

倫理學（Ethics）一詞，在希臘時代，亞里斯多德（Aristotle）便已認爲是一種專門實用的學科。他說：「倫理學的眞正目的，在實踐而不在推究。」至於 Ethics 的語源，係從希臘語 Ethos 引申而來，含有習俗和品性雙重意義。道德（Moral）的語源，係從拉丁語習慣（Mores）引申而來，因此有人認爲倫理學即是風俗習慣學，係探討人羣道德起源及發展的一種學問。西方此種看法，與東方重視家族倫常和個人修養的觀點顯有不同。而倫理學目的重在行爲規範的日常應用與實踐，則爲東西雙方所共同持有的態度。

第三節 倫理學與類似名詞的比較

倫理學在東方和西方都是一門古老的學問，潛心鑽研者代有其人。由於各人所持的觀點和主張不同，對於倫理學的闡釋，也就有許多歧異的地方。

試以中國而論，堯舜時代，便已有完整的倫理思想。如書經堯典：「克明俊德，以親九族；九族既睦，平章百姓；百姓昭明，協和萬邦。黎民於變時雍。」舜典：「舜使契爲司徒，敬敷五教。父子有親，君臣有義，夫婦有別，長幼有序，朋友有信。」到了孔子提倡儒家學說，對於人倫道德，更有許多精闢的理論。如「大學之道，在明明德，在親民，在止於至善。」是指引人生進修的三綱領。「古之欲明明德於天下者，先治其國。欲治其國者，先齊其家。欲齊其家者，先修其身。欲修其身者，先正其心。欲正其心者，先誠其意。欲誠其意者，先致其知。致知，在格物。」是提示做人做事的八步驟。可是後來意見紛歧，儒學孟荀有性善性惡之辨，理學朱陸有天理人欲之爭。而倫理思想大都糅合在各項學術思想裏面，可說始終沒有成爲一門系統井然的學問。

次就西方來說，希臘時代雖已早將倫理學列爲專門的學科，但多半在哲學範圍內兜圈子，產生了不少的派別。有的認爲人生在求得快樂，有的認爲人生在承擔義務，有的重在實現超越的自我，有的重在實現理想的社會，有的主張意志有絕對的自由，有的主張意志受環境的支配……見仁見智，各有不同。倫理學轉向科學的途徑以後，仍然不能完全擺脫哲學的影子，因此又發生了倫理學究竟屬於哲學還是科學的問題。

爲了使我們對倫理學有比較深刻的認識，試將與倫理學內容性質大體相同，但不完全一致的幾項學術名詞，加以扼要的闡釋。

（一）倫理學與人生哲學　西方哲學的概念和體系，雖然各家的看法並不完全一致，但是討論哲學的內容，大約不外本體論、認識論和價值論三大部份，而價值論所討論的乃是一般事物的善惡、美醜、正邪等等問題，與倫理學研究的主題具有密切的關係，甚至有人把倫理學作爲哲學的一個派別。因而也就有人把「人生哲學」取代「倫理學」，認爲兩者內容完全相同。其實倫理學和人生哲學雖同樣以探討人生問題爲主要目的，但其重點卻有區別：第一，倫理學是重在研析人類的習俗和道德，切合人生日用的各項問題；而人生哲學則重在闡明人生眞相與人類在自然界的位置等問題。第二，倫理學的研究，重在辨明人與人相接的善惡是非，故倫理學是羣性的。人生哲學則是追究人生目的的學問，而人生目的是各別的，故人生哲學研究的起點，常出發於個人。第三，倫理學重在實踐，爲一種規範科學；人生哲學重在推究，只是一種究明人生本體的學問。

（二）倫理學與道德學　英文道德（Moral）出自拉丁文的複數詞 Mores 的語源，係指公衆的習俗；單數詞 Mos 係指個人的品格。英文倫理學（Ethics）源自希臘語習俗（Ethos），後又作品性解，與道德（Moral）同義異詞，常常予以混用。道德一詞，在我國首先聯用的，見史記太史公自序，曾將老莊學派稱爲道德家，並將「老子」一書稱爲道德經。後來有人註解道德的意義是「……無乎不在之謂道，自其所得之謂德，道者，人之所共由；德者，人之所自得也。」（見焦竑老子翼卷七引。）與西方指稱 Moral 和 Ethics 的詞意不謀而合。至於倫理一詞，係指倫常次序之理，並以道德爲骨幹，如敬敷五教的父子有親，君臣有義，夫婦有別，長幼有序，朋友有信，所謂「親」、「義」、「別」、「序」、「信」，都是人與人相處的德目。可說倫理和道德是分不開的。因此有許多人將倫理學與道德學合而爲一，認爲是兩個同義異名的名詞。然而我們從兩者研究的重點加以分析，便可發現若干不同的地方。第一，用哲學的眼光來研究道德學，如非希特所著「道德學體系」一書，（有陳舜壽譯本，國防研究院印行）純從抽象的推理中，演譯道德的原理，提供若干主題和結論，研究的重點，沒有離開哲學的範疇。而現代倫理學則已逐漸走向科學的園地，由主觀的自我判斷轉變爲客觀的現象考查，在研究的方法上顯有不同。第二，把道德學作爲一種科學來探討，如杜威所著「道德學」一書，（有余家菊譯本，商務印書館印行），採取科學的觀點，敍述人類社會各種不同的風俗習慣，以及道德思想的演變，重在道德事象的觀察和分析，道德學便成爲純知識的學問。與倫理學重在道德價值的判斷和行爲規範的實踐，可說不盡相同。

（三）倫理學與訓育學　大學教育學院有關科系常開設「訓育論」或「訓導原理」，如就學校訓育的觀點，將倫理道德融會貫通而自成一套理論的體系，有人名之爲「教育倫理學」或「道德教育」，也可稱做「訓育學」。諸如此類的學科，和「倫理學」的關係是十分密切的，並且都注重實踐，所以很容易混爲一談。但是試予分析一下，便可看出兩者差別之點：第一，倫理學研究一般性的道德問題，在求得普偏的妥當性，而訓育學則針對兒童和青年，考慮如何釐訂理想的目標，採取適當的方法，以培養良好的品格。第二，倫理學的實踐，在指示一般人自發的從事於道德的修養，訓育學則係站在學校教育的立場，對學生循循善誘以求其實踐。第三，倫理學的內容，所陳述的理論和原則多於具體的方法，訓育學所提供的原理原則頗爲扼要而有限，而方法和設施則不厭求詳。

第四節　倫理學的定義

倫理學是基於個人生活和團體生活上的需要，自然產生的一種學問。發展的歷史非常悠久，研究探討的人也非常之多，因而它所包含的意義，也就難免有許多歧異的地方。我們歸納上面所述，可以指出倫理學本身所具備的幾個特點：第一，它必須確立一套妥當普徧的道德標準，作爲人與人間相處的規範。第二，它必須指引人類具有崇高至善的理想，作爲個人修養追求的境界和努力上進的目標。第三，它必須採取科學觀點分析人類的行爲，成爲一種有系統的知識和學問。第四，它必須提示道德修養的原則和方法，以發揮實踐的功能。綜合以上各種特點，可試爲倫理學下一定義如次：

倫理學是探討人類道德的本質，確立人生至善的理想，判斷行爲的是非和價値，指示人生應有的修養，以求其實現的規範科學。

第二章　倫理學的性質

第一節　倫理學研究的重心

東西兩方討論倫理道德的書籍，可說汗牛充棟，衆說紛紜，各人對於這一門學問研究的重心，都有不同的見解。有的偏重在討論風俗習慣，有的偏重在省察良心意志，有的偏重在探究養性盡命，有的偏重在追問人生目的，有的偏重在分析行爲品格，有的偏重在判斷道德價値。其中大半都是採取形上學的觀點，把倫理道德說得非常玄虛，令人無法把握，好像走入八陣圖中，找不出正確的方向，甚至使人感到道德是一種高不可攀的事物，只有望而卻步。這實在是研究倫理學的一大通病。本書研究的目的，卽在力求避免再蹈此種覆轍，從比較平易具體的方面去確定研究的重心，讓大家易於了解，更進而有所領受。

上面所擧各人研究倫理學的重點，從整體來看，都可作爲倫理學研究的一部份。從個別來衡量，便不免發覺有若干偏差的地方，有的越出了倫理學研究的範圍，有的抓不住倫理學研究眞正的目的。試就討論風俗習慣的重點來說，人類道德行爲的起源，雖與社會的風俗習慣有關，但判定道德行爲的是非，卻不能完全以風俗習慣爲依據。而研究世界各地社會人羣禮俗的差異和演變，應當屬於民俗學或人類學討論的課題，並非倫理學的主要部份。就省察良心意志的重點說，所有西方經院派的倫理學者，大都以良心和意志作爲倫理學討論的重要課題。由追溯良心的起源和本質，分析良心的內容和道德現象，到良心所產生的命令和義務等等問題，由意志自由討論到人是否具有絕對的自由，抑須受到某種限制，甚至托付於渺不可見的神意，更牽涉到人類行爲責任等問題，像這些都是用內省的方法來分析，難免陷於玄虛的境地，令人不易捉摸。假如用研究現代倫理學的眼光來說，實在不必耗費過多的精力去分析和追究，以免吃力而毫無所獲。就探究養性盡命的重點來說，這是我國儒家和道家在修養工夫上所最喜歡研究的性命之學，到了宋儒理學家幾乎已達到研究的巔峯。這和西方的良心意志等等學說，同樣陷於玄虛和空疏，絕非一般人們所易於理解。我們如果不能用現代科學的觀點，賦予以新的生命，仍舊在古人陳陳相因的冗詞贅語中兜圈子，實在是浪費生命和精力，最好讓少數對這方面有興趣和學養的人士去鑽研，而不必作爲一般倫理學研究的題材。就追問人生目的的重點說，人生最高的鵠的和至善的理想，雖是倫理學所應涉及的範圍，但從實踐的觀點來看，關於人生本體的眞相和人生究竟的歸宿等等問題，應當屬於人生哲學研究的主要任務，倫理學只是就人生哲學研究所提供的結論，斟酌加以抉擇。最後就分析行爲品格和判斷道德價值來說，現代倫理學最重要的使命，便是探究人類行爲的善惡是非和道德規範的建立，所以對於人類行爲的分析，可說是今後倫理學研究的重心。因此現代倫理學已經演進爲討論人類道德行爲的科學。而人類道德的發生，雖起源於各人理性的直覺和克制，道德具體的表現，卻出之於行爲。行爲乃是大家最容易考察和把握的事物，適宜作爲科學研究的對象。所以倫理學研究的重心，應當放在人類行爲本質的分析、行爲是非的判斷，行爲規範的確立和實踐等方面，以有助於人類道德生活的進步。本書卽擬把握此一重心，試圖建立理論的體系，是否妥善，仍有待潛心研究倫理的學者共同努力探討。

第二節　倫理學與各種學科的關係

自有人類以來，便產生了倫理道德的現象，而人生所有的活動，或多或少都含有道德的因素。倫理學是研究人類道德行爲的學科，牽涉的範圍至爲廣泛。自不免與各種學科發生直接或間接的關係。現在分別扼要闡述如下，藉以顯示倫理學在學術園地的重要性。

（一）倫理學與哲學的關係　倫理學原屬哲學裏面的價值論，注重人性本身的體認和人生目的的追尋。因此以往倫理學的研究，大都採取哲學的方法。例如倫理學上承認人類具有道德上的感悟或良知，便是用哲學的直覺法而確立。又倫理學上建立若干抽象的概念，如絕對的理性，超經驗的推理等，都是自哲學的思辨法而來。而反省、批判均係哲學的研究方法，在倫理學上觸及有關行爲檢討和道德判斷等等問題，便常常予以採用。其關係的密切可以想見。現在倫理學雖已成爲一門獨立的學科，以分析人類行爲現象爲主題。但行爲現象有時關涉到整個的人生，如果純用科學方法來分析人生個別的事件，便不免犯了只見樹木不見森林的毛病。因而遇到行爲的機體，心靈的機能，命運的機遇……等問題，便不得不採取哲學的眼光來探討。由此可知倫理學有時仍無法脫離哲學研究的途徑，而且不必一定要擺脫哲學的關係。此外論理學原屬哲學裏面的認識論，與倫理學並列，也同樣離開哲學成爲一門獨立的學科。論理學在求眞，倫理學在求善，眞與善對於人類行爲的構成，是不可或缺的要素，對於行爲是非的判別，更彼此相互關切。還有道德本身種種問題，多半屬於純知識的研究，更少不了運用邏輯的推理，來建立思想的體系。所以倫理學與論理學之間，自然發生了密切的聯繫。

（二）**倫理學與人文學科的關係**　文學爲人類精神文化的重要產物，抒寫人類理智和情感交織錯綜的事物和活動，其中大部份都蘊含了倫理的色彩。凡是卓越的文學名著，主題正確，辭采生動，便足以震聾發聵，深入人心，產生感化的力量。如果不幸誤入歧途，散佈着浪漫的氣息，蒙上一層灰黯的色調，也可以消魂蕩魄，腐蝕人心，造成誘惑的罪過。可見文學影響人類道德生活至爲鉅大。歷史記載人類多方面的活動，其中有關倫理道德者佔極大部份，孔子作春秋，便是以衛道者的立場，批判當時人物是非的一部巨著。反之，別有用心的人物傳記，違背公道的歷史批判，中外史籍中所在多有，須賴公正的史學家勇於發掘，藉以維護人類的正義。美學原與倫理學同屬哲學研究的部門，並以價値論爲內容的主體，彼此自然不免發生共鳴的作用。美學旨在抒發聖潔的性靈和陶冶高尙的情操；倫理學旨在樹立崇高的風範和培養完美的品格，彼此互相配合，對於人類道德的陶鑄，可說是異曲同工，相得益彰。

（三）**倫理學與社會學科的關係**　倫理學由哲學演變爲科學以後，有人便把它和法律、政治、經濟等同列爲社會科學的一部門。而社會科學都是以研究社會各種現象爲任務，彼此之間，常常發生聯帶的關係，倫理學自亦不能例外。玆特略加闡述於次：⑴法律和倫理同樣負有維護人羣秩序和正義的責任。前者運用國家的權力強制人民遵守，其約束的力量是剛性的。後者本着人類良知的裁判，勸導人民行善，其約束的力量是柔性的。而法律的製訂，大體均以人羣道德的規範和社會傳統的禮俗爲依據，可說法律本身便含有倫理的成份。倫理道德的作用，雖不能嚇阻人羣犯罪，卻可憑着感化的力量防止人羣犯罪，或犯罪後深自懺悔。可見兩者之間，具有互相依存的功能。⑵政治學是一門研究如何管理衆人事務的學問，倫理學是研究如何建立人與人間合理相處行爲規範的學問。彼此的性質都是羣體的。我國儒家所指示的「格、致、誠、正、修、齊、治、平」八條目，便是將「做人」與「從政」併成一套修己善羣的道德體系，用以勗勉當時的君子和士大夫。我國歷代所提倡的王道，更將道德的責任加在君主和官吏的身上，所謂「子率以正孰敢不正」，「萬方有罪，罪在朕躬」，人民的道義和過失，都由士大夫和君主來承擔，使倫理和政治合而爲一。至於西方的政治思想，建立在自由、平等、博愛三大目標之上。政治家都重視紳士的風度和操守，均可充分顯示倫理和政治具有密切的關係。(3)經濟是人類維持生活的主要活動，和道德也是息息相關。管子說：「衣食足而後知榮辱，倉廩實而後知禮節。」便已明白指出經濟和道德的影響。貧窮常常是犯罪的重要因素之一，富裕也可以助長窮奢極欲的行爲。人們如何善加處理經濟，過着合理正常的生活，有賴品德的涵養。以上係就個人經濟而論。至於從社會經濟來說，一般進步的國家，大都重視人民福利的措施，力謀改善人民的生活，認爲是執政者所應擔負的道義。而良好的經濟制度，必須建立在公平合理的道德基準之上。凡此均足以說明倫理和經濟的關係。(4)社會學的成立爲時較晚，然而前途的發展卻是方興未艾。它的學術研究，注重在社會形態的考察，社會模式的分析，社會約制的運作，社會進步的構想等等方面，都或多或少與倫理道德有關。而現代倫理學研究的趨勢，已由個人轉向於羣體，由私德偏重於公德。因此社會倫理、國民公德、人類正義等，均爲今後倫理學上所當討論的問題，與社會學的關係，自將日臻密切。(5)最後談到教育和倫理的關係，更是異常密切。教育的主要任務有二，即是教導子弟如何求學和做人。求學的精神便含有道德的成份，做人更完全以道德爲依歸。當前的教育重視智能傳授，而忽略品德陶冶，世界各國教育大半有此趨向，必須力謀糾正。而補救的途徑，應在課程教材中，強調倫理的精神；師資訓練中，加重道德的培養。用倫理來充實教育的內容，用教育來達成道德的任務。

（四）倫理學與自然學科的關係　西方自然科學的知識，最初都蘊含在哲學研究的領域，以宇宙至善或上帝神聖的哲理，來象徵人生的極致，充滿了宗教哲學的氣氛。我國道家主張：「人法地、地法天，天法道，道法自然。」宋儒更以「天地與我並生，萬物與我合一」，象徵人生大氣磅礴的胸懷。是徵東西雙方很早便將自然現象的體認，作爲倫理行爲的法則，使彼此產生深厚的關係。現在自然學科和倫理學都已越過了哲學的境界，而各自獨立成爲專門的學科，仍然彼此脫離不了關係，以下只就幾種比較顯著的學科分別加以說明：(1)物理學係以力、聲、光、電、熱等類學識爲研究的主要內容，粗看起來，似乎和人類倫理很少發生關係。但是力學平衡的原理，便可對人類行爲有所啓示，至於聲、光、電、熱等有關學理的發明，應用在改善人類生活的享受，便替人們帶來了不少的幸福。憑此卽可以看出物理和倫理的關係。我國儒家很早便以「格物致知」作爲倫理修養的起點，可說在這方面是先知先覺。現代物理學已進展成爲核子科學，對於人類未來的命運，更有決定的影響，它可以開創人類光明的前途，也可以招致人類毀滅的禍害。而其決定的關鍵，在於人類本身是否具有高度的理智，把握人道的精神和正義的準則，善用核子科學的成果，方可保證人類不致自取滅亡。足見倫理道德的維護和實踐，對於物理學今後研究的運用極爲重要。(2)心理學原屬哲學部門的精神學科，自從採用科學的實驗方法以後，便搖身一變而成爲自然學科。同時倫理學也列入社會科學之林，採取科學方法研究倫理問題，諸如有關道德意識、行爲動機、意志動態、情緒感應等等問題，都可基於心理學的新觀點，拓寬倫理學探討的境界。(3)生物學由於達爾文的種源論和天演論，改變了人對於自身在自然界地位的估量，和加強了人與人間優勝劣敗自由競爭的想法，影響倫理觀念的轉變和人類生活的態度極爲重大。以後克魯泡特金（Kropotkin）根據生物相處的觀察，提出與達氏相反的互助論，對人類道德規範提供珍貴的建議。近來生物化學的試探，認爲在試管中可以創造生命，如果此一試驗能够確實證明，並能用在高級生物方面，則在倫理道德上傳統的生命看法，必將大爲修改。(4)生理學研究人類的生理現象，足以左右人類的情緒和行爲，並進而影響人類的道德。如內分泌的作用，對於人體的影響，便是一個頗爲神秘而尙待發掘的問題。但在醫學的診察和處理上，業已發現甲狀腺的失調，可以促使人類的情緒和行爲反常，經過治療後又可恢復正常。推而至於其他腺的生理情況，大半可以激發或控制人類的精神和行爲。足見生理學今後的研究和發展，對人類道德行爲的養成，具有重大的關係。

第三節　倫理學在學術園地中的特徵

人類最初知識的產生，大都以哲學爲發源地。以後生活日見進步，事物日趨繁複，文化水準日益提高，於是包含在哲學中的各種知識，不斷累積而自成體系，從哲學的領域中，逐漸分化發展，成爲各自獨立的學科。所以有人認爲哲學是科學之母，居於最高的地位。倫理學是一門最古老的學問，人類由原始的生活進入文明的生活，便已注意人在宇宙間彼此相處的問題，發明了許多做人的哲理，成爲哲學的一部份。所以倫理學在科學羣中，可說是前輩，具有悠久的歷史，這是特徵之一。

倫理學是討論人類行為的學科，而人類是十分敏感的動物。從自然現象中，可以發覺許多自然界的眞理和法則，運用到人類本身的行為上面，便產生了許多對人生不同的想法，建立學術上的關係。從社會現象中，更可發現人與人間多方面的活動，都與倫理道德有關，甚至融為一體。因而所有社會學科，都牽涉到人類道德問題。甚至由於倫理思想的指引，促使各類社會學科內容的進步。此外哲學和人文學科的內容，自始至終，都和人類行為發生深厚的淵源，隨時都可觸及道德的部份。應用學科的工作人員都必須具備職業修養和道德。由此可見，倫理學和各種學科隨時隨地都會發生直接或間接的關係，在學術園地中，具有廣泛的接觸面，這是特徵之二。

現代人類對於自然界知識的探討，發掘得非常之多，在征服自然方面已有驚人的表現，研究的成果幾已登峯造極。但是對於人類自身的知識，雖已經過幾千年的摸索，仍然所得不多，甚至可以說，直到目前，人類還不能十分了解自己，對於人類本身的生命現象、心理狀態、行為因素等等問題，還是意見紛歧，莫衷一是，更談不到有把握的加以控制。倫理學是探討人類道德行為的學科，在古代每每陷於玄學的境界，非一般人所能了解。在現代大家都在忙於自然科學的追求，對於倫理道德行為的探討，並不十分熱衷。尤其是功利主義的思想，充滿在學術園地中，倫理學的研究更顯得十分冷落。然而舉目前瞻，世界局面的動亂和緊張，令人感到厭倦；人類心靈的空虛和迷惑，更急於找尋失去了的自己。一旦人性覺醒，把研究自然科學的精力，轉移到探討人類本身的行為科學方面來，那末倫理學的研究和發展，也許仍有其遠大的前途。這是特徵之三。

第三章　倫理學的任務

第一節　探討倫理行爲的本質

德國倫理學者泡爾生（F. Paulsen）曾經指出：「倫理學之職分有二，一曰定人生之正鵠，二曰所以達於正鵠之道。」（見蔡元培譯泡著「倫理學原理」）依筆者的意見，我們研究倫理學的任務，除了確定人生的理想，和指示如何達成理想以外，更應當首先認識倫理行爲的本質。因爲人生的理想必須依附於行爲才可以表現，而人生理想的達成，更有賴於行爲的實踐。假若我們對倫理行爲本身缺乏明確的認識，那末泡氏所提出的兩大任務，也許失去了憑藉。所以倫理學的任務約有三項：第一，探討倫理行爲的本質，第二，樹立倫理行爲的標準；第三，指引倫理實踐的途徑。本書內容即以上述三大任務，作爲研究推展的依據。本章分爲三節，依次說明各項任務所面對的問題及其重要性。

首先談到探討倫理行爲的本質，在倫理學上，便發生下面許多問題。例如：㈠行爲的基本概念是什麼？㈡行爲究竟是怎樣構成？㈢道德意識是怎樣產生。㈣人性究竟是善還是惡？像這一系列的問題，都是倫理學上所要討論和分析的。由於以往學者發表的意見非常龐雜，我們便必須下一番工夫來整理和抉擇。

試就行爲的概念說，歷來學者由哲理的推論到科學的分析，說法很多。有的認爲行爲是宇宙全體的現象，自有宇宙以來便有變化，變化便是行爲。有的認爲行爲是人生的整體現象，自有人類以來便有生命，生命的旋律便是行為。有的認為行為是由刺激而發生的一種反射動作，純粹出於生理機能自然的反應。有的認為行為是有意識的動作，隨時要受到理智的裁判和意志的約束。有的認為凡是物體的任何變化，從外表上可以看得見的，或是由證驗中可以測知的，都可稱做行為。以上種種說法，究竟誰是誰非？那一種說法最為眞確？那一種說法最為完善？都有待我們去細心研析。

就行為的構成說，有的認為行為是由時間和空間交相會合的現象。有的認為行為是由意識和動作表達所形成的結果。有的認為行為是由刺激和反射交替產生的作用。有的認為行為是物體適應環境所表現輸出或輸入的種種情況。以上幾種說法，用在倫理行為的研究上，如何折衷至當，也是我們需要考慮的問題。

就道德意識說，有的認為道德意識係起於良心，而良心的來源，有的說是出自與生俱來的智慧，有的說是基於後天經驗所得的知識，有的說是源於對人的同情或義務感。有的說是自然產生的善良意志。有的說是天帝生人即授人以良心。其次有關履行道德的意志，有的認為意志具有絕對的自由，不受任何外物所控制。有的認為意志自由常因環境的影響而有所限制。有的認為人類意志為神意所創造，幾無自由可言。像這些爭論不決的問題，我們如果用科學的眼光來論斷，也許可以得到比較合理的答案。

就人性善惡說，也是一個意見紛歧的問題。有的主張人性本善，以為人類生來便有善心，至於有時為惡，乃是受到環境所迫使，失去人類的本性。有的主張人性為惡，以為人類生有劣根性，易於傾向偏私；至於人類講求道德，立志向善，乃是受了禮教的約束，用以掩護人性的弱點。有的主張人性有善有惡，各人的秉賦不同，修養善性，便成善人，放縱惡性，便成惡人。有的主張人類生性原無善惡，至於行爲上所表現的善惡，完全是受後天環境的影響。上述四種主張，均各言之成理，但亦各有所偏。如何斟酌允當，說明人性的眞相，確是倫理學上需要研討的問題。

上面提出的各項問題，用現代的眼光予以分析，有的跡近迷信，很容易予以否定；有的過於抽象，就人生日用的立場說，不必多費精神去深究。有的問題牽涉範圍很廣，至今仍屬懸案，不易得到正確的解答。但是我們仍應在可能範圍以內，採用科學和哲學的各種研究方法，理出一些思考的頭緒，找出一些比較妥當的結論，提供大家作進一步的探究和參考。

第二節　樹立倫理行爲的標準

人類的行爲現象，極其複雜，有關是非因果的辨析，善惡價值的批判，常常因時、因地、因人、因事而各有不同。如何樹立一套公正妥當的行爲標準，確非易事。歷來倫理學者對於道德行爲的標準，便有以下幾種說法：

以規律爲道德的標準，主張此說者，有的以自然爲規律，認爲宇宙萬象中，存有自然法則，此一法則存於人性中，則爲至上的理性，用以判斷善惡，合於自然者爲善，否則爲惡。有的以良心爲規律，認爲具有辨別善惡的智慧，發佈從善去惡的命令，表現絕對的權威，足以主宰人心，使其不敢爲非作惡。有的以國法爲規律，認爲國家製訂法律乃以道德爲依據，而現代民主政府所頒行的法律，係由人民所推選的代表訂定。因此人類行爲合於國法者爲善，反之則爲惡。有的以神意爲規律，認爲道德的制裁，繫於神意的賞罰，神有賞善罰惡的權力，人必須遵從神的意旨而有所作爲。

以福利爲道德的標準，主張此說者，又可分爲快樂和功利兩派。快樂派認爲快樂係滿足人生的善果，快樂就是好，痛苦就是惡。並且認爲知識是求快樂的工具，而道德就是知識，所以道德的標準乃以快樂的多少爲衡量的依據。功利派認爲快樂和痛苦都可以估量，因而發現快樂有強弱、久暫、虛實、遠近等等情況，可以作爲衡量的尺度，並且主張人生即在趨樂避苦，以求得最大多數人的最大幸福爲目的。

以克己爲道德的標準，主張此說者，認爲苦身就是樂心的妙法，禁欲就是避免煩惱。能樂心與禁欲，方可以自由與自主，表現獨特的品行。又認爲不僅欲望可以引起痛苦，即社會上的習俗亦易引人走入歧途。爲了排除世俗的干擾，便不得不克制自己，過着刻苦的生活。我國孔子主張「克己復禮爲仁」。顏淵請問克己的行爲細節，孔子說：「非禮勿視，非禮勿聽，非禮勿言，非禮勿動。」可見克己乃係以禮節爲道德的標準

以完全實現爲道德的標準，主張此說者，又可分爲身心完全與自我實現兩種說法。持完全論者，認爲人生須在身心兩方面求得調和，一方面憑純理作用，使理智本身盡量的發展；另一方面憑實踐作用，使理智制御情慾活動，力求怎樣去做一個完人。並且認爲幸福即在我們的身邊，不必向外追求。實踐須以中庸爲準則。持自我實現論者，認爲人類的特徵便是具有自覺，自覺自己是道德的動物，與一般禽獸不同。而自我的感覺是由小我逐漸推向大我，並且感到前面有一個更美好的理想必須去追求，人生即在不斷追求如何實現一個更完善、更廣大的自我。

綜合以上各種說法，如何折衷至當，樹立一套切合目前人生需要的道德行為準則，乃是現代倫理學所應盡力而為的一大任務。

第三節　指引倫理實踐的途徑

以往中外賢哲對於倫理學術的探討，注重抽象理論的闡發，有關人生的理解，多半走向玄虛和空疏的境界，對於行為的實踐，反不十分重視。這是研究倫理思想和道德知識的一大缺失。我國明末清初的大儒，如黃宗羲、顧炎武、顏習齋等，對前人在故紙堆中討生活的弊病，均已剴切陳詞。西方近代實證哲學、經驗哲學的勃興，也是對以往學者蹈空務玄的研究精神，所激起的反動。今後我們應當確認倫理學是一門實踐的科學，而倫理行為的能否圓滿達成，須以實踐為基礎。下面試就倫理實踐方面，提出幾個簡單明確的方向：

（一）做人修養的工夫是自內而外　以往中外聖賢指示人們修養的途徑，都是先從個人的心靈修養做起，即是先要自己保持一顆純潔的心靈，隨時反省自己，不要動壞的念頭，即是儒家所謂「愼獨」，然後所行所為，自然出於純正。對於自己日常所表現的行為，還要隨時省察，發現行為錯誤，立即加以改正，使自會成為一個品德純正的君子。這是做人修養的基本工夫。曾子便曾經每日以「為人謀而為忠乎？與朋友交而不信乎？傳不習乎？」三件事來省問自己是否能夠做到。可說是一個典型修養的例子。孔子也曾說過：「見賢思齊焉，見不賢而內自省也。」都是採取自省的方法來認眞學做人。到了宋明諸儒的語錄裏面，更有不少用內省方法從事身心修養的話。西方基督耶穌的聖經裏面，也有不少抱着祈禱懺悔的心情，期望靈魂得救的誥訓，認爲人生修養應從內心覺悟開始。不過以往思想家大半講求內省，對於行爲的表達，並不十分重視，常常因此陷入玄虛的情境。今後除了內心修養以外，更應注重行爲是非的辨別，道德價值的衡量，樹立一套正確妥善的行爲規範，一一求其實踐，這是倫理修養所應致力的一條途徑。

(二) 人我關係的發展是由己到羣　我國儒家首重修身，由修身而後齊家，由齊家而後治國，由治國而後平天下，這是一條人我關係發展十分合理的正道。西方倫理思想也是先從個人主義逐漸趨向於社會主義。然而折衷於兩者之間，像馮特提出文化創造的說法，認爲由個人的小意志結合成爲宇宙的大意志，許多文化支流滙集成爲世界文化的巨流，使文化不斷的擴大而更新。像杜威的人本主義思想，認爲人是具有社會性，絕非單純的個人，所以凡是個人適應社會的知能，都可成爲改進社會的工具。由此可知中外先哲大都有一個共同的看法，便是一切羣體都是以個人爲基礎。要想把團體搞好，必須先從個人開始。本來個人是組成任何團體的基本單位，大多數個人如果不健全，絕對無法組成健全的團體。反過來說，只憑一兩位超凡入聖的人物，便想領導茫昧無知的大衆走向康莊的大道，恐怕不易辦到。所以一個理想中的個人，應當自己努力學好，再擴大影響和自己有關係的人都能學好，逐漸構成健全的羣體。同時，一個理想社會中的團體，亦須注重每個份子的教導和照顧，使其本身能够健全，則團體組織也就隨之健全。所以先由自己做好，逐漸擴大組成健全的羣體，這是倫理實踐應走的另一條途徑。

(三) 倫理道德的進步是化私爲公　人總是先爲自己打算，這是人之常情。所以最容易自私，做出許多違反道德的事情。因而許多倫理學者都主張克制私欲。人最先接近的是和自己最親近的人，也自會對這些人表示好感，表現爲良好的德行，有人稱之爲私德。但在時代進步的潮流中，有許多私德便顯得保守和落伍，甚至不合新道德的要求，像父母縱容兒子而逃避兵役，妻子幫助丈夫而瀆職貪汚，做出違法犯紀的事情。所以一個思想開明的個人，日常所行所爲，宜從遠處大處着眼，尤其處在公共場所，更須顧到羣衆的公共秩序、公共衞生、公共安寧等，約束自己做出若干妨害公衆的行爲，也就是大家所重視的公德。所以現代進步的倫理行爲，應卽化私德爲公德，使道德實踐的對象逐漸推廣，這是倫理行爲所宜採取的第三條途徑。

第四章 倫理學研究的方法

第一節 依研究程序區分的方法

當我們遇到一個比較複雜的問題，必須要用有系統的思想來解決，而這些解決的方法，常常循着研究的程序，採取若干層次和步驟，以求得到比較合理的答案或結論。關於研究的程序，大致又可分爲下列幾種途徑：第一種是先針對某一問題，定出解決問題的若干原則，再根據原則提出假設，更對假設予以批判和印證，然後得到可靠的結論。第二種是選定某一問題，然後搜集有關問題的資料，再將所搜集的資料加以整理和分析，最後經過審核和綜合，獲得正確的答案。第三種是對於有延續性的問題，先從正面徵集事實和意見，再從反面徵集事實和意見，然後再將正反兩方面的事實和意見加以比較和批判，折衷成爲第三方面比較客觀而完整的結論。循第一種途徑研究便是演繹法，第二種途徑便是歸納法，第三種途徑便是辯證法。下面試就倫理學上的問題，酌引事例予以說明：

（一）**演繹法** 倫理學上採用演繹法解決問題的例子很多。例如：人類爲什麼和其他動物不同，特別具有道德意識？針對這一個問題，可以提出若干假設的意見：⑴認爲人類是上帝的子孫，上帝特別厚待人類，賦予道德意識。⑵認爲人類是感情的動物，富有同情心，彼此互相愛好，便產生了道德意識。⑶認爲人類生來便有理性或良知，能够辨別是非善惡，產生羞惡之心，所以具有道德意識。⑷人類之所以產生道德意識，完全是基於後天生活環境上的需要，爲了使大家過着公平合理的生活，便必須彼此互相戒除侵害，和好共處，認定那些行爲是道德的，那些行爲是不道德的，形成了一種道德意識。以上四種意見，試加評判，便可得到如下的結論。人類爲上帝子孫的論調，已爲生物進化學說所推翻，因此第一種意見自然無由成立。人類誠然是感情的動物，可以產生同情心，但感情是盲目的，很容易衝動，可以做好事，也可以做壞事，所以感情並不是構成道德意識的主要條件，所以第二種意見也不十分圓滿。至於第三種意見認爲人類生來便有理智，第四種意見認爲人類產生道德，是基於生活環境的需要，可說是各有一部份眞理。因爲人類確是和其他動物不同。具有自覺的意識，產生辨別是非的理智，以控制其行爲。同時人類由於社會的進步，需要應付現代生活，便逐漸產生新的道德觀念，如講求衞生習慣，便是現代社會所演進的道德。綜合三四兩項意見，可以得到一個比較正確的認識。一方面確信人類生來便有辨別是非善惡的理智，產生道德意識，另一方面也承認社會進步可以促使人類增加新的道德觀念。所以人類高於其他一切動物，能够成爲萬物之靈。

（二）**歸納法**　演繹法是先有假定，然後再引事實來印證和批判，容易偏於主觀。而歸納法研究的程序，剛好和演繹法相反，先搜集資料，從廣泛的資料中，找出若干適當的原則，再綜合得到一個比較客觀的結論。在倫理行爲上的事例很多。例如：某人深夜開放收音機，困擾別人不能安眠；某人在閱覽室中高聲談話，打擾別人無法靜心閱讀；某人駕駛汽車，隨意亂揿喇叭驚擾路人；諸如此類的行爲，都是製造噪音妨害他人的安寧。又如某人隨地吐痰，傳播細菌危害他人；某人燃燒煤煙，汚染空氣影響別人呼吸；某人在水源上游亂倒汚物，影響飲水清潔；諸如此類的行爲，都是不講衞生妨害他人的健康。又如某人在交通要道上設攤，阻礙車輛通過；某人搭乘公共交通工具，不按次序排隊；

某人未得允許，任意闖進某人住宅；諸如此類的行爲，都是不守秩序，妨害他人的行動和工作。綜合以上所發生的各種事件，均足以令人發生不愉快的情緒和不良的影響，都可說是不道德的行爲。在倫理學的觀點上，便可以歸納出一條人與人相處的基本原則。凡是爲了自己方便，有意或無意妨害他人安寧、健康、行動、工作、安全的行爲，俱是不道德的，也就是我們不應當做的事情。換一句話，要贏得別人的好感和贊許，必須隨時隨地注意自己的言行，切勿妨害他人。

（三）辯證法　宇宙間一般事理，常呈正反兩面，而在正反兩面之間，又復產生融合的狀態。因此研究學問，便常用正、反、合的觀點來辯證一般事理演變的因果層次，得到若干理則，便叫做辯證法。在人類日常行爲中，此類現象，更屬屢屢發覺。例如自由的行爲屬正面，自制的行爲屬反面，人類一方面爭取個人的自由，同時又必須尊重他人的自由，因而對於自身的自由便須加以限制，否則難免對他人有妨害。所以在自由與自制之間，便產生第三種觀念和行爲，便是自主或民主，在自主或民的基本精神上所表現的行爲，有時必須爭取自由，如學術、思想、個人意志等；有時又必須接受自制，如語言、行動、享樂等。兩方面加以融合，便可構成一個完善的品格。又如利己屬於正面，利人屬於反面。爲了求生存，不得不利己。爲了適應團體的生活，又必須要利人。在利己和利人之間，產生了第三種觀念便是仁愛或博愛。表現在行爲上，便是從愛己做起，由愛己而愛家，愛家而愛國，以至於愛世界。由發展小我逐漸推廣以至於充實大我。把利己和利人打成一片，遂建立了「己欲立而立人，己欲達而達人」的做人態度，和修身、齊家、治國、平天下的做事法則。再如在人羣中，有好人，也有壞人。好人屬於正面，壞人屬於反面。可是好人遭遇誘惑或意志動搖，也可以變壞；壞人接受感化或良知激發，也可以變好，可見好壞不是固定的。何況好人在一生中，很難保證絕對沒有說錯一句話，或做錯一件事。壞人也不能說從來沒有一些好的行爲表現。由此可以認定每個人的行爲，多少都含有優點和缺點。而道德修養便在勸勉個人如何細加檢點去惡從善。更如在社會中，有光明面，也有黑暗面，我們同樣很難找到百分之百光明的社會，和百分之百黑暗的社會。在進步社會中，仍有許多需要改進的地方；在落後的社會中，也常常露出革新的曙光。人類無論生存在那種社會中，只要有不滿現實力求上進的精神，則這個社會便會不斷的進步。這些都是在倫理學上，採取辯證的觀點，所建立的一些做人做事的基本原則和態度。

第二節　依研究方式區分的方法

凡是研究一種學問，只要有助於研究的發展，常常採取各種不同的方式去嘗試，並不限用某一種方式。因此，有的紀錄某一類事實和活動的本末，以追溯其演變的歷程，便可稱做追溯法。有的由已知的事實推想未知的結果，或由具體的現象推測抽象的理則，便可稱做推理法。有的發現同一事件在不同地區或不同時間，產生不同的看法和做法，而分析其利害得失，便可稱做批判法。有的按照時間比較某一學派思想的變遷，或根據空間比較某一制度設施的優劣，而獲得若干的結論，便可稱做比較法。此外尙有採取思辨、考證、觀察、實驗等等方式來探討學問，而成爲一種研究的方法。學者從事研究時，對於上述各種方式，可以單獨採取，也可以綜合運用，完全依照研究本身的需要求取捨，並沒有一定的成規。下面針對倫理學研究的立場，就前述四種方式，引證事例分別予以解說：

（一）**追溯法**　凡是研究人類道德行爲的起源和發展，倫理思想的產生和變遷，大多採取追溯的方法，以了解其前因後果。例如男女兩性的婚姻制度，在原始社會的人羣，倡行羣婚制，沒有固定的夫婦關係，也沒有正式的家庭組織，過着蒙昧無知的兩性生活。到了遊牧社會，男性須出外從事生產，生活飄蕩不定，女性須養育和看護子女，生活較爲固定，許多兄弟可以共有一妻，兒女們多知有母而不知有父，女性便自然成爲家庭的主體，於是便形成了一妻多夫制。進到農業社會以後，男性可以在固定的土地上從事耕種，不必遠離家庭，女性則大都在家中操作，不問外務。於是男性在家庭中，逐漸掌握經濟生產的權力，成爲家庭和社會的重心。更由於農業社會鼓勵大量生育子女，凡是較有政治或經濟地位的男性，便可擁有若干妻妾，成爲一夫多妻制。社會型態進展到工業社會以後，家庭組織日趨簡單，男女平等的思潮非常普徧，於是男女婚姻制度又發生了變化，成爲一夫一妻制。並且制定法律加以保障，使大家公認一夫一妻制是現代合情合理合法的婚姻制度。這是用追溯法所得到有關婚姻問題的一些事實和結論。

（二）**推理法**　以往許多倫理學者常常採取推理的方式，論斷道德行爲的問題。例如我國易經根據八卦演變爲六十四卦的卦象，以推斷人類行爲的吉兇，便是採取推理的方式。又如印度佛學察看世間所有生物莫不愛惜自己的生命，想盡方法來爭取生存，和延長自己的生命。因而產生了普度衆生的觀念，人類可以輪廻再世的想法，以及上天有好生之德的推想。而建立了戒殺生的倫理行爲和吃素菜的生活習慣。這也是一種推理。再如西方的唯物論者和機械論者，都是把物理現象來推斷人類的心理現象，發表其對於人類倫理行爲的見解和主張。生物學家觀察一般生物生存的狀態，發覺生存競爭的現象，於是認爲物競天擇優勝劣敗，是一切生物生存的法則。引起人類種族的優越感和征服欲。這都是用推理方式所得到的論斷。用這種方式研究事物所獲致的結論，有時蘊含至理，有時近於武斷，必須審愼的加以運用。

（三）批判法　人類的道德觀念和倫理行爲，常因行爲接觸的對象或所處情況的變換，便產生了不同的看法和做法。遇到這一類的事件和問題，便必須用批判的方式來加以分析。所以批判法運用在倫理學上的特徵，便是憑着客觀的理智以辨別倫理行爲的是非，根據具體的事實，以衡量倫理行爲的得失。例如說謊的行爲，照普通慣例，都認爲是不道德的行爲。但醫生對一個患有癌症的病人而隱瞞病情，告訴他只要好好的休養，便可恢復健康。母親對好奇的孩子說一段美麗的神話，讓孩子可以入睡。外交人員常在公開場合發表外交辭令，絕不透露心裏所要說的機密。這些行爲都好像在說謊，但大家都認爲他們合乎道義。又如合作本來是一件好的事情，但如果合夥虛設行號共同詐欺，糾衆搶刼或集體貪汚，便構成了顯著的罪行。這些都是比較簡單的事例，至於遇到前後因果複雜的事故，更必須採取嚴正批判的方式，才可以確定某人行爲的是非。

（四）比較法　倫理學上採取比較方式探討問題的機會極多。黃建中在其所著「比較倫理學」中，特別強調比較法可分爲縱比、橫比、同比、異比、同異交比等類別。因爲世間一切事物，常因精細的比較，其是非因果將以愈比而愈明。故一般人對於接物處世常常採取比較的方式，而決定其取捨。研究倫理學說和思想更不能例外。試就縱比來說，係從時間方面，比較古今道德觀念和涵義的變遷，例如：中華民族素來重視忠孝節義德行的宣揚，歷千餘年而不衰，我國史籍記載、戲劇演唱，大都以上述四種德行爲骨幹。可是就現代社會的情況來講，忠孝節義的對象和涵義，顯然和以前大不相同，必須加一番新的解釋，因此我國在推翻滿清皇帝以後，有人要把忠字取消，中山先生便予以新的詮釋，認爲全國同胞都是皇帝，官吏應向人民盡忠，把忠的對象加以擴大。其實在民主時代，我們盡忠的對象是多方面的。官吏固應向全國人民盡忠，全國人民也應向代表國家執行政令的領袖盡忠。親屬與親屬之間，朋友與朋友之間，更應彼此互相表示忠誠，則忠的德行仍有存在的價值。談到盡孝，固然是子女對父母表示的一種德行，但是把孝順父母的心情加以推廣，那末民主社會的任何份子都應順從公意，以大多數人的意見爲意見，也可說是一種廣義的孝行。以往盡節只限於妻子對丈夫守節，現代丈夫對妻子也應同等相待。所以法律明文規定，男女結婚以後，便不能和其他異性發生超友誼的關係，否則將予以制裁。其實節制的行爲，在現代社會中非常之多。例如不能隨便插隊、不能亂闖紅燈，這是行動的節制；不能在公共場所高聲談話，不能在深夜狂笑喧嘩，這是語言聲音的節制。……諸如此類在日常生活中，所表現節制的行爲，隨處皆是。至於義的行爲，過去多半是指奴僕對主人，現在主僕的關係幾乎已不存在，但是服從負責仍是一種義的行爲，凡享權利，即應盡義務，兩者是相對待的，這是現代社會的通則。所以盡義的對象也非常的普偏。我們就古代社會和現代社會的情況加以比較，便可賦忠孝節義以新的生命，不僅應當保存，而且可以發揚光大。再就橫比來說，係從空間方面，比較各個地區不同的道德觀念和習俗，例如：東方人對於金錢的看法，和西方人便不一樣。東方人有「爲仁不富，爲富不仁」的說法，西方人常認爲財富是由某人的智慧、勞力所奮鬬得來的成果，而貧窮則係懶惰愚笨所造成。這兩種不同的觀念，大都由於東西兩方面的社會背景不同的原故。

東方是農業社會經濟的生活方式，一切自給自足，生活水準較低，金錢的用處不大，所以大家不重視金錢，尤甚對不勞而獲的剝削關係或貪汚行爲表示厭惡，故有「爲仁不富，爲富不仁」的看法。西方是工業社會經濟的生活方式，人民重視奮鬪和發明，對於刻苦經營的企業家和辛勤試驗的發明家，都可獲得優厚的報酬，在社會上取得較高的地位。所以金錢便爲大家所重視，並且以財富代表身份和地位。有人將東方和西方對金錢不同的看法加以比較後，便作如下的論斷，東方重道義而輕功利，西方重功利而輕道義。也就形成東方社會在物質科學和生活水準方面顯得落後；西方社會在人生修養精神生活方面顯得空虛。像以上兩種比較的方式，在討論倫理道德的行爲時，常常可以用到。

第三節　依研究態度區分的方法

人們對於日常行爲的評判，常常採取幾種不同的態度。第一種採取直覺的態度，便是憑着自己的直覺來判定是非。譬如看見大人欺騙小孩，強者壓迫弱者，便自然會產生不平的感覺，認爲大人和強者的行爲是不道德的。第二種採取經驗的態度，譬如看見大人欺騙小孩，便想起自己小時被大人欺騙的經驗而提高警覺，並加以觀察大人欺騙小孩的動機和結果是什麼。假若因爲小孩生病，用欺騙的方法使其服藥，則大人欺騙的動機和結果是善良的。假若大人欺騙小孩無知，而想供其利用或玩弄，那便是一種可惡的行爲。第三種採取客觀的態度，即是對於某一事件的評斷，完全要以所搜集的全部資料爲依據，然後再下適當的結論。譬如大人騙小孩吃藥的問題，便要先了解小孩患的是什麼病？吃的是什麼藥？是否經過醫生的診斷，給予對症的藥劑？還是亂買成藥給小孩吃？大人究竟用什麼方法騙小孩？對小孩的心理有無影響？凡此種種均須事先詳加查證，然後判斷此一行爲是否具有價值，和應否如此去做。可說是完全以客觀事實爲評判的根據。下面按照三種不同的研究態度和方法，分別引證一些倫理學說予以闡明。

（一）**直覺法**　凡是倫理學上強調「良心」「良知」「理性」「自我實現」等等學說，都是用直覺的看法來探討倫理行爲。如孟子的性善說：「惻隱之心，人皆有之。羞惡之心，人皆有之。恭敬之心，人皆有之。是非之心，人皆有之。惻隱之心，仁也。羞惡之心，義也。恭敬之心，禮也。是非之心，智也。仁義禮智，非由外鑠我也。我固有之也，弗思耳矣。」王陽明的心卽理說：「夫物理不外於吾心，外吾心而求物理，無物理矣；遺物理而求吾心，吾心又何物耶？」又說：「世儒之支離外索刑名器數之末，以求明其所謂物理者，而不知吾心卽物理，初無假於外也。佛老之空虛，遺棄其人倫事物之常，以求明其所謂吾心者，而不知物理卽吾心，不可得而遺也。」康德（Kant）的超越說，認爲自然界並沒有道德，要追求道德的根源，必須要到自然界或經驗界以外的地方去追求，那就是超越界。這個世界可以感覺到，但是超乎經驗之上，要靠理性去體認。所以道德的起源，在人類本身的自覺和自制。格林（Green）的自我實現說，認爲人類智慧的特點在自覺，而自覺是人類獨有的特徵，其他生物所沒有。人物的一般心理作用，都可根據生理作用、反射作用、機械作用去解，只有自覺不能用別的去解釋。因爲要解釋，先得有自覺，所以自覺是先其他一切而存在。最能接近宇宙本體的自覺，便是大自覺，也就是永知。自覺的功能，在使我們覺知人生有較好的理想而不斷的邁進，由小我逐漸以推知大我，使全我得以實現。像以上各種說法，都是憑直覺的態度，提出他們的思想和主張。

（二）經驗法　凡是倫理學上強調快樂、功利、同情等等學說者，都是用經驗的看法提出倫理的主張。如快樂派的亞里斯戴布斯（Aristippus）認爲感覺是外物的運動所加到我們身上的結果。運動的性質可分爲三種：(1)暴烈性的運動，加在我們身上會感到痛苦。(2)溫和性的運動，加在我們身上會感到快樂。(3)不動對於我們身體上的感覺是在不苦和不樂之間。功利派的邊沁（Benthan）將快樂分爲十五種，痛苦分爲十一種，而快樂的強弱、長久、虛實、遠近等等情況，都可用標準來計算。同情派的休謨（Hume）認爲某種行爲能够引起人們舒服的感覺，便是好的行爲；否則，便是壞的行爲。所以人們看見高尚豪俠的行爲，沒有一個不起佩服的情感；看見殘忍詭詐的行爲，也沒有一個不起討厭的情感。這便是同情心。以上幾種學說，都是抱着親身體驗的態度，來解釋人們對於行爲苦樂的感覺。至於我國儒家的「己所不欲，勿施於人」的忠恕之道，墨家摩頂放踵、席不暇暖的救世精神，都可說是本着設身處地的想法，來樹立做人的法則。

（三）客觀法　倫理學者採取客觀的態度從事研究，當自斯賓塞爾（Spencer）開始，他是用生物學做出發點研究道德行爲。認爲一般道德都起於行爲，好的行爲便是道德，壞的行爲便是不道德。所以道德完全從行爲中表現出來。至於行爲的現象，像樹吸水以長葉是一種行爲，鳥在樹上吃蟲子也是一種行爲。行爲的表現是多方面的，應當將物理現象上的行爲，和生物現象的行爲綜合的加以觀察。若只就人類行爲的一部份關係道德的來論道德，那一定是不完全的。從廣泛的行爲來看，物理學上叫做「運動」（Motion），生物學上叫做「動作」（Action），本能方面叫做「行爲」（Behaviour），有意義的舉止又叫做「修爲」（Conduct）。這許多不同的名詞，都是行爲變相，也就是行爲本身逐步的進化。人類的道德便是由行爲進化而來。而道德的產生是自然的現象，也是必然的結果。像這種論調，可說是抱着客觀的看法來研究倫理行爲。此外用心理學的眼光或社會學的眼光來探討倫理行爲，大致都是抱着客觀分析的態度，把倫理學當作一門科學來研究。

第四節　本書所循研究的途徑

上面介紹了許多研究倫理學的方法，有的屬於哲學的方法，有的是屬於科學的方法，有的是屬於探討一般知識的方法。也許讀者要問，究竟本書是採取那種研究方法呢？謹提出三點，說明本書研究所採取的方式、重點和步驟，以期讀者對本書所循研究的途徑，有較深一層的了解。

（一）本書研究的方式　倫理學本身含有極其深厚的哲學意味，同時又逐漸發展成爲一項有系統的專門科學。如果從哲學的立場看，應當採取演繹、思辯、推理、直覺等方法。如果從科學的立場看，應當採取歸納、追溯、觀察、比較、實證、經驗等方法。如果從研討一般知識的立場看，應當採取辯證、批判、分析、綜合等方法。倫理學具有哲學、科學和一般知識三種性質，所以上述各種方法都可以用到。何況就人類知識發展情況來看，哲學的分化可成爲科學，科學的究極又可變成哲學，足見哲學和科學便缺少嚴格的界限。再者，單純應用哲學概括的方法，常易令人發生不可捉摸的困惑；單純應用科學分析的方法，又易犯只見樹木不見森林的毛病。因此，我們研究倫理學所採取的方式，實在不宜過於單純，應當針對問題本身的需要，綜合上面各種方法，斟酌妥予運用。

（二）本書研究的重點　在本書第二章第一節討論倫理學的性質時，曾經有一段話說：「現代倫理學已經演進爲討論人類道德行爲的科學。而人類道德的發生，雖起於各人理性的直覺和克制，道德具體的表現，卻出之於行爲。行爲乃是大家最容易考察和把握的事物，適宜作爲科學研究的對象。所以倫理學研究的重心，應當放在人類行爲本質的分析，行爲是非的判斷，行爲規範的確立和實踐等方面，以有助於人類道德生活的進步。」業已明白指出了本書研究的重點。因爲現代倫理學雖然不能和哲學完全脫離關係，但已日漸趨向科學的研究，卻係無可否認的事實。所以在研究方式上，雖然不妨兼採哲學和科學各種方法，在研究的重心上，則是科學重於哲學，行爲重於理念。也就是少談抽象的玄妙哲理，多加分析具體的行爲現象。因此本書在闡述有關倫理的思想和行爲時，盡量把握此項基本的態度，注意下面幾個重點：

(1)討論道德觀念和行爲現象時，重分析而不重概括。

(2)批判道德善惡和行爲是非時，重客觀而不重主觀。

(3)提供道德實踐和行爲規範時，重證驗而不重內省。

（三）本書研究的步驟　在本書第三章闡述倫理學的任務時，曾經鄭重提出三項任務。即是：第一，分析倫理行爲的本質。第二，探討倫理行爲的標準。第三，指引倫理實踐的途徑。這三大任務，也就是本書研究道德倫理問題的三個步驟。第一個步驟重在介紹道德觀念和倫理思想，並進而考查行爲的演進，分析行爲的本質，辨別行爲的現象，以解答倫理行爲的內涵是「什麼」。第二個步驟重在鑑別行爲的是非，判斷行爲的價值，並進而探求倫理行爲的要素，和行爲潛力的運作，以解答倫理道德的判斷是「爲什麼」。第三個步驟重在提示道德行爲實踐的原則和步驟，提供道德修養的方法和事例，並進而建立倫理行爲的規範和指引人生至善的理想，以解答倫理道德的實踐是「怎麼樣」。以上三個步驟，便是本書內容發展的層次，以期達成倫理學研究的任務。但以本人有限的學力和精力，面對此一廣泛的倫理行爲問題，要想獲致十分完整的結論，實覺力不從心。仍有待於對此類問題有興趣的學人，繼續不斷的發掘和補充。

第五章　中國倫理思想概述

第一節　中國倫理思想的背景

梁漱溟在其所著「中國文化要義」（香港集成圖書公司出版）一書中，曾經指出中國文化具有下列各種特徵：⑴廣土衆民，⑵偌大民族之同化融合，⑶歷史長久，並世中莫與之比，⑷具有偉大無比的文化潛力，⑸歷久不變的社會，停滯不進的文化，⑹幾乎沒有宗教的人生，⑺家族制度在社會中地位的重要，⑻物質科學落後，⑼缺乏西方自由民主的認識，而有中國傳統特具的觀念，⑽政治法律與倫理結合成爲一體，⑾缺乏現代國家意識，而有大同社會的理想。以上所舉十一個特徵，幾已明白刻劃出中國文化的全貌。其中影響中國倫理思想的形成，約可概括分爲以下幾點：

㈠我國自神農教民稼穡，人民便以耕種爲主要的謀生工具，形成幾千年來的農業經濟社會。人民大都安土重遷，活動範圍很小，思想局限於傳統，習慣多流於保守。知識份子以四海之內便是天下，中國居於領導的地位。因此在倫理文化方面，也就產生了幾千年來惟我獨尊的道統思想。

㈡農業社會需要大量能事生產的壯丁，更需要權威的家長策劃經濟，以男性爲中心的大家庭組織便由此逐漸形成。在倫理方面，主張男治外，女治內，對下一代更要求子孝孫賢，特別提倡婦道和孝道，重視家教和家風。

㈢我國誕生孔子以後，倡導儒家學說，宣揚五倫之教。以仁爲一切德行的主體，傳授門徒，啓廸後世。孟子提倡王道，力主仁政，將政治與倫理合而爲一；荀子崇尚禮治，尊重法制，將禮法與倫理加以融通。從此奠定了民族道德的基礎，歷數千年而不衰。

㈣中國向來沒有專一的宗教信仰，士大夫日常的言行大都以儒家的學說和思想爲指標，而一般平民的生活方式卻表現多方面的崇拜。尊天、敬神、信佛、學道，都可集合在一個人身上，養成了聽天由命知足常樂的人生態度。在待人接物方面，也就易於表現謹愼、誠篤、謙和、退讓種種德行。

㈤農業社會採取自給自足的生活方式，一切日常應用的物品，憑着自己的勞力和當地的資源，便可以得到適當的滿足，而不必向外面去尋求。人與人間所最需要的還是精神方面的情誼和道義，養成中國人崇尚情義、不談功利的習性。因此注重修養的人文科學日益昌明，改善生活的物質科學反而顯得落後。

㈥中華民族自黃河流域開始成長，逐漸推展到長江、珠江、黑龍江諸流域，更向西北邊疆開拓，東南沿海伸張，形成一個龐大無比的民族。而民族構成的因素，絕非出於強制的武力，仍係秉承王道的精神，發揮同化的力量所獲致。因此倫理思想方面，充分顯示調和的色彩，表現愛好和平，嚮往大同的民族性。

第二節　先秦倫理思想

我國古代倫理的基本觀念有二：一爲信天命，認爲天有常道，人類應當法天，一切行爲均須「順帝之則」。運用到人事上面，便肯定了，凡屬君主宜循天意以統治萬民；凡屬臣民應效忠君主，亦即服從天命。子女的生育悉由天定。夫婦的婚配亦係天作之合。推而至於人生的吉凶禍福，窮通壽夭，莫不抱着如是的看法。另一爲重宗族，認爲宗族是維繫人羣血統的基本，子孫負有傳宗接代的使命。所謂「不孝有三，無後爲大」，婦女不能生育，列爲七出的一個條件，都是爲了綿延種族着想。並且確立家長制度，提倡人倫的實踐，由孝親敬長開始，逐漸推廣到其他一切待人接物，都期望子孫能够光耀門楣，不辱家聲，作爲立身處世的準則。堯舜時代的經典，夏禹時代的「洪範九疇」，周公時代的「易卦」，都包涵了不少有關倫理行爲的啓示，爲中國古代社會奠定了深遠的根基。茲因篇幅所限，僅將春秋戰國時期的儒家、道家、法家、墨家的倫理思想，扼要陳述於後：

（一）**儒家**　儒家學說由孔子所創始，對於中國社會和文化具有極其深遠的影響。尤其有關人倫的思想和行爲，歷經儒家門徒不斷的闡揚，成爲幾千年來中國人民必須記誦的經典。在中國倫理思想史上，佔有十分重要的地位。春秋戰國時期，儒家思想固應列居首位，卽在漢唐以至明清的倫理學說，也都不能脫離儒家思想的範疇。下面簡述孔子、孟子、荀子的倫理思想，藉見一斑。

孔子　依據史籍記載，孔子不僅富有天賦過人的智力，更具圓融美滿的品格。所以在學術思想上能集往聖先賢的大成，在言行事蹟上能垂千秋萬世的典範。就倫理觀點來講，確是一位值得後人仰慕效法的至聖先師。我國歷代賢哲對於孔門學說的宣揚，幾已浩如煙海，不可勝數。此地只就孔子有關倫理思想和言論，略予闡釋：

（甲）孔子的人倫中心　在論語中，孔子和門弟子提到「仁」的言論很多。例如：「樊遲問仁，子曰：仁者愛人。」「夫仁者，己欲立而立人，己欲達而達人，可謂仁之方也已。」「仁遠乎哉，我欲仁，斯仁至矣。」「有能一日用其力於仁矣乎？我未見力不足者。」「求仁而得仁，又何怨？」「志士仁人無求生以害仁，有殺生以成仁。」「仁者不憂。」從上面的許多話中，可以知道孔子以爲「仁」是自然存在每個人的心中，只須自己願意，便可隨時顯露出來，對他人表示好感，支持人家建功立業，協助人家解除困難，甚至爲了達成某種道義的使命，縱然犧牲性命亦在所不惜。足見仁心是人人所固有，如果充分的發揮，便可表現人類偉大的精神。所以「仁」是人倫的中心。孔子所講求的一切待人接物的德行，都是從此中心起源，發展成爲各種不同的品格。

（乙）孔子的做人本務　談到做人的本務，論語學而篇中有下面幾句話：「有子曰……君子務本，本立而道生，孝弟也者，其爲仁之本與？」此語雖出自有子，仍係依據孔子以仁爲人倫的中心，而有所闡發。因爲仁只蘊藏於內心，如果要表達於行爲上，便須以孝弟爲起點，對父母表示孝，對兄弟表示弟。所以孝弟是行仁的基礎，也是做人的本份。推而廣之，更要做到「父子有親，君臣有義，夫婦有別，長幼有序，朋友有信。」成爲五倫的德行。也就是「君臣也、父子也、夫婦也、兄弟也、朋友之交也、五者天下之達道也。」意卽每個人不可避免的本份。在五倫之中，孔子特別提倡孝道，這是什麼原因？錢穆對這點有一段精闢的解釋：「近代有人在懷疑，孝慈是對等的，爲什麼孔門卻偏多講孝呢？這理由很簡單。天下有不爲父母，沒有子女的人；卻沒有不爲子女，沒有父母的人。孔門講道，爲人人而講，爲全世界人類古今之全體量而講。講孝，人人有份；講慈，便有人沒有份。而且人必然先做子女纔做父母的。講孝，盡了人生之全時期，父母死了，孝心還可存在，講慈則最多只占人生之半節。」（見錢著中國思想史）所以孝是做人最基本的任務。

(丙)孔子的對人態度　孔門弟子論及孔子一貫之道，曾子明白指出：「夫子之道，忠恕而已矣。」所謂忠，便是盡其在我，也就是上段所說的務本。所謂恕，便是推己及人，也就是孔子對人的基本德行。而恕德仍從仁心出發。因此，孔子又說：「夫仁者，己欲立而立人，己欲達而達人，能近取譬，可謂仁之方也已。」立人達人便是孔子對人的重要態度，也是儒家學說化育人羣的基本法則。論語裏面另有一段孔子和門弟子討論志願的記載：「顏淵季路侍，子曰：盍各言爾志。子路曰：願車馬，衣輕裘，與朋友共，敝之而無憾。顏淵曰：願無伐善，無施勞。子路曰：願聞子之志。子曰：老者安之，朋友信之，少者懷之。」他們三人提出的志願，表面上雖各不同，實際上都是本着仁心出發，彼此的立場是一致的。但就對人的態度來講，卻有深淺不同的層次，子路只在日用衣物上面表示仁心，較爲粗淺。顏淵卻從精神上，抱着不誇己善，不計辛勞的態度待人，含義較深一層。孔子則不但要對任何人表示善意和善行，還要讓對方在精神上有所領受，彼此發生共鳴。較之子路和顏淵的想法更爲週徧而廣大。其待人的厚道，由此可以想見。孔子對人除了仁恕以外，還要注重禮節。在論語上，孔子和顏淵有如下的問答：「顏淵問仁。子曰：克己復禮爲仁。一日克己復禮，天下歸仁焉。爲仁由己而由人乎哉。顏淵曰：請問其目。子曰：非禮勿視，非禮勿聽，非禮勿言，非禮勿動。顏淵曰：回雖不敏，請事斯語矣。」

(丁)孔子的處世觀念　孔子的人生理想，很少好高騖遠的言論，務求處處踏實，以期切合人倫日常的生活。所以「季路問事鬼神。子曰：未能事人，焉能事鬼。敢問死。曰：未知生，焉知死。」孔子認爲我們做人還沒有盡到本份，還談什麼事鬼。自己的生命現象尚不明究竟，還探討什麼死的道理。又如：「樊遲問知。子曰：務民之義，敬鬼神而遠之，可謂知矣。」「子不語：怪、力、亂、神。」都是處世踏實的態度。所以孔子認爲我們應當腳踏實地去做些對大家有益的事情。至於一些玄妙的鬼神問題，生死問題，可以暫時不必過問。還有孔子處世觀念，是確認義之所在，知所取捨，把握自己的基本原則，決不隨便同意去做不正當的事，也不毫無主張的結黨營私。所以他說：「君子和而不同。」又說：「君子羣而不黨。」

（戊）孔子的道德實踐　從上面引證孔子的言論和思想，已可看出孔子是一位注重實行的思想家，尤其在倫理道德方面，特別重視實踐。所以他說：「弟子入則孝，出則悌，謹而信，汎愛衆，而親仁。行有餘力，則以學文。」把做人比研究學問看得更爲重要。日人三浦藤作在其所著「中國倫理學史」一書中，曾對孔子思想作如下的評價：「通體之最大長處，即在其思想明爲實踐的道德的；其最大所短處，即在乏哲學的倫理的科學的思想，守傾向古主義，而不求理想於未來。」

孟子　儒家尊孟子爲亞聖，因其對孔子學說的闡揚貢獻很大。孟子倫理思想的重點，係繼承孔子所說仁心爲人人所固有，更進一步強調人性本善的特質，創性善論。他說：「人之所不學而能者，其良能也。所不慮而知者，其良知也。孩提之童，無不知愛其親者。及其長也，無不知敬其兄也。親親，仁也。敬長，義也。無他，達之天下也。」認爲人類善良的品德，純從天性而來。他並且舉例說：「今人乍見孺子將入於井，皆有怵惕惻隱之心，非所以內交於孺子之父母也，非所以要譽於鄉黨朋友也，非惡其聲而然也。」又說：「蓋上世嘗有不葬其親者，其親死，則擧而委之壑。他日過之，狐狸食之，蠅蚋咕嘬之。中顙有泚，睨而不視，夫泚也，非爲人泚，中心達於面目。蓋歸反虆梩而掩之。

掩之，誠是也，則孝子仁人之掩其親，亦必有道矣。」見孺子將入於井而施救，見親死爲鳥獸所食而想到掩埋，均出於自然的天性。所以孟子斷然的推論：「惻隱之心，人皆有之；羞惡之心，人皆有之；恭敬之心，人皆有之；是非之心，人皆有之。惻隱之心，仁也。羞惡之心，義也。恭敬之心，禮也。是非之心，智也。仁義禮智，非由外鑠我也，我固有之也。」孟子基於性善的觀點，以「人皆可以爲堯舜」，鼓勵大家做好人；以「萬物皆備於我，反身而誠，樂莫大焉。」強調爲善最樂的感受。孟子認爲好人的特質，蘊藏於內爲仁，表現於外爲義。因此他說：「仁，人心也；義，人路也。」鄭重提出一個義字，以配合仁心而謀貫徹。並且主張求放心，使求仁而得仁；主張養浩然之氣，使舍生取義的精神因而宏揚。期望每個人都能居仁由義，充分發揮性善的本色。就倫理教育的觀點來講，孟子性善的主張，足以啓發人性的自覺，表彰人性的光輝，其貢獻是十分巨大的。

荀子　荀子生於孟子之後，站在維護儒家學說思想的傳統上，評判諸家思想的缺失，提出禮治的主張，其功績不在孟子之下。但因對於人性的認識，和孟子的意見完全相反，致遭後世儒者的攻擊，未能獲得應有的地位。荀子最著名的學說，便是性惡論。他說：「人之性惡，其善者僞也。今人之性，生而有好利焉，順是故爭奪生而辭讓止焉。生而有疾惡焉，順是故殘賊生而忠信止焉。生而有耳目之欲，有好聲色焉，順是故淫亂生而禮義文理止焉。然則從人之性，順人之情，必出於爭奪，合於犯分亂理，而歸於暴。故必將有師法之化。禮義之道，然後出於辭讓，合於文理，而歸於治。用此觀之，則人之性惡明矣，其善者僞也。」開宗明義揭示人類性惡的一面。並進而指出須有師法之化，禮義之道，以矯正人性之惡，建立禮治的主張。他說：「人生而有欲，欲而不得，則不能無求；求而無度量分界，則不能不爭；爭則亂，亂則窮。先王惡其亂也，故制禮義以分之，以養人之欲給人之求。」闡明制禮的必需。又說：「天地者，生之本也；先祖者，類之本也；君師者，治之本也。無天地，惡生；無祖先，惡出；無君師，惡治。三者偏亡焉，無安人。」強調禮治的重要。荀子認爲禮係外鑠的，由聖人制作以矯治人類的本性。和孟子認爲禮係內在的，出自人類的本性，所持看法絕不相同。然而孟荀二人均以闡述儒教學說爲己任，排斥高遠的空想，倡導修己治人的實踐道德，彼此的立場是一致的。所以在中國倫理思想史上，俱有其不可忽視的地位。

（二）道家　中華民族文化固然以儒家爲正宗，同時道家思想影響中國社會的力量亦頗爲深遠。就倫理方面講，儒家的思想是積極的、進取的、入世的、維護道德的。而道家的思想則是消極的、退嬰的、遁世的、懷疑道德的。兩者的立場，大半處於相反的地位。形成中國人的另一種人生觀，對於現實的功利是非，不願斤斤計較。對人生一切事業，多半退一步想，不作積極的打算。在智識份子之中，便產生了許多隱逸之士和騷人墨客；在一般民衆之中，便養成了謙退寬大不求進取的民族性。茲將代表道家的老子和莊子有關倫理方面的思想，敍述於次：

老子　老子道德經有人考據謂出在莊子之後，是戰國一部晚出的書。至於老子的生平事蹟已不可考。其主要思想都在道德經上下二卷五千言裏面，言簡意賅，蘊義深奧。史學家論及道家的學派，均以老莊相稱，漢有文帝崇尚黃老之術，唐有韓愈以闢佛老自任，足見老子的影響力較之莊子爲大。故先述老子的思想。老子對於人生的看法，認爲人不能勝天，更不可能征服大自然。所以他主張：「人法地、地法天、天法道、道法自然。」至於「道」究竟是什麼？他解釋說：「有物混成，先天地生。

寂兮寥兮，獨立而不改，周行而不殆。可以爲天下母。吾不知其名，字之曰道，強爲之名曰大，大曰逝，逝曰遠，遠曰反。」可見道是一種虛無縹緲循環不息的東西。由此，反映到人生哲學上面，便主張虛無謙退，返本歸源，發表如下的言論：「大成若缺，大盈若冲，大直若屈，大巧若拙，大辯若訥。」「知其雄，守其雌，爲天下谿。知其白，守其黑，爲天下式。知其榮，守其辱，爲天下谷。」「持而盈之，不如其已。揣而銳之，不可長保。金玉滿堂，莫之能守。富貴而驕，自遺其咎。功成身退，天之道。」「跂者不立，跨者不行，自見者不明，自是者不彰，自伐者無功，自矜者不長。其於道也，曰餘食贅行，物或惡之，故有道者不處。」「爲無爲，事無事，味無味。大小多少，報怨以德。圖難於其易，爲大於其細。天下難事必作於易，大事必作於細。聖人終不爲大，故能成其大。」因此，他對於道德的觀點是：「我有三寶，持而寶之。一曰慈，二曰儉，三曰不敢爲天下先。慈故能勇，儉故能廣，不敢爲天下先，故能成器長。」甚至他對道德禮義抱着懷疑的態度。他說：「大道廢有仁義，智慧出有大僞，六親不和有慈孝，國家昏亂有忠臣。」故主張做人的行爲準則，應當是與人無爭。他說：「上善若水。水善利萬物而不爭，處衆人之所惡，故幾於道。居善地，心善淵，與善仁，言善信，正善治，事善能，動善時。夫唯不爭，故無尤。」做人的修養，應當重回到兒童的天眞。他說：「常德不離，復歸於嬰兒。」「專氣致柔，能嬰兒乎？」「我獨泊兮其未兆，如嬰兒之未孩。」「含德之厚，比於赤子。」可見老子是一個絕對崇拜自然主義者。他更看透人與人間利害的關係，反對一切人爲的繁文縟節。所以他說：「聖人不仁，以百姓爲芻狗。」「絕聖棄智，民利百倍。」

綜觀老子的倫理思想，對現代極端傾向物質文明的西方民族，誠然有其振聾發聵的啟示作用。然而對於我國正由農業轉向工業的現代社會，顯然是一重困擾，必須予以擺脫。否則便永遠無法進入現代化的軌道。

莊子　就哲學的觀點說，莊子的思想，遠較儒家爲超脫；就倫理的觀點說，莊子的思想，不及儒家更能切合人倫日用。尤其是倫理學說大都宣揚仁義，而莊子則排斥仁義；倫理學說大都明辨是非，而莊子則根本否定是非。可說幾乎違背了倫理道德的基本原則。茲就其與倫理思想有關的幾個重點，略加引申。莊子思想最大的特色，在時間上打破生死的界限。他說：「予惡乎知說生之非惑邪？予惡乎知惡死之非弱喪而不知歸者邪？予惡乎知夫死者不悔其始之蘄生乎？」指示人們對死生的不値得好惡，更不必加以計較。在空間上打破物我的界限。他說：「今我則已有謂矣，而未知吾所謂之其果有謂乎？其果無謂乎？天下莫大於秋毫之末，而太山爲小；莫壽乎殤子，而彭祖爲夭。天地與我並生，萬物與我爲一。既已爲一矣，且得有言乎；既已謂之一矣，且得無言乎。」指出宇宙一切現象無始無終；一切事物非暫非久。只有聽隨自然的安排，而各得其平等的地位，而各安其應有的命運。由此進而認定，在人生現象萬事萬物之中，很難找出是非因果的基準。所以他說：「物無非彼，物無非是。自彼則不見，自知則知之。故曰，彼出於是，是亦因彼。彼是，方生之說也。雖然，方生方死，方死方生；方可方不可，方不可方可。因是因非，因非因是。」既然是非標準的不可憑，所以他對世間事物的看法，便認爲：「絕聖棄知，大盜乃止；擿玉毀珠，小盜不起；焚符破璽而民朴鄙，掊斗折衡而民不爭；殫殘天下之聖法，而民始可與論議。」莊子排斥道義，不計是非。因此他最嚮往的境界不是人爲，而是自然；最崇拜的對象，不是聖人，而是眞人。他說：「古之眞人，不知說生，不知惡死，其出不訴，其入不距，翛然而往，翛然而來而已矣。不忘其所始，不求其所終，受而喜之，忘而復之。是之謂不以心捐道，不以人助天；是之謂眞人。若然者，其心忘，其容寂，其顙頯，淒然似秋，煖然似春，喜怒通四時，與物有宜，而莫知其極。」有人認爲莊子的人生哲學，是藝術的人生，而非道德的人生。（見錢穆著「中國思想史」）

（三）**墨家** 戰國時期的思想家，除了儒道兩派以外，其次便要推墨家的思想最爲突出。墨學的創始人墨子，不僅是胸懷宏大的言論家，而且是悲天憫人的苦行者。他的思想和倫理有關者大致如次。墨子做人的基本態度是：「上尊天，中事鬼神，下愛人。」他認爲天是高高在上的主宰，具有賢明的意志，鬼神則是輔佐天帝執行賞善罰惡的任務。因此他感到天志應當尊重，鬼神應當事奉。更用尊天的觀點，默察自然和人類的關係，發覺「天兼天下而食焉，我以此知愛天下之人也。」產生愛人的思想。他更從天下治亂的關係，說明人必須相愛的理由。他說：「聖人以治天下爲事者也。必知亂之所自起，焉能治之；不知亂之所自起，則不能治。察亂之何自起？起於不相愛。臣子之不孝君父，所謂亂也。子自愛不愛父，故虧父而自利；弟自愛不愛兄，故虧兄而自利；臣自愛不愛君，故虧君而自利；此所謂亂也。雖父之不慈子，兄之不慈弟，君之不慈臣，此亦天下之所謂亂也。父自愛不愛子，故虧子而自利；兄自愛不愛弟，故虧弟而自利；君自愛不愛臣，故虧臣而自利；是何也？皆起於不相愛也。雖至天下之爲盜賊者亦然。盜愛其室，不愛其異室，故竊異室以利其室；賊愛其身，不愛人身，故賊人身，以利其身；此何也？皆起於不相愛也。雖至大夫之相亂家，諸侯之相攻國者亦然。大夫各愛其家，不愛異家，故亂異家以利其家；諸侯各愛其國，不愛異國，故攻異國以利其國；天下之亂，物具此而已矣。察何自起？皆起於不相愛。故聖人以治天下爲事者，惡得不禁惡而勸愛。故天下兼相愛則治，相惡則亂。故子墨子曰：不可以不勸愛人者也。」由於倡導兼愛，便提出了「非攻」、「交利」等主張。墨子還有一項重要的思想，便是「非樂」。他說：「仁之事者，必務求興天下之利，除天下之害，將以爲法乎天下。利人乎？即爲；不利人乎？即止。且乎仁者之爲天下度也，非爲其目之所美，耳之所樂，口之所甘；身體之所安。以此虧奪民衣食之財，仁者弗爲也。是故子墨子之所以非樂者，非以大鐘鳴鼓琴瑟竽笙之聲以爲不樂也，非以刻鏤文章之色以爲不美也，非以犓豢煎炙之味以爲不甘也，非以高台厚榭邃野之居以爲不安也。雖身知其安也，口知其甘也，目知其美也，耳知其樂也。然上考之，不中聖王之事；下考之，不中萬民之利。是故子墨子曰：爲樂，非也。」他反對享樂，便因而提倡「節用」、「節葬」；他崇尚苦行，便因而提倡「非命」、「尚賢」、「尚同」。這都是墨子倫理思想的重心所在。墨子不只在言論上發表他對人類抱着崇高博大的熱情，而尤其在行爲實踐上，腁手胝足，摩頂放踵，表現了堅苦卓絕的精神。這是其他倫理思想家所不能及的。墨子的思想在東方頗爲突出。有人認爲他頗接近西方的宗教精神和科學方法。如蔡元培在所著「中國倫理學史」中說：「墨子兼愛而法天，頗近於西方之基督教。其明鬼而節葬，亦含有尊靈魂賤體魄之意。墨家鉅子，有殺身以殉學者，亦頗類基督。然墨子科學家也，實利家也。其所言名數質力諸理，多合於近世科學。其論證，則多用歸納法，按切人事，依據歷史。其尙同尙賢諸篇，則在得明天子及諸賢士大夫以統一各國之政俗，而泯其爭。此皆其異於宗教者也。」有人認爲他是應用主義者，類似西方的實利主義。如胡適之在其所著「中國哲學史」中說：「墨子在哲學史上的重要，只在於他的「應用主義」。

他處處把人生行爲上的應用，作爲一切是非善惡的標準。兼愛、非攻、節用、非樂、節葬、非命，都不過是幾種特別的應用。」都足以闡明墨子思想的特色。

（四）法家　法家思想多淵源於道家和儒家，而另成一支派。認爲道德、禮樂、法律、刑政都是政治的工具，以達到富國強兵的目的。有些觀點和儒家相反，如儒家多認人性爲善，而法家則強調性惡；儒家鼓吹王道，而法家則提倡霸道。而其最高的政治理想，又受道家的影響，主張由法治逐漸走向無爲之治。茲以管子和韓非子爲代表，就其與倫理較爲接近的思想，略加申論。

管子　管子的道德觀，係從國家安危和人民生計兩方面着眼。由於前者，他說：「禮義廉恥，國之四維；四維不張，國乃滅亡。」又說：「國有四維。一維絕則傾，二維絕則危，三維絕則覆，四維絕則滅。」由於後者，他說：「倉廩實而知禮節，衣食足而知榮辱。」他更提出道德實踐的四綱領說：「不踰節則上位安，不自進則民不詐，不蔽惡則行自全，不從枉則邪事不生。」作爲從政者的修養守則。管子輔佐齊桓公推行霸道，精於理財。他說：「治國之道，必先富民。民富易治，民貧難治。何以知其然也？民富則安鄉重家，而敬上畏罪，故易治。民貧則反之，故難治。故治國常富，而亂國常貧。」對執政者要求務富其國，同時對人民則要求務盡其職。所以他又說：「農有常業，女有常事。一夫不耕，或受之饑；一婦不織，則受之寒。」最後則希望全國人民能够「人人相和睦，少相居，長相游，祭祀相福，死哀相恤，居處相樂。入則務本疾作以滿倉廩，出則盡節死敵以安社稷。」建立一個融樂富強的國家。由此可知管子的倫理思想，純從功利方面着眼，認爲經濟和道德具有密切的關係，這也就是他個人獨到的見解。

韓非子　韓非子受業於荀子，帶有儒家思想的系統。而又主黃老，崇尚無爲自然，更結合申不害、商鞅的學說，而成一家言。在政治方面，有其完整的見解。在倫理方面，殊少可以稱道。他對人性的體認，純從人情利害與世風險惡上着眼，所以他說：「人主之患在信人，信人者，被制於人。人臣之於其君也，非有骨肉之親也。縛於勢而不得不事之耳。故人臣者，窺覘其君之心，無須臾之休，而人主乃怠傲以處其上，此世之所以有刧君弒主也。人主太信其子，則姦臣得乘其子以成其私。故李兌傅趙王，而餓主父。人主太信其妻，則姦臣得乘其妻以成其利。故優施傅驪姬而殺申生，立奚齊。夫以妻之近，子之親，猶「」信，則其餘尙可信乎？如是，則信者禍之基也。其故何哉？曰：王良愛馬，爲其馳也；越王勾踐愛人，爲其戰也。醫者善吮人之傷，含人之血，非骨肉之親也，驅於利也。故輿人成輿，欲人之富貴；匠人成棺，欲人之夭死。非輿人仁而匠人賊也，人不貴則輿不售，人不死則棺不買，情非憎人也，利在人之死也。故后妃夫人太子之黨成，而欲君之死，君不死則勢不重，情非憎君也，利在君之死也。故人君不可不加心於利己之死者。」人性既如此險惡，縱有道德感化的力量，仍不及威勢之有效。所以他說：「母之愛子也，倍於父，而父令之行於子也十於母。吏之於民也無愛，而其令之行於民也萬於父母。父母積愛而令窮，吏用威嚴而民聽，嚴愛之策可決矣。」又說：「流涕而不欲刑者，仁也。然而不可不刑者，法也。先王屈於法而不聽其泣，則仁之不足以爲治明也。且民服勢而不服義，仲尼，聖人也。以天下之大，而服從者僅七十人。魯哀公，下主也。南面爲君，而境內之民無敢不臣者。今爲說者，不知乘勢，而務行仁義，是欲人主爲仲尼也。」因此，他主張重刑罰。他說：「人不恃其身爲善，而用其不得爲非。待人之自爲善，境內不什數，使之不得爲非，則一國可齊而治。夫必待自直之箭，則百世無箭；必待自圓之木，則千歲無輪。而世皆乘車射禽者，何耶？用檃栝之道也。雖有不待檃栝而自直之箭，自圓之木，良工不貴也。何則？乘者非一人，射者非一發也。不待賞罰而恃自善之民，明君不貴也。有術之君，不隨適然之善，而行必然之道。罰者，必然之道也。」一主張去慈惠。他說：「施與貧困者，此世之所謂仁義也。哀憐百姓不忍誅罰者，此世之所謂惠愛也。夫施與貧困，則功無可賞；不忍誅罰，則暴將何止。故天災饑饉，不敢救之。何則？有功與無功同賞，奪力儉而與無功無能，不正義也。」綜合上面所引的言論，足徵韓非子見解的偏激，且多半站在統治者立場上說話，與自由民主的思潮完全相反。錢穆在「中國思想史」一書中，曾有如下的評判：「韓非僅知有物質生活，故莊老玄談，皆見爲恍惚。韓非主刑賞，故莊老恬淡，即感無可駕御。故韓非之學，不僅背其師傅（荀子），亦復無當於其所尊尚（老子）。然其思想中過偏過激之萌蘖，亦不能不說乃由其所師尚而來。（荀子則是孔學之偏激，然老子則並非莊學之偏激。惟莊子書中如駢拇馬蹄諸篇，則又是老學之偏激也。）韓非自己性情，是一個孤憤人。或傳其書至秦，那時秦始皇正是二十六七歲的青年，見其書曰：嗟乎！寡人得見此人，與遊，死不恨矣。李斯遂引致了韓非，又把他讒害了。但此後秦始皇帝焚書坑儒一番偉舉，卻不能不說是韓非五蠹、六反、孤憤（皆韓非著書篇名）之氣之一番發洩。先秦學術思想，由韓非來殿軍，那是中國思想史裏一黑影，一污點」。

第三節　漢代倫理思想

西漢承秦始皇焚書坑儒之後，學者均忙於收集先秦諸家學說，很少發表獨特的思想和主張。文景時期，置五經博士，鑽研經籍。於是經學昌明。儒家及道家學說大爲盛行，其他各家思想則多趨衰落。其中較爲著名的學說思想家，爲西漢的淮南子和董仲舒，東漢的王充。茲將三人有關倫理方面的思想，簡介於次：

淮南子　漢代富有哲學色彩的代表著作便是淮南子。全書內容係以道家學說爲基礎，綜括儒家、兵家、名家、法家各方面的思想而自成一家。他對人性的看法，係根據「太上之道，生萬物而不有，成化像而不宰」的原則，認爲天道虛靜，人性亦如天道。所以他說：「人生而靜，天之性也。感而後動，性之害也。物至而應之，知之動也。知與物接，而好憎生。好憎成形，知誘於外，而不能反己，天理滅矣。於是聖人之所務，在保持其本性而勿失之。」至於保持本性，宜即做到：「達其道者不以人易天，外化物而內不失其情。至無而應其求。時騁而要其宿。小大修短，各有其是。萬物之至也，騰踴肴亂，不失其數。」對於人生修爲，主張去欲養性。他說：「聖人勝於心，衆人勝於欲。君子行正氣，小人行邪氣。內便於性，外合於義，循理而動，不繫於殉，正氣也。重滋味，淫聲色，發喜怒，不顧後患者，邪氣也。邪與正相傷，欲與性相害，不可兩立。一置則一廢，故聖人損欲而從事於性。目好色，耳好聲，口好味，接而說之，不知利害，嗜欲也。食之而不寧於體，聽之而不合於道，視之而不便於性，三宮交爭，以義爲制者，心也。痤疽非不痛也，飲毒藥非不苦也；然而爲之者，便於身也。渴而飲水，非不快也；饑而大食，非不澹也；然而不爲之者，害於性也。四者，口耳目鼻，不知取去。心爲之制，各得其所。由是觀之，欲之不可勝也，明矣。凡治身養性，節寢處，適飲食，和喜怒，便動靜。得之在己，則邪氣不生。」因其思想傾向道家，對於仁義禮樂，也和老莊一樣持相同的看法。他說：「性失然後貴仁，過失然後貴義。是故仁義足而道德遷，禮樂餘則純樸散。是非形則百姓眩，珠玉尊則天下爭。凡四者，衰世之道也，末世之用也。」對人生境界的嚮往，也自然走到歸眞返樸的路上去。他說：「古者民童蒙，不知東西。貌不羨情，言不溢行。其衣致煖而無文，其兵戈銖而無刃，其歌樂而不轉；其哭哀而無聲。鑿井而飲，耕田而食。無所施其美，亦不求得。親戚不相毀譽，朋友不相怨德。」所以淮南子只是繼承儒道兩家的思想而加以調和，並沒有什麼創見。

董仲舒　董仲舒提倡天人相應，五行相生諸說，有人指其係受戰國陰陽家的影響，頗多牽強附會跡近迷信的見解。但他尊孔授徒，究竟不愧爲漢代醇儒。他對倫理學說的貢獻大致如次。對人性的善惡，採折衷的說法。他說，「禾雖出米，而禾未可以爲米。性雖出善，而性未可以爲善。繭雖有絲，而繭非絲。卵雖出雛，而卵非雛。故性非善也。性者，禾也，卵也，繭也。卵待覆而後爲雛，繭待練而後爲善絲，性待教訓而後能善。善者，教誨所使然也，非質樸之能至也。然則性可以爲善，而非卽善也。」認爲人民德性的養成，必須君上負起教化的責任。他說：「天生之，地載之，聖人教之。君者，民之心也；民者，君之體也。心之所好，天必安之；君之所命，民必從之。故君民者，貴孝悌，好禮義，重仁廉，輕財利。躬親職此於上，萬民聽而生於下。故曰：先王以教化民。」他指點做人的行爲準則，宜講道義而棄功利。曾有「正其義而不謀其利，明其道而不計其功」的名言，爲宋儒所傳誦，並多身體力行。他上「天人策」請滅絕異說，獨尊儒學，爲武帝所採納。使孔門學術思想的根基，從此得以奠定，實不能不歸功於董氏。

王充　西漢盛倡陰陽五行的言論，學術思想幾乎爲之窒息。至東漢初年，王充著論衡，對神仙怪異之說，極力加以攻擊，對是古非今的偏見亦予以糾正，使陰暗沉悶的思想界得以廓清，呈現革新的氣象。他首先指出一切人生禍福俱係自然的現象，並非出於天意。他說：「天之不故生五穀絲麻以衣食人，猶其有災變不欲以譴告人也。物自生而人衣食之，氣自變而人畏懼之。」其次否定聖賢與神同類的謬見。他說：「使聖人達視遠見，洞聽潛聞，與天地談，鬼神言，知天上地下之事，乃可謂神而先知，與人卓異。今耳目聞見與人無別，遭事覩物與人無異。差賢一等耳，何以爲神而卓絕？」又說：「夫賢者，道德智能之號；神者，渺茫恍惚無形之實。實異，質不得同。實鈞，效不得殊。聖神號不同。故說聖者不神，神者不聖。」再次指出古今均有聖人，後人實不必尊古而妄自菲薄。他說：「上世治者，聖人也。下世治者，亦聖人也。前後不殊，則其治世，古今不異。」他更歸納古人論性善惡的主張，提出自己的創見。以爲孟子主性善，係指中人以上之性，如孔子之生而好禮。荀子主性惡，係指中人以下之性，如少而無推讓之心。揚雄主性善惡混，則指中人之性。他並且分析人性善惡的成因，係由於彼此氣稟的不同。他說：「小人與君子因稟性而異，譬如五穀焉，爲用不異而實效殊者，稟氣有厚薄也。故性有善惡。」他對人性修養和學識充實，有如下的見解：「西門豹急，佩韋以自緩；董安于緩，帶弦以自促。急之與緩，俱失中和。然而韋絃附身，成爲完具之人。能納韋絃之教，補接不足，則豹安于之名可得參也。」提示個性的偏差，可以自行設法補救，俾達於中和。又說：「穀之始熟曰粟，舂之於臼，簸其粃糠，蒸之於甑，爨之以火，成熟爲患，乃甘可食。……粟未爲米，米未成飯，氣腥未熟，食之傷人。夫人之不學，猶穀未成粟，米未成飯也。知心亂少，猶食腥穀，氣傷人也。學士簡鍊於學，成熟於師，身之有益，猶穀成飯，食之生肌腴也。」指示學問的獲致，必須下一番磨練的工夫。這都是在倫理實踐上，值得珍貴的意見。

第四節　六朝倫理思想

自後漢滅亡至隋朝統一，歷經魏晉六朝，約四百年，可說是一段思想消沉的時代。有關倫理方面，很少可以闡發的學說。但也有幾個特徵，應當提出說明，藉以有助於對此一時代倫理思想的認識。

(一) 清談派的誕生　魏晉以後，由於一般文人厭棄經學訓詁章句的迂腐，懷疑傳統道德的價值，更以處在世風澆薄，社會動盪的環境之下，心靈失去寄託，大多轉變為激越憤世之徒，自成清淡一派。此派所持的人生觀，深受揚朱哲學的影響，表現於行為上，便是消極厭世，遊戲人生，縱情詩酒，放浪形骸，完全以自我為中心而生活。對於禮節道義，多已置之不問。代表此派的人物，如嵇康蓬首垢面而談詩書，阮籍劉伶畢卓等的縱飲自娛，王澄謝鯤等的任性放達，不恥裸醉自豪。彼等類此行為，影響當時人心風氣頗為巨大。可說是倫理道德方面的叛徒，也是黑暗混亂時代的一股逆流。

(二) 佛教思想的輸入　印度佛教在後漢明帝時，即已傳入中國。晉朝便有元帝、明帝、成帝信奉佛教，名僧羅什講大乘經，佛教思想大為昌明。到了南北朝時，佛教更為普徧流行，其主要因素約有下列幾點：(1)中國思想本身具有系統性與調和性，因其有系統性，不易為外來思想所替代；因其有調和性，卻可融合多方面的思想。佛教即憑藉此一形勢順利輸入中國，而未被排斥，並且融化成為中國文化思想的一部份。⑵由於六朝時代，廢弑天子的亂臣賊子，層出不窮，社會秩序極其紊亂，道德紀綱逐漸喪失，民心消極厭世，遂轉而歸依佛教以求解脫。此亦爲佛教盛行的另一因素。⑶南朝高僧竺道生感到中國民族性重於明理，而輕於受教，不易灌輸宗教的信仰。乃揭示頓悟的說法，闡揚佛理，敲開思想之門，爲傳播佛教舖路。其次更倡議人人皆可成佛，使佛教普徧深入人心。推而至於佛教輪廻報應的人生觀，唸經拜佛行善積德的倫理意識，悼亡超度的風俗習慣，均爲中國人民所接受。由此可知佛教影響中國人民思想和生活之大，並非偶然。

（三）儒道佛三教思想的調和　儒道係我國固有的思想，佛教則爲秦漢以後外來的思想。彼此最初接觸之時，難免稍有衝突，但至六朝時代，則已趨於調和。如北齊顏之推倡佛書爲內典，儒書爲外典，內外兩典爲一體，即係調和思想之開端。晉人孫綽也有儒佛一致的議論。他說：「周孔即佛也，佛即周孔也。蓋外內其名耳。故在皇者爲皇，在王者爲王。佛，梵語也。晉訓爲覺。覺之義，悟物之謂也。猶孟軻以聖人爲先覺，其旨一也。應世而軌物，蓋又隨於時。周孔救極弊，佛教明其本耳。爲其首尾，其致不殊。」張融生涯淡泊，以天地之逸民自任。臨終時，遺言左手取孝經及老子，右手取小品法華經。並認儒道佛三教根本一致，所不同者，爲發現的形式有別。顧觀精通道佛二教，認爲二教形而上之道同，形而下之器異。佛稱正眞，道稱正一。眞歸於無生，一歸於無死，皆絕對也。其名雖異，其實則等。能體認絕對者，聖人也。絕對爲一，惟其發現則異。故孔子、老子、釋迦，其名雖異，其爲體認唯一絕對之聖人則全同也。類此見解，足以證明儒道佛三教合流之思想，在當時頗爲風行。

第五節　隋唐倫理思想

隋朝主政時間甚短，倫理思想可述者，僅有王通一人。唐代以文學著稱，至於經學未受重視，故在倫理思想方面，很少可以稱道。僅以韓愈李翺爲代表，略加陳述。

王通　中國傳統思想，因受六朝佛教思想的冲激，士大夫鑽研佛法，很少傳述儒家的思想。幸有王通起而振興儒教，祖述仁義，授徒講學，從者千人，使儒學不致中斷。在當時儒道佛三教合流思想澎湃之時，他獨抱着維護儒學排拒佛教的態度，說了下面一段話：「詩書盛而秦世滅，非仲尼之罪也。虛玄長而晉室亂，非老莊之罪也。齋戒修而梁國亡，非釋迦之罪也。易不云乎，苟非其人，道不虛行。或問佛，子曰：聖人也。曰：其教何如？曰：西方之教也，中國則泥。軒車不可以適越，冠冕不可以之胡，古之道也。」他更鼓勵士子研究六經，要做到「續書以存漢晉之事，續詩以辨六代之俗，修元經以斷南北之疑，讚易道以興先師之旨，正禮樂以旌後王之失。」他在倫理思想方面的貢獻，便是服膺中道，重視五倫之教，闡明五帝之德。他認爲中道是治世的根本原理，所以說：「天下危則與天下安之，天下失則與天下正之。千變萬化，吾常守中，卓然不動，無感不通，此之謂帝制。」五倫特重忠孝的實踐，而且兩者可融爲一體，所以說：「孝立時，忠亦遂。」五常即仁、義、禮、智、信，乃一切德行的基礎。所以「薛收問仁，子曰：五常之始也；問性，五常之本也；問道，五常一也。」而五常之中，又以仁義爲最重要。他說：「仁義，其教之本乎？先王以是繼道德而興禮樂者也。」可見他是繼承儒家正統思想的一個學者。

韓愈　蘇東坡讚揚韓愈文起八代之衰，而愈卻以儒者自任，主張文以載道。除了長於文學以外，對儒教倫理方面，亦有貢獻。他推崇儒教，重視仁義道德和人倫日常生活的秩序。所以說：「夫先王之教何耶？博愛之謂仁，行而宜之之謂義，由是而之焉之謂道，足於己無待於外之謂德。其文，詩、書、易、春秋。其法，禮、樂、刑、政。其民，士、農、工、商。其位，君臣、父子、師友、賓主、昆弟、夫婦。其服，麻絲。其居，宮室。其食，粟米蔬果魚肉。其道也易明，其教也易行。是故以之爲己則順而祥，以之爲人則愛而公，以之爲心則和而平，以之爲天下國家則處之而無不當。是故生得其情，死盡其常，郊而天神假，廟而人鬼饗。」同時排斥佛老，對老子的言論，曾作如下的批評：「今其言曰：聖人不死，大盜不止。剖斗折衡，而民不爭。嗚呼，其亦不思而已矣。使古無聖人，則人類滅久矣。何則？無羽毛鱗以居寒熱也。」又說：「今其言曰：曷不爲太古之無事。是責冬裘者曰：曷不易之以葛。責饑之食者曰：曷不易之以飲也。」又說：「吾所謂道德，合仁與義而言之也，天下之公言也。老子之所謂道德，去仁與義而言之也，一人之私言也。」對佛教的背棄人倫，亦表示不滿，他說：「今其法曰：必棄而君臣，去而父子，禁而相生相養之道，以求所謂淸淨寂滅。嗚呼，其亦幸而生於三代之後，不見黜於禹湯文武周公孔子也。」對性的含義，曾有如下的分析：「性有三品，上者善而已；中者可導而上下者也，下者惡而已。孟子之言性也，曰：人之性善。荀子之言性也，曰：人之性惡。楊子之言性也，人之性善惡混。夫始也善而進於惡；始也惡而進於善；始也善惡混，而今也爲善惡。皆擧其中而遺其上下，得其一而失其二者也。」又說：「所以爲性者五：曰仁、曰禮、曰信、曰義、曰智。上者主一而行四；中者少有其一，而一少反之，其於四也混；下者混一而悖四。」同時認爲：「性者，與生俱生者也；情者，接物而後生者也。」至於用情，又各有別。他說：「所以爲情者七：曰喜、曰怒、曰哀、曰懼、曰愛、曰惡、曰欲。上者，七情動而處於中。中者，有所甚，有所亡，雖然，求合其中者也。下者，亡且甚；直情而行者也。」這是韓愈對於性情所持的見解。

李翺　李翺是韓愈的弟子，著有復性書三篇，宣揚儒學中庸的精神，兼及佛教的禪學，老莊的哲理。他闡明性情不同的象徵說：「人之所以爲聖人者，性也。人之所以惑其性者，情也。喜怒哀懼愛惡欲，七者，皆情之爲也。情昏則性遷，非性之過也。水之渾也，其流不淸；火之煙也，其光不明。然則性本無惡，因情而後有惡。情者，常蔽性而鈍其作用者也。」又說：「無性則情不生，情者，由性而生者也。情不自情，因性而爲情；性不自性，因情以明性。」更進而提出復性的方法說：「不慮不思，則情不生。雖然，不可失之於靜。靜則必有動，動則必有靜，有動靜而不息，乃爲情。當靜之時，知心之無所思者，是齋戒其心也。知本與無思，動靜皆離，寂然不動，是至靜也。」他融合中庸的「率性」「盡性」，禪家的「明心見性」，道家的「致虛極，守靜篤」各種思想，而成爲復性的主張。李石岑曾對李翺作如下的評斷：「李翺的工作，不是儒表佛裏，便是儒表道裏。宋明人的理學，完全是由他開端。最好笑的，他自己是宋明理學家的作俑者，他的先生石頭希遷、藥山惟儼的禪學，又是宋明理學家的先生洞山良价的禪的作俑者。所以我對於李翺的復性書不得不看重些。不過李翺那種態度，我卻是不取的，這也恐怕是受了他的先生韓退之的影響。韓退之隱然以傳道者自命，想繼續孟子的系統，所以盡力表章孟子的道德仁義之說；他便想繼續子思的系統，所以盡力表章中庸率性盡

性之說。這種以傳道自命的態度。便是唐代不能出眞學者的大原因。」（見李著人生哲學卷上）

第六節　宋明倫理思想

儒家思想由於漢代崇尙經學，定於一尊，而獲傳於後世。但歷經南北朝淸談派的流行，佛敎精神駕陵儒學之上；唐代詩文的昌盛，繁瑣的詞藻又幾乎阻塞了學術鑽研之路。到了宋朝才展開思想的新格局，重振儒學的聲威，同時禪宗思想也爲一般讀書人所接受，融會在儒家思想的範圍裏面，成爲新儒學派的理學。一方面講述儒家人生日用修齊治平的道理，另一方面更接合佛老心性研究的哲理，而自成一套思想理論的體系。使中國思想有了新生命，表現了新氣象。而此種氣象綿延宋元明三代，始告一段落。玆將代表此派的重要人物，如周濂溪、邵康節、張橫渠、程明道、程伊川、朱晦菴、陸象山、王陽明等，有關倫理方面的思想，簡述於次：

周濂溪　宋代理學的開山者，當推周濂溪爲首。濂溪主要的著作爲太極圖說和易通書，他以易理爲根源，並調和老莊的學說，而成太極圖說。其全文如下：「無極而太極，太極動而生陽，動極而靜，靜而生陰，靜極復動，一動一靜，互爲其根，分陰分陽，兩儀立焉。陽動陰靜而生水火木金土，五氣分佈，四時行焉。五行一陰陽也，陰陽一太極也，太極本無極也。五行之生也，各一其性，無極之眞，二五之精，妙合而凝。乾道成男，坤道成女。二氣交感，化生萬物。萬物生生而變化無窮焉。惟人也，得其秀而最靈。形既生矣，神發知矣，五性感動而善惡分，萬事出矣。聖人定之以中正仁義而主靜，立人極焉。故聖人與天地合其德，日月合其明，鬼神合其吉凶，君子修之吉，小人悖之凶。

故曰：立天之道，曰陰曰陽。立地之道，曰柔曰剛。立人之道，曰仁曰義。又曰：原始反終，故知死生之說。大哉易也，斯其至矣。」前半段是他的宇宙觀，後半段是他的人生觀。他認為天人雖屬一體，但人生自亦另有其安身立命的根基。故提出主靜以立人極，仁義以立人道。而主靜在於無欲，仁義須本諸誠。所以他說：「誠者，五常之本，百行之原也。靜無而動有，至正而明達者也。五常百行，非誠則為邪暗塞，故誠則無事，至易而行難。」又說：「聖可學乎？曰：可。有要乎？曰：有。一為要。一者，無欲也。無欲則靜虛動直。靜虛則明，明則通，動直則公，公則溥。明通公溥，庶矣乎。」指出了人生修養的極致，為以後宋儒主張去人欲，存天理，奠定一項基本的觀念。

邵康節　康節精於象數之學，接近道家思想。他對倫理重要的主張，便是「以人代天」，發揚人本主義的精神。他說：「人之所以靈於萬物者，謂其目能收萬物之色，耳能收萬物之聲，鼻能收萬物之氣，口能收萬物之味。體用交而人體之道備。然則人亦物也，聖亦人也。有一物之物，有十物百物之物，有千萬億兆物之物。生一物之物，當兆物之物者，豈非人乎？是知人也者，物之至。聖也者，人之至。人之至者，謂其能以一心觀萬心，一身觀萬身，一世觀萬世。能以心代天意，口代天言，手代天工，身代天事。能上識天時，下盡地理，中盡物情，通照人事。能以彌倫天地，出入造化，進退古今，表裏人物。」而人生修持的方法，便是能知萬物。他說：「道為天地之本，天地為萬物之本。以天地觀萬物，則萬物為物；以道觀天地，則天地亦為萬物。道之道盡於天，天地之道盡於物，天地萬物之道盡於人。人能知天地萬物之道所以盡於人者，然後能盡民也。」人生修養的崇高境界，便是能觀萬物以化為無我。他說：「夫所謂觀萬物者，非目觀之，觀之以心也。非觀之以心，觀之以理也。聖人所以能一萬物之情者，謂其能反觀也。反觀者，不以我觀物，以物觀物之謂也。既能以物觀物，又安有我於其間哉？」又說：「以我徇物，則我亦物也，以物徇我，則物亦我也。我物皆致意，由是天地亦萬物也，萬物亦我也，我亦萬物也。何物不我，何我不物，如是則可以宰天地，可以司鬼神。」康節很明顯的告訴我們，人能夠運用淸明的理智，破除物我的畛域，靜觀默察天地萬物的變化，自可求得人世的眞理而無往不利。

張橫渠　橫渠的重要著作爲正蒙和西銘。正蒙說：「太虛無形，氣之本體，其聚其散，變化之客形爾。至靜無感，性之淵源，有識有知，物交之客感爾。客感客形，與無感無形，惟盡性者能一之。」認爲氣本於太虛，而隨時可以發生變化，性源自至靜，因物交而有識有知，如何將客感客形與無感無形融合爲一，達到盡性的境地？令人有莫測高深的感覺。至於西銘以人生感受貫澈到宇宙萬象，爲倫理開創一新境界，其眼光胸襟確實够得上雄渾。西銘的全文說：「乾稱父，坤稱母，予玆藐焉，乃渾然中處。故天地之塞吾體，天地之帥吾性。民吾同胞，物吾與也。大君者，吾父母宗子，其大臣，宗子之家相也。尊高年，所以長其長，慈孤弱，所以幼其幼。聖其合德，賢其秀也。凡天下之疲癃殘疾，惸獨鰥寡，皆吾兄弟之顚連而無告者也。於時保之，子之翼也。樂且不憂，純乎孝者也。違曰悖德，害仁曰賊，濟惡者不才，其踐形，惟肖者也。知化則善述其事，窮神則善繼其志。不媿屋漏爲無忝，存心養性爲匪懈。惡旨酒，崇伯子之顧養。育英才，潁封人之錫類。不弛勞而底豫，舜其功也。無所逃而待烹，申生其恭也。體其受而歸全者，參乎。勇於從而順令者，伯奇也。富貴福澤，將厚吾之生也。貧賤憂戚，庸玉汝於成也。存吾順事，沒吾寧也。」橫渠做人的態度十分嚴肅，他說：「言有教，動有法，晝有爲，宵有得，息有養，瞬有存。」對人生的抱負尤其偉大。他說：「爲天地立心，爲生民立命，爲往聖繼絕學，爲萬世開太平。」成爲中國士大夫常用以自勉並以勉人的名言。

程明道　周、邵、張三家都是從宇宙的陰陽氣數各方面來體認人生，其着眼點是向外的。明道則從人類的本性來體驗人生，其着眼點是向內的。這是明道的倫理思想更爲精微的地方。表達他這種思想的文字，便是「識仁篇」，他說：「學者須先識仁，仁者渾然與物同體，義禮智信皆仁也。識得此理，以誠敬存之而已。不須防檢，不須窮索。若心懈則有防，心苟不懈，何防之有？理有未得，故須窮索，存久自明，安待窮索？此道與物無對，大不足以明之。天地之用皆我之用。孟子言萬物皆備於我，須反身而誠，乃爲大樂。若反身未誠，猶是二物有對，以己合彼，終未有之，又安得樂？訂頑（西銘原名訂頑）意思乃備言此體，以此意存之更有何事？若存得便合有得。蓋良知良能，元不喪失，以昔日習心未除，卻須存習此心，久則可奪舊習。此理至約，惟患不能守，既能體之而樂，亦不患不能守也。」他認心卽是理，故心與理可以融會，物我亦自渾然同體。這可說是他獨到的見解。明道不但重視儒家的仁德，更提示學者必須「識仁」和「存仁」。而仁卽禮義智信各種品德的根本，務須仔細體認。存仁更有賴於誠敬，這是明道對人生要下的修養工夫。此外明道並指出「定性」也是修養上不可缺少的方法。他說：「所謂定者，動亦定，靜亦定，無將迎，無內外。苟以外物爲外，牽己而從之，是以己性有內外也。且以己性爲隨物於外，則當其在外時，何者爲在內。是有意於絕外誘，而不知性之無內外也。夫天地之常，以其心普萬物而無心，聖人之常，以其情順萬物而無情。故君子之學，莫若廓然而大公，物來而順應。苟規規於外誘之除，將見滅於東而生於西。其端無窮，不可得而除也。人之情各有蔽，故不能適道，大率患在自私而用智。自私則不能以有爲爲應迹，用智則不能以明覺爲自然。今以惡外物之心，而求照無物之地，是反鑑而索照也。與其非外而是內，不若內外之兩忘，兩忘則澄然無事矣。無事則定，定則明，明則尙何應物之爲累哉？」

程伊川　二程雖屬兄弟，由於兩人秉性不同，故思想亦有差異。其最顯著的差別，便是明道個性圓融，將天人合而爲一，物我融爲同體，認性卽氣。伊川個性嚴明，特重理氣之辨，認性卽理。他說：「性卽理也，天下之理，原其所自，未有不善。喜怒哀樂之未發，何嘗不善？發而中節，則無往而不善。發而不中節，然而爲不善。」又說：「性出於天，才出於氣。氣淸則才淸，氣濁則才濁。才則有不善，性則無不善。」明道修養的工夫是忘內外，伊川克制的工夫則是居敬。他說：「人心不可二用，用於一事則他事便不能入，此以事爲之主也。事爲之主，猶無思慮紛擾之患，若主敬又焉有此患耶？」又說：「敬只是涵養一事，必有事焉，須當集義。只知用敬，不知集義，卻是都無事也。」明道主自得，而伊川主窮理。他說：「格猶窮也，物猶理也，窮其理然後足以致知。」又說：「今人欲致知，須要格物。物不必謂事物，自一身之中，至萬物之理，但理會得多，相次自然豁然有覺處。」又說：「物我一理，纔明彼卽曉此，合內外之道也。語其大，至天地之高厚；語其小，至一物之所以然，學者皆當理會。」除了以上所舉的差別外，彼此的學說仍然可以相通，並且同爲宋代理學的大師。

朱晦菴　晦菴是宋儒裏面集大成的學者，讀書最多，著述也最豐富。他不僅極力闡揚孔孟的學說，更將濂溪、康節、橫渠、伊川諸人的思想加以聯貫，構成儒學的大體系，垂示後學。這是他的大功勞。李石岑論斷晦菴在哲學上的地位，頗與西歐的康德相類似，同爲集大成的思想家。（見李著人生哲學卷上）晦菴致力學養的工夫，大體循着伊川的途徑，重在居敬與窮理。他說：「學者工夫，唯在居敬窮理二事。此二事互相發，能窮理則居敬工夫日益進，能居敬則窮理工夫日益密。譬如人之兩足，左足行則右足止，右足行則左足止。」所謂窮理便是「知」，居敬便是「行」。他認爲知行的關係甚爲密切。他說：「知行常相須，目無足不行，足無目不見。論先後，知爲先。論輕重，行爲重。」並且進一步引證先賢言行，說明卽知卽行的關聯性。「聖賢說知說行。大學說如切如磋，道學也；便說如琢如磨，自修也。中庸說學問思辨，便說篤行。顏子說博我以文，謂致知格物；約我以禮，謂克己復禮。」他鼓勵學者多讀書，他說：「爲學之道，莫先於窮理，窮理之要，必在於讀書。欲窮天下之理，而不卽經訓史冊以求之，則是正墻面而立爾。此窮理必在讀書也。」他更提示學者要格物致知以窮理。他說：「所謂致知在格物，言欲致吾之知，在卽物而窮其理也。蓋人心之靈，莫不有知，而天下之物，莫不有理。惟於理有未窮，故其知有不盡也。是以大學始敎，必使學者卽凡天下之物，莫不因其已知之理而益窮之，以求至乎其極。至於用力之久，而一旦豁然貫通焉。則衆物之表裏精粗無不到，而吾心之全體大用無不明，此謂格物，此謂知之至也。」晦菴對於人性的看法，認爲人有本然之性和氣質之性。本然之性爲善，氣質之性可以變善爲惡。本然之性有如日月，氣質之性有如雲霧，人性趨善須撥雲霧而見日月，始可發出光輝，故發揚人性，首應變化氣質。蔡元培在中國倫理學史中，曾對晦菴極爲推崇說：「宋之有晦菴，猶周之有孔子，皆吾族道德之集成者也。孔子以前，道德之理想，表著於言行而已。至孔子始演述爲學說。孔子以後，道德之學說，雖亦號折衷孔子，而尚在乍離乍合之間，至晦菴而始以其所見之孔教，整齊而釐訂之，使有一定之範圍。蓋孔子之道，在董仲舒時代，不過具有宗教之形式，而至朱晦菴時代，始確立宗教之威權也。」

陸象山　晦菴學說雖集儒家思想的大成，同時另有象山起而與晦菴對立，從思想根本上持相反的論調，成為朱陸兩派的論爭，對以後學風也有極大的影響。象山哲學的根本主張，認為心即理，和晦菴理氣二元的看法截然不同。他說：「宇宙便是吾心，吾心即是宇宙。東海有聖人出，此心同，此理同焉。西海有聖人出，此心同，此理同焉。南海北海有聖人出，此心同，此理同焉。千百世之上，有聖人出，此心同，此理同焉。千百世之下，有聖人出，此心同，此理同焉。」因此他直截了當的說：「心即理也，此心此理，不容有二。」他為學的方法，不尚空言，注重實踐。他說：「為學有講明，有踐履。必一意實學，不事空言，然後可以謂之講明。」他不鼓勵學者死讀古書，而要活用古人的話。所以他說：「非我註六經，六經皆我註腳。」象山修養的方法，甚為簡單，只在「明心」和「自反」。他說：「今天下學者，惟有兩途，一途樸實，一途議論，足以明人心之邪正，破學者窟穴矣。」又說：「學者之病，隨其氣質，千種萬態，何可勝窮。至於各能自知，能用力處，其致則一。誠者自誠也，而道自道也。聖賢道一個自字煞好。」又說：「不過切己自反，改過遷善。」由此一點顯得象山的說法比較粗疏，至王陽明時，方才把象山的思想加以充實宏揚。

王陽明　宋代朱陸發生歧見以後，朱學流傳甚廣，陸學聲勢衰微。陽明倡良知之說，對象山學說多所補充，形成理學的新氣象。陽明學說的要點有三：(1)闡明象山心即理的眞諦。他說：「理一而已，以其理之凝聚言之，謂之性。以其凝聚之主宰言之，謂之心。以其主宰之發動言之，謂之意。以其發動之明覺言之，謂之知。以其明覺之感應言之，謂之物。故就物而言之，謂之格。就知而言之，謂之致。就意而言之，謂之誠。就心而言之，謂之正。正者，正此心也。誠者，誠此心也。致者，致此心也。格者，格此心也。皆謂窮理以盡性也。天下無性外之理，無性外之物。學之不明，皆由世之儒者認心爲內，認物爲外，而不知義內之說也。」又說：「此物此理，不外於我心，於我心外求物理，無物理。遺物理而求我心，我心又何物耶？」把心卽理的意境，發揮盡致。(2)創良知的卓見。陽明認爲心有良知，能够判別是非善惡。而此良知也便是天理。把象山心卽理的說法，作進一步的補充。他說：「良知是天理的昭明靈覺處，故良知卽是天理。」又說：「良知只是個是非之心，是非只是個好惡，只好惡便盡了是非，只是非就盡了萬事萬變。」陽明不僅認良知爲人類所共有，而且推廣到宇宙界。所以說：「心者，理也。理無際限，遍滿於宇宙，秩序井然，一絲不亂。有此理，故天地萬物間有次序，人自具彝倫。理備於我心，心卽理。因而明我本心，則天地萬物之理亦炳然而明。所謂貫宇宙間一切現象之理，不外我心活動之樣式。我極其心，則能知宇宙一切之理矣。」(3)提出知行合一的主張。陽明認爲知行的本質是分不開的，只是一種事物的連續。他說：「知是行的主意，行是知的工夫。知是行之始，行是知之成。若會得時，只說一個知，已自有行在。只說一個行，已自有知在。」如果知而不行，便等於不知，也就不是知行的本來面目。門人徐愛問陽明說：「如今人儘有知得父當孝，兄當弟，卻不能孝，不能弟，便是知與行分明是兩件。」陽明很精闢的譬喻說：「此已被私欲隔斷，不是知行本體了。未有知而不行者，知而不行，只是未知。故大學指個眞知行與人看。說如好好色，如惡惡臭。見好色屬知，好好色屬行，只見那好色時已自好了，不是見了後又立個心去好。聞惡臭屬知，惡惡臭屬行，只聞那惡臭時已自惡了，不是聞了後立個心去惡。如鼻塞人見惡臭在前，鼻中不曾聞得，便亦不甚惡，亦只是不曾知臭。又如知痛，必已自痛了方知痛。知寒，必已自寒了。知饑，必已自饑了。知行如何分得開？，此便是知行的本體，不曾有私意隔斷的。」陽明認為要發揮我們的良知，只有從日常生活中，一點一滴的做到存天理，去人欲，便自然可以到達知行合一的境界。他說：「如人走路般，走得一段，方認得一段。走到歧路處，有疑便問。問了又走，方漸能得欲到之處。今人於已知之天理不肯存，已知之人欲不肯去，只愁不能盡知。只管閒講，何益之有？」又說：「聖人之所以為聖，只是其心純乎天理而無人欲之雜。猶精金之所以為精，但以其成色足而無銅鉛之雜也。人到純乎天理方是聖，金到足色方是精。就聖人之才力，亦有大小，猶金之分兩有輕重。分兩雖不同，而足色皆同，皆可謂之精金。以伊尹而厠之堯孔之間，其純乎天理同也。故雖凡人而肯為學，使此心純乎天理，猶一兩之金比之萬鎰，雖分兩懸絕，而其到足色處可以無愧，故曰：人皆可以為堯舜。後世不知作聖之本，卻專去知識才能上求聖人，不務去天理上着工夫，徒弊精竭力，從冊子上鑽研，名物上考察，形迹上比擬，知識愈廣而人欲愈滋，才力愈多而天理愈蔽。正如見人有萬鎰精金，不務煅煉成色，而乃妄希分兩，錫鉛銅鐵雜然而投，分兩愈增而成色愈下，既其末稍，無復有金矣。」陽明思想重在發掘人性的本原而力求實踐，這是他在倫理思想上面的一大成就。

第七節　近代倫理思想

由於宋儒講求心性之學，走入空疏虛無的途徑，令人不可捉摸。傳至明末淸初，在思想上遂發生一大轉變，由空虛趨向樸實，放棄抽象的程朱理學和陸王心學，而偏重史學探討和經學考據等方面。產生了幾個特出的思想家，如顧亭林、黃梨洲、王船山、顏習齋、戴東原、章實齋等，均係此一時期的代表。降至清末民初，因受西方學術東漸的影響，使我國思想界發生一次從所未有的激變。在此時期中，比較特出的人物，當推康有爲、梁啓超、胡適之、陳獨秀等，俱以維新西化爲務。而孫中山先生領導國民革命，推翻滿淸政府，建立三民主義，不但在政治上表現偉大的成就，而且在思想上更能夠貫通古今中外而自成一大體系。爲我國自孔子以後最博大的思想家。茲就倫理方面，簡述王船山、顏習齋、戴東原、孫中山的思想如次：

王船山　道家講虛無，佛家講寂靜，船山便針對此類思想的缺陷，發表他務實主動的見解。他說：「天下惟器而已，苟有其器，奚患無道？洪荒無揖讓之道，堯舜無弔伐之道，漢唐無今日之道，則今日無他年之道。未有弓矢，無射道。未有車馬，無御道。未有牢醴璧幣鐘磬管絃，則無禮樂之道。未有子，無父道。未有弟，無兄道。故無其器，則無其道。如舍此而求諸未有器之先，亙古今，通萬變，窮天地人物而不能爲之名，況得有其實乎？」又說：「人之歲月精神有限，誦說中度一日，便習行中錯一日；紙墨上多一分，便身世上少一分。」宋儒講「性」，多把「性」看做是神聖不可侵犯的抽象理念和高不可攀的神秘事物。船山則認爲「性」是生理自然的現象，一個性格的成長，同時要受先天遺傳和後天環境的影響。他說：「性者，生理也，日生則日成也。天命豈但初生之須命之，天之生物，其他不息。幼而少，少而壯，壯而老，亦非無所命。形日以養，器日以滋，理日以成。方生而受之，一日生而一日受之。故天日命於人，人日受命於天。惟命之不窮而靡常，故性屢移而異。

未成可成，已成可革。性也者，豈一受成形，不受損益哉？故君子之養性，行所無事，而非聽其自然。」尤其重視後天環境的變化，所以他說：「古之善言性者，取之有生之後，閱歷萬變之知能。」他對於佛老逃避現實歸眞返樸的主張，認爲是倒果爲因，思想逆轉。他說：「爲治水之術者，曰陻其所自溢，是伯鯀之術而白圭襲之。天下因有此洚洞浩瀚之流，行之地中，中國自足以勝之，驚其無涯而陻以邀幸，不祥莫大焉。無以勝之而欲其不生，則將謂稻麥生夫饑，絲麻生夫寒，君師生夫亂，父母生夫死。亦畏難避禍之思，與禽獸均焉而已。且欲禁天下之動，亦惡從而禁之？莫如舍君子而野人，舍野人而禽魚，舍禽魚而塊土。則虛極靜篤，長年永日而莫安矣。」人生如果追求虛靜，只有使人類文化回到原始狀態。他同時認定心理和生理是不可分割的，身心必須歸於一體。他說：「心之神明，欲寄於五藏，待感於五官。一藏失理，而心之靈已損，一官失用，而心之靈已廢。其能孤挖一心以絀羣明，而可效其靈乎。」不但身心宜歸於一體，而心物也不應隔絕。他說：「已有物而絕物，則內戕於己。物有己而絕己，則外賊乎物。物我交受其戕賊，而害乃極於天下。況欲絕物者，固不能充其絕。」因此他對人生修持的態度，不贊同偏向某一方面，而主張順其自然的平衡發展。他說：「不肯者縱其血氣以用物，非能縱也，遏之而已矣。縱其目於一色，而天下之羣色隱。縱其耳於一聲，而天下之羣聲閟。縱其心於一求。而天下之羣求塞。無遏之者，無所不達矣。故曰，形色，天性也。形其形，而無形者宣。色其色，而無色者顯。縱其所堪，而晝夜之道，鬼神之撰，善惡之幾，吉兇之故，不慮而知，不勞而格，無遏焉而已。」像以上有關身心發展的見解，比照西方進步的教育思想，大體不謀而合。

顏習齋　習齋闢佛老反宋儒的態度，較之船山更爲明朗而積極。他說：「訓詁、淸談、禪宗、鄉愿，有一皆足以惑世誣民。宋人兼而有之，烏得不晦聖道，誤蒼生？」他更譏諷宋儒的迂腐，不切實際說：「請畫二堂，一堂上坐孔子，劍佩觽決，雜玉革，帶深衣，七十子侍。或習禮，或鼓琴，或羽籥舞文，干戚舞武。或問仁孝，或商兵農政事。壁間置弓矢戚鉞，簫磬算器馬策，及禮衣冠之屬。一堂上坐程子，峨冠博帶，垂目坐如泥塑，如游楊朱陸者侍。或返觀靜坐，或執書伊吾，或對談靜坐，或搦筆著述。壁上置書籍字卷，翰研梨棗。此二堂同否？」痛斥死讀書的禍害說：「書之病天下久矣，使生命被讀書者之禍，讀書者自受其禍，此局非得大聖賢大豪傑不能破。」又說：「千餘年來，率天下入故紙堆中，耗盡身心氣力，作弱人、病人、無用人，皆晦菴爲之。」習齋既然反對宋儒的空疏，在積極方面，便提出他注重實學的意見和主張。他學習的態度，重在實行。他說：「書不徒讀，如讀一部論語，不徒讀，只實行「學而時習之」一句，便是讀論語。讀一部禮經，不徒讀，只實行「毋不敬」一句，便是讀禮經。如師教我曰：汝南行，我卽南行，不學其說，師無不喜。若不南行，亦學其說，曰汝南行，師必不喜也。」讀書的方法，重在專一。他說：「學須一件做成，便有用，便是聖賢一流。試觀虞廷五臣，只各專一事，終身不改，便是聖。孔門諸賢，各專一事，不必多長，便是賢。漢室三傑，各專一事，未嘗兼攝，亦便是豪傑。」學習的事物，重在「六府」、「三事」、「三物」。所謂「六府」卽是金、木、水、火、土、穀，「三事」卽是正德、利用、厚生。「三物」卽是「六德」（知、仁、正義、忠、和），六行（孝、友、睦、婣、任、卹），「六藝」（禮、樂、射、御、書、數）。所以他說：「外六府三事而別有學術，便是異端。外三物而別有學術，便是外道。」

學習的理想境界便是：「聖人畫衣冠，飭簠簋，制宮室、第宗廟、辨車旗、別飲食、或假諸形象羽毛以制禮，範民性於升降周旋跪拜次敍肅讓。又鎔金琢石，竅竹糾絲，刮匏陶土，張革擊木，文羽籥，武干戚，節聲律，撰詩歌，選伶佾以作樂，調人氣於歌韻舞儀，暢其鬱積，舒其筋骨，和其血脈，化其乖暴，緩其急燥。而聖人致其中和以盡其性踐其形者在此，致家國天地之中和以爲位育，使生民天地皆盡其性踐其形者亦在此。」由此，可知習齋是以事物功利爲本位，力求人性道義的實踐。

戴東原　東原是有清一代的大思想家，仍然繼承船山習齋的餘緒，揭破宋學的流弊，提出他自己獨特的見解。在倫理思想方面，有以下各項重要的言論。他指出宋儒理欲二分的主張，不符人心本然的實質。他說：「自宋儒立理欲之辨，謂不出於理，則出於欲，不出於欲，則出於理。於是雖視人之飢寒號呼男女哀怨以至垂死冀生，無非人欲。空指一絕情欲之感，爲天理之本然，存之於心，及其應事，幸而偶中，非曲體事情求如此以安之也。不幸而事情未明，執其意見，方自信天理非人欲，而小之一人受其禍，大之天下國家受其禍。」由於理欲截然劃分爲二，造成人事的若干寃屈與虛僞。他說：「今之治人者，視古聖賢體民之情，遂民之欲，多出於鄙細隱曲，不措諸意，不足爲怪。而及其責以理也，不難舉曠世之高節，著於義而罪之。尊者以理責卑，長者以理責幼，貴者以理責賤，雖失謂之順。卑者、幼者、賤者以理爭之，雖得謂之逆。於是下之人不能以天下之同情天下所同欲達之於上，上以理責其下，而在下之罪，人人不勝指數。人死於法，猶有憐之者。死於理，其誰憐之。」又說：「既截然分理欲爲二，治己以不出於欲爲理，治人亦必以不出於欲爲理。舉凡民之飢寒愁怨飲食男女常情隱曲之感，咸視爲人欲之甚輕者矣。輕其所輕，乃吾重天理也，公義也。言雖美而用之於治人則禍其人，至於下以欺僞應乎上，則曰人之不善，此理欲之辨，適以窮天下之人，盡轉移爲欺僞之人，爲禍何可勝言哉。」於是他更從正面揭示理欲一致的觀點，他說：「理者存乎欲者也。」又說：「凡事爲皆有於欲，無欲則無爲矣。有欲而後有爲，有爲而歸於至當之謂理。無欲無爲，又焉有理。」更進而闡明人生修養之道，在於順乎人欲，通達情理。他說：「既有欲矣，於是乎有情，既有欲有情矣，於是乎有巧與智。生養之道存乎欲，感通之道存乎情。二者自然之符，天下之事舉矣。盡美惡之極致存乎巧，宰御之權由斯而出。盡是非之極致存乎智，賢聖之德由斯而備。二者亦自然之符，精之以底於必然，天下之能舉矣。」又說：「有是聲，故有聲色臭味之欲。有是身，而君臣父子夫婦昆弟朋友之倫具。故有喜怒哀樂之情，惟有欲有情而又有知，然後欲得遂也，情得達也。天下之事，使欲之得遂，情之得達，斯已矣。」一洗過去宋儒絕情去欲的偏見，與西方自然進化的倫理學說頗爲接近，不失爲我國近代進步的思想家。

孫中山　我國學者闡揚中山先生的思想，多從政治經濟等方面着眼，對倫理方面很少論述。作者曾在「國父百年誕辰紀念論文集」裏面，撰寫「國父道德思想體系的探討」一篇，指出中山先生的道德思想具有三大特點：

（一）**融通性**　中山先生的思想，乃是集合古今中外各種學說，加以擷精取華，融會貫通，形成完整的體系。在道德思想方面也不例外。譬如忠孝兩種德性，在我國過去係以忠君孝親爲行爲的規範。然而中山先生在推翻君主以後，仍舊提倡效忠的美德，並將效忠的對象轉變爲國家和人民。至於孝親的觀念也予以推廣，主張將家族主義擴充爲國族主義，發揚敬祖親宗的民族精神。中山先生對於忠孝兩種德性的新解釋，便是將古代道德加上現代的觀念，東方道德兼具西方的意識。這是一種融通的工夫。又如中山先生將我國的仁愛與西方的博愛，相提並論，視爲一體，更是融化中西道德的開明態度。至於自由本是西方社會最崇尚的習性，東方人民非常陌生，中山先生卻能鞭辟入裏的指出，中國人的生活中，早已享有自由的實質，以致不能團結；西方人民爭取個人的自由太過，也發生許多問題。因而主張個人不宜有太多的自由，國家卻必須有充分的自由。這也是比較中西道德的利弊得失，而提出一種融通的見解。中山先生對於知識和道德常常採取並重的看法，尤其主張有知識能力的人，應當發揮高度服務的道德。這是承受中國德智兼修的傳統思想，同時吸收西方哲人「知識即道德」的觀念，將中西的思想觀念予以融合。可見他的道德思想，既不頑固的泥古，更不盲目的崇新。不管道德本身的新舊，只問表現時是否合理。不論道德流行的區域，只問實踐時是否適宜。孔子曾經被稱爲聖之時者，中山先生也就是一位通達事理，因勢順應的聖者。可是我國有不少人誤解他是新思想的危險份子，也有一部人堅稱他是舊道德的維護者。依照前者的看法，認爲他要打倒一切舊思想；依照後者的看法，凡屬我國以往的舊道德，都是他所要恢復的民族精神。這實在對中山先生莫大的誤會。今後我們必須改正此種偏見，深切體認他是一位融貫古今中外的大思想家，在一切學術方面固屬如此，在道德思想方面更加如此。

(二) **建設性**　中山先生常說，革命誠然不免破壞，革命之後更需要建設。因此他所發表的思想和主張，大都含有建設性。道德思想上，也充分表現此種特性。例如雖然打倒君主，並不放棄忠德，更進一步主張忠國忠民，這便是建設性的想法。至於中山先生在道德思想方面，最具有建設性者，約有下列幾點：（甲）建設心物合一的民生哲學，主張人類生存問題，當以互助消除自私，合作代替鬪爭。使人與人間充滿和諧的氣氛與融洽的心情，這是人類道德發揚的基礎。（乙）提倡服務的社會道德，認爲天生人類的聰明才力不齊，只有鼓勵聰明才力較多者，發揮服務精神，擴大服務對象，一反過去聰明狡黠欺壓愚昧的不公正行爲，這實在是一種切合時代進步具有積極性質的新道德觀念。（丙）創發合乎事理的平等精義，認爲人類天生資質並不齊一，無法求其平等。只有從工作方面，以有餘補不足；從道德方面，鼓舞服務的精神，使人與人間，得以各盡所長，平衡發展，由不平等而進於平等。（丁）構想天下爲公的道德境界，中山先生憑其開拓的胸襟與博愛的懷抱，十分嚮往我國禮運篇所描述的大同社會。因而一切主義與構想，都以此爲藍本，追求一個天下爲公的道德境界，這種境界是富有建設性的。歸納以上幾點，可知中山先生的道德思想，都是承受中西思想的精華。從建設性的積極方面發表主張。與五四文化運動的打倒孔家店，摧毀舊禮教，只有破壞，毫無建設的態度完全不同。與共產黨的滅絕人性，仇視道德的野蠻作風，更有天淵之別。這是應當鄭重指出的特徵。

（三）**實踐性**：中山先生一切思想，不只在言論方面充分表現，同時在行動方面更力求實踐。民國成立以後，中山先生感到當時國人對他所倡議的三民主義、五權憲法、建國方略等具體主張，抱着懷疑態度，不能支持實行。乃提出行易知難的學說，以破除國人畏難苟安的心理，激起力求實踐的勇氣。對於道德思想亦係抱着同樣的觀點，所以他說：「行易知難，實爲宇宙之眞理，施之於事功，施之於心性，莫不皆然也。」並對陽明「知行合一」的學說有所批評。蓋因感於宋明以來的理學家，講究心性之學，大都偏於空虛而不切實際，以致無補世道人心。中山先生治學修身的方法和理學家完全不同，注重客觀事實和環境的衡量。因此他的道德思想都是以實際需要和情況爲出發點，提出各種主張。例如他說：「外國人在中國設立學校，開辦醫院，來教育中國人，救濟中國人，都是實行仁愛的。照這樣實施，一方面講起來，仁愛的好道德，中國現在似乎遠不如外國。中國所以不如的原故，不過是中國人對於仁愛沒有外國人那樣實行。但是仁愛還是中國的舊道德。我們要學外國，只要學他們那樣實行。」又如他說：「吾人何爲而革命？務在造成安樂之新世界，期其成功。不成功，毋寧死，死即成仁之謂。古之志士有求之而不得者。此次諸君隨本總統出發，從事革命事業，非成功，即成仁，二者而已。成功則造成莊嚴華麗之國家，共享幸福。不成功，則同拼一死，以殉吾黨之光輝主義，亦不失爲殺身成仁之志士。」從這些話，可以看出他是如何重視道德行爲的實踐，與革命理想的追求。所以他所提出的道德思想，大都淺近易行，不像理學家所講的那樣玄虛，使人不易捉摸。這就是因爲他的道德思想具有實踐性。

文末並擬訂了一張中山先生道德思想體系表，茲特照錄於次，以供研究中山先生倫理思想的參考。

中山先生道德思想體系表

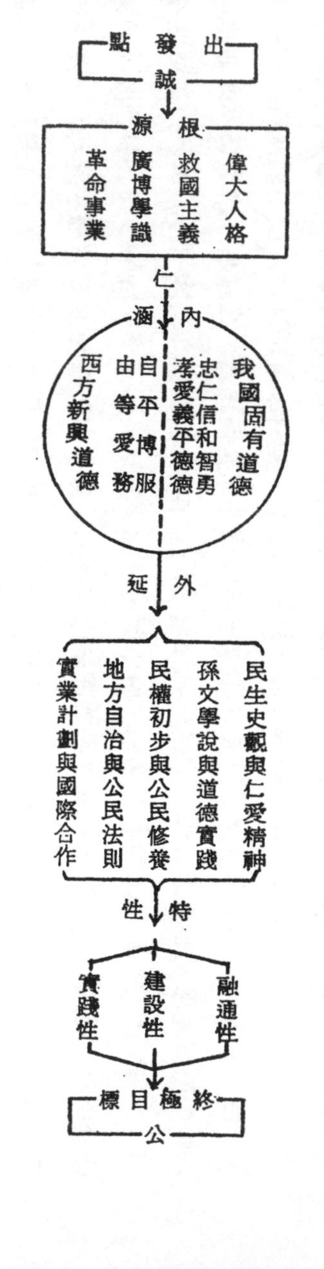

第六章　西方倫理思想概述

第一節　西方倫理思想的背景

西方倫理思想，在希臘羅馬時代，頗有若干地方和中國相似。例如蘇格拉底回答人們所問鬼神的問題，自稱毫無所知，和中國孔子所說：「未知生，焉知死」的態度不謀而合。柏拉圖的理念不滅說，和我國宋儒所稱的天理永存相仿。亞里斯多德批判太過和不及的欠妥，相當於我國所講中庸之道。降至基督耶穌的呼籲博愛救世，和我國墨子的兼愛助人，孟子的力行王道，可說異曲同工。然而西方文化究有其不同的歷史淵源和社會背景，在倫理思想上也就不免呈現出差異，茲就其比較顯著的幾點略述於次：

㈠希臘文化不僅以哲學思想著稱，而且科學亦頗為發達。在希臘時期，科學家已經知道光有速度，地為圓形，銀河有無數羣集的細星，對於自然界的現象具有相當的了解。蘇格拉底提出主智主義，認為有知識才能發現眞道德，強調知識的重要性。和中國儒家主張出孝入弟、仁民愛物，偏重情感的表達，「行有餘力，則以學文」，認為德行較求學為重的觀點不同。所以西方科學思想較倫理思想為發達，科學原理較道德規律更獲得社會的重視。

㈡羅馬法典在紀元前四四九年便已由十人委員訂定後，刻在十二塊銅牌上面，成為西方法治的里程碑，到了第六世紀，查士丁尼法典（Justinian Code）更集羅馬法律的大成。而法律的內容也逐漸合乎理性和人道，成爲維繫西方社會的重要工具，和中國注重禮教的社會傳統不同。中國雖有法家的思想，但始終未受到上層社會的重視。而以儒家的禮治爲中心。所以法學在西方政治上具有顯著的地位，而倫理思想只能和哲學宗教結緣，對於政治的影響不大。

㈢基督耶穌的出生，對於西方倫理思想的影響極大。宗教哲學滲入倫理思想裏面，便認爲良心、理性，甚至一切良好品德都出之於神授。尤其在漫長的中世紀時期，倫理道德幾乎完全爲宗教色彩所籠罩。即進到了二十世紀的現代，宗教仍然是維繫西方人士信仰和穩定社會秩序的一種力量。中國倫理思想雖然在六朝時期，受到佛教的影響，但決不如西方受基督教勢力的影響強烈而久遠。

㈣新大陸的發現，因而激起歐洲人向海外拓展的雄心，在個人行爲上，崇拜智力、權力和財力，形成強烈的個人主義。在羣體行爲上，崇尚組織、物資和武力，形成專覇的帝國主義。因而倫理思想也就傾向個人主義與民族主義。同時在個人與團體彼此相互之間，特別注重公私生活的界限和權利義務的區分。

㈤工業革命以後，機器代替人力生產，人口集中都市。於是個人的生活習慣，家庭的組成方式，團體的結合形態，都隨之大爲改變，人際的關係日益接近而複雜。在倫理行爲方面，便特別重視社會福利的增進，和國民公德的講求。

㈥西方社會由於工商業的發達，人民生活水準的提高，大多數人均追求現實的物質生活，對於宗教道德逐漸忽視，精神生活因而感到空虛，產生徬徨迷惑的心情，行爲表現極易走向偏激或頹廢的途徑，這是當前西方社會值得警覺，和如何謀求改善的一個問題。

第二節　救世主義的倫理思想

——蘇格拉底和耶穌——

談到西方倫理思想，首先應當提到的，便是影響西方文化最爲深遠的兩位人物。一位是西洋哲學的開山始祖蘇格拉底（Socrates 469–399 B.C.），另一位是基督教創建的救世主耶穌（Jesus）。他們都是以悲天憫人，犧牲救世的胸襟，發抒崇高的哲學思想，爲道德和宗教奠定了不拔的根基。玆將他們的倫理思想，扼要介紹於下：

蘇格拉底　在西方首先闡明道德的眞諦，並且力行不懈，以至於死者，當推蘇格拉底。蘇氏不只是希臘哲學的先驅，更是道德哲學的鼻祖。他生於西曆紀元前四六九年。正値希臘戰勝波斯，由一小邦躍進爲一大國，所有希臘人都抱着新的希望，追求新的知識。於是詭辯派順應此種潮流，乘勢崛起，發表各種新說，信口雌黃，只求一時之快。以致當時社會上衆說紛歧，是非不辨。只有個人的私見，沒有共同的眞理。而這些詭辯派的人士，譁衆取寵，並引敎導青年爲己任。蘇氏眼見邪說橫行，毒害當時人心的情況日形嚴重，乃不得不毅然挺身而出，本著救世的精神，提倡眞道德與眞知識以喚醒青年。

蘇氏對於倫理思想的卓越貢獻，約有下面幾點：

㈠對於當時流行的四大德性：理智(Wisdom)、節制(Temperance)、勇敢(Courage)、公正(Justice)予以分析，認爲「理智」乃是吾人辨別是非善惡的能力，由此以確定行爲的正邪和事物的眞僞。「節制」乃是吾人對自己所行、所爲，加以適當的控制，以符合道德的標準。「勇敢」乃是吾人遇事知道如何採取正當的行爲，如果發生危險和困難，更能如何應付和克服。「公正」乃在人我之間，知道如何以公平相待。四種德性雖因所處情況而表現的行爲頗有差別，但其出發於道德的立場完全一致。因此蘇氏主張一切德行的本質均係相同。所以道德的本身具有普偏的妥當性，它的本質是不變的和一致的，非任何人可以隨意的歪曲。

㈡道德既由明辨是非而產生。因此蘇氏進而認定道德的本身便是知識。蘇氏主張此說的理由是：人生莫不有目的，亦卽不免有所求。而所求均係自身認爲好的方面，決沒有自認爲不好而去追求。可見所追求的應屬於道德的行爲。但爲什麼竟有許多人去做不道德的行爲，乃是由於認知的不足，缺乏眞知灼見，誤以壞爲好。倘若具有眞知識，能夠辨別眞道德，自可日趨於善。可見知識對於道德的重要，也可說便是最高的善。

㈢蘇氏建立道德卽知識的法則以後，更進一步指示吾人如何獲得知識的方法。他所提出的方法有二：一種是反詰的問答法。蘇氏常自己宣稱爲無知，特提出一些問題向他人質疑，在彼此互相辯詰一問一答之中，以揭破僞知識，引出眞知識，使大家自然消除不同的意見，產生共同承認的眞理。另一種是產婆法，意卽產婆具有爲人接生的技術，在學術思想上，亦可用產婆的技術爲新知識催生。蘇氏認爲智識是人人所固有，並非從外面注入，只須採用助產的方法便可慢慢產生出來。所以此種啓發知識的方法稱之爲產婆法。蘇氏常用上述兩種方法，排除異端邪說，令人信服，以建立學術思想的權威。

㈣蘇格拉底不僅從抽象的法則上，建立道德的理論，而且從具體的事蹟上，實踐道德的行爲。當他遭人陷害，受到法官判處死刑時，被拘入獄。他的門弟子曾經用錢買通上下，勸其逃走。他卻斷然拒絕，認爲越獄的行爲是不道德的。以不道德矯正不道德，等於以暴易暴，爲蘇氏所不取。於是蘇氏寧願用一杯毒藥了結他的生命，發揮崇高的殉道精神。

耶穌　耶穌在一千九百多年前降生，宣傳基督福音，改革猶太教，以救世主自命。不幸爲猶太教徒所忌，被釘在十字架上，引起無數信徒的膜拜，使基督教成爲舉世信仰的一大教派。甚至歷史上以耶穌誕生的年歲爲紀元，歐美教堂在耶穌受難和復活日舉行隆重的祈禱，基督福音成爲西方人人必須研讀的聖經，宗教禮拜成爲西方社會的一種通行的生活方式，其感召力的強大可以想見。雖然歐美有若干人士懷疑歷史上是否有耶穌人物的存在，但耶穌基督所表現的救世精神和哲學思想，是不可否認的。

耶穌哲學的中心思想便是「愛」，而「愛」是建立在虔誠的希望和信仰上。因爲耶穌捨生救世，其本身便是愛的象徵，引起了人們對耶穌的希望和信仰，更引起了人們對全知全能上帝的希望和信仰。祈求上帝的寬恕，使人人可以得救，這就是一種博愛的精神。所以在基督教徒的觀念中，「信仰」、「希望」和「愛」是道德的要素，和蘇格拉底主張知識便是道德的概念，迥不相同。

耶穌認爲人們在上帝面前，都是平等的關係，上帝是人們的天父，人們都是上帝的兒子，彼此都是一家的骨肉，自然十分親切，由此奠定了博愛的基礎，並進而構成患難相助，寬恕爲懷的新社會。所以聖經上說：「有人打你的右臉，連左臉也轉過來給他。」又說：「要愛你們的仇敵，要爲那逼迫你們的禱告。」這充分顯示一般人所不易做到的道德意境。

耶穌啓示人類應當承認自己是毫無能力的弱者，必待外力的援助而始可得救。所以馬太傳第五章中說：「心裏貧窮的人是有福的，因爲天國就是他們的。哀慟的人是有福的，因爲他們必得安慰。溫柔的人是有福的，因爲他們必承受世界，慕正義如饑渴的人是有福的，因爲他們必得飽足。憐恤人的人是有福的，因爲他們必蒙憐恤。清心的人是有福的，因爲他們必得見上帝。使人和睦的人是有福的，因爲他們必稱爲上帝的兒子。爲正義受逼迫的人是有福的，因爲天國是他的。」上面一段話，旨在激發人們不怕貧窮，仰慕正義，追求幸福，嚮往天國的心情。同時更指點人類脫離罪惡以求永生的方法。耶穌說：「倘若你一隻手陷你墮入罪惡，你就把這隻手砍下，你缺了肢體進入永生，強過有兩隻手往地獄去，裝入那不滅的火裏。倘若你一隻腳陷你一隻腳墮入罪惡，你就把這腳砍下，你跛足進入永生，強過有兩隻腳被丟在地獄裏。倘若你一隻眼睛陷你入罪惡，你就去掉牠，你祇有一隻眼睛進入上帝的國，強過有兩隻眼睛被丟在地獄裏。」（見馬可傳第九章）

耶穌的人生觀，用現代科學的眼光來看，誠然有許多值得批評的地方。但從宗教倫理的立場上說，卻是中世紀社會賴以維繫人心的重要工具。即到了二十世紀的現代，耶穌的教義，仍然深入人心，在熱衷功利的工業社會中，不失爲一般民衆精神上的清涼劑。

第三節　快樂主義的倫理思想

——亞里斯載布斯和伊壁鳩魯——

自從蘇格拉底提出有關道德的主張，業已爲研究倫理行爲開其端。但仍然有許多問題不曾得到具體的結論，其中最令當時的哲人感到興趣的，便是蘇氏所說：人之所求無有不善，試想人之所求，究竟抱着何種目的？又依何種目的始達於善？乃是一個懸而未決的問題。因此在蘇氏死後，他的弟子亞里斯戴布斯（Aristippus 435–350 B.C.）便提出人生所求的目的，便是快樂。凡有快樂的就是善，不快樂的就是惡。成爲西方快樂的始祖。接着另有哲人名叫伊壁鳩魯(Epicurus 341–270 B.C.）根據自然哲學的觀點，發表人生快樂的見解，與亞氏頗多出入之處，成爲另一學派。茲將兩人的思想簡介於次：

亞里斯戴布斯　亞氏快樂思想的內容，大概包括四點：

㈠人的一切感覺均屬實在，凡感覺以外的事物不得而知。因此感覺可以作爲分別是非的標準。

㈡感覺是外物的刺激加到人們身上的結果。凡強烈的刺激加在人們身上的感受，便成爲痛苦。凡溫和的刺激加在身上的感覺，便成爲快樂。凡在不動的狀態中，便不發生苦樂的感覺。

㈢人生主要的目的，即在祈求柔和性的刺激，以產生快樂的感覺，而避免強烈的刺激：以產生痛苦的感覺。而快樂的本質，大體都是一樣，應即快樂，而不必有所遲疑。

㈣知識爲求快樂的工具，由於知識即道德，所以道德也是求快樂的工具。吾人應爲快樂的主宰，而不宜爲快樂所控制。所以智者常樂而愚者常苦，有德者常樂而失德者常苦。

伊壁鳩魯　伊壁鳩魯快樂學說的要點，大致如下：

㈠快樂和痛苦是個人行爲趨避的標準。人的天性大都喜好快樂。即使動物一生下來，也能憑着天賦的本能，以尋求快樂而避免痛苦，所以快樂是人們共同趨向的目標，苦痛是普徧厭惡的對象。

㈡快樂具有變化的性質。而且最大的快樂不一定屬於現在。現在的狂歡常常是未來的大難；現在的刻苦常常是未來的幸福。因此人們應對目前足以召致後患的快樂，寧可放棄。對目前可以換取未來幸福的痛苦，應予忍受。

㈢肉體的快樂次於精神的快樂，肉體的快樂爲時短促，並有騷擾的性質，精神的快樂，則是純粹而廉潔。所以眞正的快樂，在求心靈的安靜，縱有不滿足的痛苦，也會在安靜的境地中消除。由此可知，快樂在人生中的最高要求，不是放蕩的快樂。也不是完全屬於感覺的快樂；而只是肉體的免於痛苦，精神的免於困擾。

㈣快樂和德行具有密切的關係。快樂是德行的目的；德行是快樂的工具。德行本身永遠不是目的；而只是達到快樂生活的一種工具。

㈤理想的模範人物可稱之爲哲人，具有與常人不同的特質。如：不畏神，不怕死、不仇視人、能自治、能用理智克制感情、能在困苦中自得其樂，能憐恤僕人，能不放縱男女之欲等，均爲哲人應有的條件。

㈥凡宗教上足以擾亂人心者，應即排除。傳說妄念足以引起危懼者，應即排除。風俗習慣足以令人困擾者，應即排除。務以求得心神坦然爲主旨。

第四節　解脫主義的倫理思想

——柏拉圖和叔本華——

蘇格拉底倫理思想的發展，一方面由快樂派繼承蘇氏主張人生所求爲善，更進一步指出；善的本質就是快樂，應爲人生追求的對象。另一方面由解脫派秉承蘇格拉底的救世精神，更進一步說明，人生從大我方面，固應抱着救世的精神，使壞世界變爲好世界；就小我方面說，如不能實現大我救世的願望，則只有自求解脫以離開此黑暗的世界。構成解脫主義的思想。提出此種主張者，可以柏拉圖(Plato 427–349 B.C.)和叔本華（Schopenhover 1788–1860）爲代表，特分別介紹其重要的論點於次：

柏拉圖　柏拉圖是蘇格拉底的弟子，他的主張大半是接納蘇氏的思想，加以演繹而集其大成。有人認爲柏拉圖的組織力雖強，而創造力實極微弱。（如李石岑在所著「人生哲學」中曾作如此評語。）有人認爲柏拉圖的思想，卽爲蘇格拉底思想的翻版，實不應強分爲二。（如張東蓀在所著「道德哲學」中有此種意見。）然而柏拉圖的思想實集希臘哲學各派的大成，雖與蘇氏的思想極爲接近，仍有其不可磨滅的地位。

柏氏重要的哲學思想，便是把世界分爲兩個。一個是事世界，另一個便是理世界。所謂事世界，便是實質的世界，常常發生許多壞的現象。所謂理世界，便是本體的世界，也就是我們所嚮往的理想世界。柏氏更明白指出「事」和「理」的關係。第一，因爲「理」是好的，「事」常常容易變壞。故「事」應以「理」爲模式。第二，「事」是種種的現象，「理」是一般的概念。彼此之間，存有若干的距離，畢竟不能合而爲一。第三，「事」和「理」雖有差別，但「事」應力求與「理」愈接近愈好。因此，吾人生存在這兩個世界之間，應當努力設法使事世界逐漸升高到理世界。也就是使黑暗腐敗的社會，慢慢變爲光明純潔的社會，藉以宏揚蘇格拉底救世的精神。

柏氏認爲人心包括物慾和義氣兩部份。而事世界充滿了物慾，有義氣纔可以逐漸接近理世界。所以我們應當排除物慾，發揚義氣，以走向淸高而幸福的世界。倘若我們無法做到此點，寧可毀滅自己的生命以求解脫，決不能精神墮落而苟且偷生。這便是柏氏由蘇格拉底的救世思想，演變爲他的解脫思想。這和以後克制主義主張節制慾望，但不捨棄生命的想法，顯有不同。

柏氏倫理思想的基本態度是：從積極方面着想，凡屬哲人，不應只顧自己走向理世界，同時應照顧世界上所有人都升到理世界，以消除他們的痛苦，也就是要抱着無所爲而爲的精神，去救衆人，去救世界。如果無法做到，那便只有從消極方面來求自己解脫。和我國儒家「窮則獨善其身，達則兼善天下」的主張，有些相似。因此，柏氏認爲就小我方面說，應做一個完人。就大我方面說，應建立一個理想國。人們修德的途徑，是擴充小我爲大我，集合完美的個人而成爲理想的社會。由此可知，柏氏倫理哲學的重點，不僅抱着消極的解脫思想，更富有積極的救世精神。

叔本華　叔氏是西方厭世派的大哲學家，他的解脫主義是受柏拉圖和康德學說的啓示，兼攝印度佛教思想的精華而形成。由於他生長在一個父母感情不睦而且破碎的家庭，長大以後又抱獨身，沒有得到人間的溫暖。他所處的時代，看見歐洲大陸充滿戰亂、貧困，欺詐、自私種種現象，更加促成和堅定他厭世的思想。

叔氏有關倫理思想的重點，大致如次：

叔氏認為人們有求生的意欲，而意欲常是盲目的向前衝動，便不免要殺害其他生物，以維持自己的生命，這便是不道德或罪惡的起源，又認為身體是意欲所造成，世間是一片戰場，一切生物互相殘殺鬪爭，形成萬惡的世界。所以人們要消滅罪惡，只有使全宇宙趨向絕對靜止的境界。也就是要使了悟這種道理的人能夠禁絕意欲。他把意欲分為四種情境：第一種是只求自己快樂，無道德可說。第二種是為了滿足自己欲望，使其他生物受苦，便是罪惡。第三種是抑止自己的意欲，使其他生物受益，便是慈善。第四種是自己絕欲解脫，便進入超人的聖境。

叔氏提示解脫的方法有二：一是暫時的解脫，一是眞正的解脫。

暫時的解脫，便是把低級官感的認識提高一層，走向哲學和藝術的境界。譬如欣賞圖畫或音樂，在欣賞的剎那間，全神貫注在藝術情趣裏面，忘卻了自我和眼前的一切，這便是暫時的解脫。至於眞正的解脫，便是排除「我執」「我見」，使意欲寂滅以歸到本體上去。具體的方法，第一，便是絕欲法。把一切吃喝玩樂認為是假的，而且都不是好事。長久如此的想下去，成為習慣以後，看見此類的事情，便要逃避，也就沒有這種意欲發生了。第二，便是苦行。把生活水準降到極低的程度，穿破衣，吃壞東西，住矮房子，都不在意，那意欲便會漸漸寂滅。然而叔氏並不贊成自殺，只是絕欲苦行以求解脫。

第五節　克己主義的倫理思想

——斯多亞學派和康德——

所謂「克己主義」，顧名思義，便是克服或控制自己的意欲，以歸於本性，或超越後天的經驗，以恢復天賦的理性。和放縱自己的快樂主義正好相反。所以有人又稱之爲苦行主義。首先以苦行爲號召的爲犬園學派（Cynics），此派人物穿簡單的衣着，食不求飽，居無定所，過着流浪的生活。他們思想的重點，認爲苦身便是樂心的妙法，禁欲是避免煩惱，沒有煩惱，便可以獲得精神上的自由和自主。凡是克己主義者，大都認爲欲念是人類的劣根性，必須根本予以剷除，以恢復人類的本性或理性。爲求對克己主義有較深的了解，特以斯多亞學派（Stoics）和康德（Kant 1724–1840）爲代表，簡介他們的學說要點於次：

斯多亞學派　「斯多亞」係一希臘字的音譯，含義爲「前廊」，此派學者常在雅典市政廳的前廊當衆宣講而得名。故稱斯多亞學派。此派創始者爲塞羅（Zeno 333–261 B.C.），繼起者爲克倫塞斯（Cleanthes）和克里希布斯（Chrysipus），他們有關倫理思想的學說，約有下列幾點：

㈠斯多亞派的倫理思想雖由犬園學派而來，但不十分贊同犬園派節衣縮食的苦行生活，而卻重視內心的理性自由。所以此派的中心思想，便是人當依本性而生活。至於本性的含義，包括兩點，一是自己的本性，二是宇宙的本性。此二者並不衝突。因爲依照宇宙統御萬有的法則，人爲宇宙的一小部份，人的本性，亦即出於宇宙的本性。所以人們生活應當依其自性而發展，亦卽宇宙本性自然的發展。由此觀點，便建立了汎神的定命論。

(二)斯多亞派認爲人不是純理性的，兼有理性和非理性的衝動。亦卽是說，人的非理性衝動常成爲不道德，必須賴理智克服情緒，才能符合道德的要求。非理性的情緒常由錯誤的想像所喚起，其類別有四：(一)對當前事物愛好所引起的情緒爲快樂；(二)對未來事物愛好所引起的情緒爲欲望；(三)對當前錯誤產生不良的情緒爲疑懼；(四)對未來錯誤產生不良的情緒爲憂慮。這些都是違反理智的衝動，必須加以清除。而清除的工夫重在克己，也惟有克己才可以制欲。

(三)斯多亞派一方面主張消極的克制情欲，同時另一方面主張積極的宏揚德性。他們認爲德是一種性格，也卽是一種心情上的固定狀態，一切良好的行爲，卽由此固定狀態中產生。至於人們何以感到德行本身具有價值？因爲人有直覺的天賦，能够辨別善惡。更能在行爲上養成向善去惡的品德。此派認爲德卽知識，惡卽是無知。所以知識是德的根基，從而產生四種主德；卽是：節制、智慧、勇敢、公正。此四種主德彼此互相關聯，不可分割。人當唯德是求，否則便流於惡。

(四)斯多亞派認爲快樂非人生的目的，更非德的本身。快樂可以招致罪惡，而道德常與窮苦爲伴。人們追求快樂，常成爲快樂的奴隸。快樂只有在道德管制和操縱之下，才能够產生眞正的價值。亦卽做到依循自然而生活，不向外物追求；重視內心的恬靜，排除外界的虛榮和紛擾，進而獲得身心的獨立與和平，則眞正的快樂便會自然產生。和我國傳統所崇尚的「心安理得」「爲善最樂」的說法，頗爲相似。

康德　康德哲學的內容，大部份爲認識論，重在研究知識的性質，而研究的終結點，則在建立一個依循理性的格律，克制自己的人生觀。和斯多亞派的思想實係一脈相承，更能作透切的分析和闡明，對倫理學說有其卓越的貢獻，實可稱爲克制主義的中堅。但亦有人將康德哲學歸之於直覺主義，或逕稱爲超越主義，以顯示其獨立性。總之，康德哲學的根源，極爲精微深遠，不易用簡短的文字說明其思想的全貌。此地只能作粗淺的介紹。

㈠康德對於自然科學有深厚的學養，同時對於宗教信仰有誠摯的浸潤，構成其思想上一大難題。即科學在追究自然的眞理，宗教則在尋覓人生的永恒。彼此的立場常有衝突。因爲科學須面對現實而不談道德，如崇尙科學而放棄宗教，則道德的基礎將因此動搖。宗教偏於保守而少談新知，如維護宗教而抹煞科學，則在時代趨勢上實不容許。所以在康氏哲學基礎上，分立兩個不同的世界，一爲流動無常的現象界，另一爲永恒常住的本體界。前者屬於科學探討的對象，後者歸於宗教嚮往的鵠的。人們在現象界中，所獲得的只有知識，由於一切知識起自經驗，可說是經驗的世界。在經驗世界中，只有必然的事物現象，而沒有應然的道德規律。要享受道德的人生，只好另向超越經驗的本體界去尋求。人們在本體界中，才可以找到道德律來改善現世的人生。所以康德特別重視本體界的探討。以求發現人人應當遵循的康莊大道。

㈡康氏認爲道德起源於超經驗的本體界，而與後天經驗的現象界無緣，不需證驗即可以直覺。因此道德不必有具體的形式，而僅屬一種抽象的規格，可以應用在任何地方和任何時間。所以道德本身是無條件的。道德的規律從其自身即可成立，而不需外求，所以道德本身是自足的。因爲能自足，道德以其自身爲目的，而沒有以外的目的；因爲無條件，所以眞正的道德，乃爲道德而道德，並非爲快樂、爲功利、爲幸福而講求道德。

㈢眞正的道德何由而產生，係來自人們意志的自願，亦即人們志願從內心中自立規範，以限制自己，而不必受外界的約束。此種志願便是自律的意志，康氏稱之爲「實踐理性」。但是意志何以會自立規範，以加於自身，必須設定意志具有自由爲前提。因爲意志若無自由，便不能白立法度，以加於自身。但現象界均受因果律的支配，故意志自由實不可見，只有從本體界中，方可求得。

㈣康德認爲人們除理性之外，兼具獸性和感性（卽情欲），故不一定能够順從道德的命令，以實現本體的我。可是現實的我，終必一死，乃是生滅起伏的自然現象。至於本體的我，超越於現象界上，故可不死。而道德的我，乃是基於自由意志從本體而得以表現，故亦可以不死。由此建立靈魂不滅的假設，使人們追求道德的向上心有所寄託。由此假定加以推廣，康氏認定不僅人有靈魂，而在大宇宙中，更有神之存在。神爲宇宙的、本體的、總體的原動力，也就是最完全的存在者。它可以作爲人們的主宰，使共同趨向於至善。

第六節　完全主義的倫理思想

——亞里斯多德和格林——

完全主義的思想，係從多方面吸收快樂主義、功利主義、克己主義、直覺主義等重要主張，加以綜合而自成體系，在哲學上負有集大成的任務。最早的哲學家如柏拉圖的學說，卽有此種傾向，但不十分圓滿。到了亞里斯多德（Aristotle 384–323 B.C.）時，師承柏拉圖救世的學說，再加以補充修正，遂成為完全主義或中和主義的代表。亞里斯多德的哲學思想，不僅在求個人的完成，更進而求宇宙的完成。其倫理思想的基礎，建立在進化哲學上面。以後更有格林（T.H. Green 1836–1882）倡自我實現的學說，和亞里斯多德的思想先後呼應，在倫理思想上成為重要的一個派別。茲將亞里斯多德和格林的主要學說，簡述於次：

亞里斯多德　柏拉圖將前人的宇宙觀和人生觀加以籠統的綜合，亞里斯多德則就各科知識分門別類再求其統合。這是兩人思想着眼點不同的地方。因此，就倫理思想來說，亞氏實已離開哲學園地而自立門戶，為以後倫理學打好分科的基礎。他有關倫理思想的要點，大致如次：

㈠亞氏認為人生具有自然的目的，有如蠶的生長，一變而為蛹，再變而為蛾，此種生長的變化，便是生物本身的目的或功能。推而及於人類的生長，亦復有類此的情形。人類在生長歷程中，不斷的變化和適應，乃在要求人之所以成長為人。換言之，便是要求如何完成自我。亞氏根據此種進化原則和目的觀，推論宇宙即是一個自行發展的體統，也可叫做「活的體統」。因而把宇宙看同一個生物，有自動、自成、自定的功能，構成自行發展自內生長的自全系統，和個體的自我發展自求完成相似。這是亞氏倫理哲學的基本觀點。

㈡人生目的在完成人之所以為人。而完成的途徑有二：一是使理智自身發達至最高度。二是務使理智能够充分圓熟的運用，以控制情欲的本能衝動。而二者之間具有關聯。因為先須理智發達始能辨別是非，然後方可對情欲衝動作適當的駕御。故首須注重智慧之德。此一德性當由教育培養而成。

㈢智慧之德在於認識永恒不變的眞理。至對於一般事故能否應付得宜，則有賴行為之德以求其實踐。而行爲之德所包含的要素，即是辨明是非利害，能够有所抉擇，並對情欲衝動，加以適當控制。

㈣亞氏認爲人們情欲的衝動，常流於兩極端，一爲太過，一爲不及。糾正的方法，不外去其兩端而取其中，以符合中道的要求。蓋行爲傾向兩極端皆爲醜，適得其中，則可得到調和之美。天下事物常分爲大、中、小三等，大者太過，小者不及，中者適當。吾人行爲亦常有太過或不及的情形，必須求其適中，也就是要做得恰到好處。而事物的中是絕對的，行爲的中則是相對的，須依理性的指導，在適時適地，向適當的對象，以表達適中的行爲。這便是亞氏所主張的中道。吾人倘能依循中道而行，則可過着至善的生活，更可從至善的生活中得到快樂。所以人生的歸宿，應致力於道德的生活或至善的生活，繼續發展以達於自我的完成。

格林　「自我實現」的名詞，係由格林所提出，後經伯辣德萊（F.H, Bradley 1846–1924）加以闡揚，而爲倫理學者所重視。但自我實現的主旨，早已蘊含在亞里斯多德完全主義的構想裏面，而由格林本着唯心論的見地，進而發揮其精義。玆將格林「自我實現」學說的重點，簡介於次：

㈠格氏認爲世間最值得研究的便是知識，而知識本身具有三項特點。卽是⑴超時間，⑵超空間，⑶超自我。例如歷史上記載某一件故事，有固定的時間和地點，但當後面的人想起這一件故事時，也就是變成一種知識時，便非原來的時間和地點，這便是知識的超時間和超空間。又如心理學家常稱思想是無聲的語言，唯物論者說知識是一種反應作用。當我設想時，確有如此的認識，這便是知識的超自我。同時應當了解知識的超時間、超空間、超自我，並非具有絕對的自由，而須受到限制。因爲吾人的知識，係從大知中出來，人們的小我，亦係包含在大我裏面。有如火山的熱源，深藏在火山之中，而從火山口中噴出的火燄則極有限。知識蘊藏在大我之中，小我所覺察到的亦極有限。而人究與其他生物不同，具有自覺的潛力。此種自覺能力，不像其他心理作用，可引生理法則或機械原理予以解釋。因爲自覺的發生，在解釋之前，也就是一種慧覺，接近宇宙的本體。格氏稱之爲「大自覺」或「大知」。惟有宇宙的大自覺，始具有絕對的超越與絕對的自由。

㈡格氏依據上述的觀點，肯定人有自覺心。此種自覺心，不僅用以自知，而且影響其他心理作用。如對於感觸，因有自覺，不僅純爲印象，而且變爲知識。對於本能，因有自覺，不僅純爲衝動，而且變爲志願。對於欲求，因有自覺，不僅純爲需要，而且變爲理想。對於情感，因有自覺，不僅純爲享受，而且變爲滿足。可見此一自覺心，對人們的影響極大。人之所以異於禽獸，便是具有獨特的自覺心。

㈢人類意志因受自覺心的影響，不只向前衝進，而且要求具有充分的自由，以實現於自身。此即意志的自由，也即是道德建立的基礎。而意志自由的推廣，更可產生自省、自決、自發三種作用。用自省以探掘自身的原因，用自決以抉擇行爲的當否，用自發以激動自己的意願。並憑此方足以承擔道義上的責任。由此可知，人之所以能够識善、向善、行善、而力求一個理想自我的實現，便因爲具有自覺心。這就是格林自我實現說的要旨。

㈣格氏認爲小我的自覺，更可擴充爲大我的自覺。試以身體爲例，具有耳目口鼻手足，某一官能發達，對於其他官能均可受益而不至相害。由小我爲善，亦必有益其他小我，甚至影響其他小我亦爲善，以擴大行善的範圍，這便是由小我自覺，逐漸擴大爲大我自覺，由小我的實現，以推廣至大我的實現。

第七節　同情主義的倫理思想

——休謨和斯密士——

早期的快樂主義者，重在利己的快樂。但利己的快樂主義站在道德的立場上並不穩固。以後便有人提倡兼顧利他的快樂，成爲功利主義。這是倫理思想的一大進步。但在功利思想尚未正式形成以前，便有休謨（Hume 1711–1776）的同情思想爲其舖路。接着更有斯密士（Smith 1723–1700）加以補充，有些人便稱此種學說爲同情主義，可說是功利主義的先驅。茲將他們思想的概略，介紹於下：

休謨　休氏的學說，大部份類似功利主義的思想，但和功利主義思想的立腳點，不盡相同。功利主義的重點是快樂，和直覺主義的良心說是不能相容的。因爲在功利主義者的眼光中，人類出生以後的行爲，是以功利來判斷好壞，和先天遺傳的良心沒有關係。只有加上進化論的看法，才可以說人類判斷好壞的能力，是得之於祖先的遺傳。對於某一種行爲判斷好壞的標準，成爲習慣以後，一代一代的傳下去，便變成了先天的良心。休謨便是持着這種觀點，發表他同情主義的倫理思想。

休氏研討道德問題，首先指出的，便是道德的判斷，並不是出於推理。引申的講，凡是道德上有關好壞的辨別，功過的判定，賞罰的裁決，都不是根據論理上推論的結果。因爲推理只能辨明是非和眞假。例如甲比乙大，乙比丙大，那末甲一定比丙大。如果說甲比丙小，那一定是推論的錯誤，因其不能符合事理。所以在推理裏面，只有正誤和眞假，而沒有好壞和善惡。只能推究事物之所以然、所以對、所以錯等，而不能確定行爲的善惡和應當不應當等問題。至於道德是重視善惡和是否應當等問題，自然不能用推理來解答。

理智既然不能判斷道德，又不能決定行爲是否應當。那末人們判斷道德善惡，究竟以什麼做根據呢？休氏認爲應靠「情感」來決定。情感是溫和而敏銳的，不像理智的冷酷而生硬。人與人之間，由於情感的感應，對於某些行爲，有時感到舒適，有時感到不舒適，這就是道德的起源。感到舒適的就是善，感到不舒適的便是惡。因此，人世間看見英勇豪俠的行爲，便要受人讚佩；看見殘忍詐欺的行爲，便要被人責罵。推而廣之，一切良好的品德，都可引起人們舒適的感覺，而受到尊重。所以道德的要素，第一是對於自己同他人有益。第二是可以引起人們一種快樂舒適的感覺。

別人做的事，我看了也許感到舒適，也許不舒適；我做的事，人們也許感到舒適或不舒適。如果我換了別人，或者別人換了我，也一定有同樣的情感。這種情感便是人我的共鳴，也是世人所公認的道德和不道德。所以道德的起點，都出自同情心上。同情心的形成，由於人們能夠設身處地，見了某件事情，產生與人同甘共苦的感覺。所以同情心也就是同感。自己有趨樂避苦的情感，由此推想到別人也一定有此同感。把別人的所感，變成自己的所感。便自然產生了苦樂與共的同情心。

人類的同情心究竟從何時開始？休氏雖未確定，但認爲同情心的發展，係受教育、社交、風俗等方面的薰陶而成。如父母師長的教訓，社交風俗的規範，均足以助長同情心的滋長。而公衆的毀譽，亦可以促進社會份子產生同情心。

斯密士　斯氏認爲做好事，誠然可以得到人們的讚譽或報償引起一種快感。但有許多人並不是爲了讚譽和報償才去做好事，而實是有一種純正的愛人心促使他去做。可見道德行爲並不一定和功利有關。這和我國「爲善最樂」和「施恩不望報」的含義相似。斯氏解釋這種道德行爲和同情心是不謀而合的。而同情心的產生，又以「適當」和「不適當」爲準則。例如我看見甲不問情由將乙大打一頓，必會對乙表示同情。如果乙忽然拿出手鎗將甲打死，那我便會將同情心轉向對甲，厭惡乙的行爲殘暴。我爲什會如此表示同情？因爲看見不公平的事情，必須如此表示，方才感到舒適。同情心便是在此種情境之下油然產生，表現一種道德的行爲。

斯氏認爲我對某一個人所做某一件事，表示同情或不同情，乃是由於有「適當」或「不適當」的感覺而產生。可見我心中對一般事物，自有一種衡量的標準。斯氏假定每人心中有一個「第二我」，隨時在觀察和評判自己的行爲。例如我不願做壞事，便是因爲我心中有「第二我」在旁監督，感到自己的行爲，足以影響他人的利害，引起公衆的毀譽，便不敢貿然行事。因而每起一念，必有第二念繼起，以判定是否與他人的好惡相合。如能引起他人的好感，便會斷然行之。否則，便要自行修改，使能贏得他人的同情。常常如此着想，便會成爲習慣，心中隱然有一個「第二我」，隨時鼓勵我做大衆有益的事情，勸阻我做對大衆有害的事情。斯氏認爲「第二我」至爲公正，不以第一我之利而抹煞他人之利。和我國儒家「己所不欲，勿施於人」的意旨是相合的。

第八節　功利主義的倫理思想

——邊沁和斯賓塞爾——

希臘時期所倡的快樂主義，注重個人方面的感受。然而由於時代的進步，個人本位的倫理思想已不易爲人所讚許。特重人與人間的感應，乃倡爲同情主義。更從公衆快樂與社會幸福的觀點，變成利己兼利人的功利主義。首創功利主義者爲邊沁（J. Benthem 1724–1842）。以後斯賓塞爾（H. Spencer 1820–1903）在功利主義上，引用生物進化的觀念，分析人類的行爲，獲致十分精到的見解，演變爲進化主義的倫理思想。現在把邊沁和斯賓塞爾的思想，簡述於次：

邊沁　邊氏對倫理學最大的努力，便是將快樂和痛苦加以詳細的分類。把快樂分爲十五類。即：⑴官感的樂，⑵富有的樂，⑶技巧的樂，⑷交友的樂，⑸名譽的樂，⑹努力的樂，⑺敬神的樂，⑻仁慈的樂，⑼殘忍的樂，⑽知識的樂，⑾記憶的樂，⑿想像的樂，⒀希望的樂，⒁聯想的樂，⒂解脫的樂。把痛苦分爲十一類。即：⑴缺乏的苦，⑵官覺的苦，⑶拙劣的苦，⑷被敵遇苦，⑸不名譽苦，⑹畏神的苦，⑺惻隱的苦，⑻惡意的苦，⑼記憶的苦，⑽想像的苦，⑾畏懼的苦。

邊氏認爲個人的苦樂，大概是由四種制裁而引起。即：⑴自然的制裁——如自然氣候及景物足以產生歡暢或悲傷的情緒。⑵政治的制裁——如政治上的賞罰，令人感到愉快或痛苦。⑶道德的制裁——如公衆的毀譽，使人引以爲榮辱。⑷宗教的制裁——如用神道的佑護或懲罰，使人感到欣慰或恐懼。

邊氏分析一般苦樂，可用下列各種標準加以衡量：

就本人所得的一項快樂來說，有四種衡量的標準。即是：⑴快樂的強弱，⑵快樂的久暫，⑶快樂的虛實，⑷快樂的遠近。

就一項快樂和其他苦樂的關係來比較，有兩種衡量的標準。即是：(1)快樂是否相生，意即甲快樂是否可以引起乙快樂，甚至丙快樂。(2)快樂是否純粹，意即快樂之是否夾有痛苦，即爲不純粹快樂。就一項快樂影響其他人的情形來衡量，也就是快樂所及的範圍，有的影響大多數人，有的影響少數人，有的直接受到影響，有的間接受到影響。

邊氏分析以上各種衡量快樂的標準以後，啓示吾人應當循着趨樂避苦的原則，知所取捨。能夠符合上面標準愈多的快樂，便愈有價值，應當努力爭取。由此推論，可知利他或兼利的快樂，其價值自然在利己之上。因而邊氏得出：「人生目的在求得最大多數人的最大幸福」的結論。此一觀念對於促進西方現代社會福利事業的發展，貢獻甚大。

斯賓塞爾　斯氏對學術探討的範圍，牽涉很廣。在倫理學方面，係就達爾文的進化論，闡明人類行爲的發展，建立科學的倫理學，並補充功利主義學說若干不圓滿的地方，具有獨到的見解。玆簡介其要點於次：

(一)斯氏從進化的法則，發現鳥鳴求友，固然是行爲的一種，植物吸水滋長，磁石吸引鐵器，也都屬於行爲表現的其他方式。所以從廣泛的行爲來看，行爲不只屬於人類，而物理的變化，生物的成長，都可說是廣義的行爲。可見行爲的範圍極廣。斯氏將這些行爲劃分爲不同的層次和名稱。如物理作用稱爲「運動」(Motion)，生物作用稱爲「動作」(Action)，各種本能衝動稱爲「行爲」(Behavior)，人類有意的舉止稱爲「修爲」(Conduct)。以上各種行爲的本質是一致的。不過經由進化的法則而加以演變。人類有理智的行爲，居於行爲最高層，乃是道德的起源。而人類之具有道德，也就是自然進化的結果。

㈡斯氏認爲人類的道德行爲，雖已居於行爲的最高層，仍可向前不斷的進化。例如人類最初只知個人生存的競爭，視他人如仇敵。以後人類繁殖日多，人與人間生存的競爭益感困難，一旦發現團體的生存競爭，較個人競爭更多助力，遂由個體結合爲團體，在團體中產生了友愛的行爲。而將團體中個體與個體的鬬爭看作不道德予以斥責。對團體以外的戰鬬行爲，稱爲勇敢，看作道德的行爲予以讚揚。斯氏稱此種道德爲「敵意的道德」或「相對的道德」，與絕對的友愛道德尚有若干距離。然而由於時代的進步，人類敵意的道德逐漸減少，友愛的道德逐漸增加，最後也許可以將敵意的道德完全化爲烏有。亦卽將留強汰弱的道德，進化爲扶助弱小的道德。以符合斯氏所稱由散而集，由純而雜，由混而定的進化原則。

㈢斯氏研究進化的原則，發現宇宙萬物都有一種保持自己的能力，以遂其生存。有時受到環境的影響，必須變通自己以求適應，而能繼續的保持；由是不斷的應變，不斷的進化，因而得以自存。依據此一原則，運用到倫理道德方面，可知生物之所以從機械運動進化到有機動作，從有機動作進化到有意識的行爲，都無非要使生命能夠不斷的延續發展。凡行爲之足以使生命延續發展的便是善，足以毁滅生命的行爲便是惡。所以人類的進化，在縱的方面，要求生命的延續，在橫的方面，要求生命的發展。合而言之，也就是要求生命的充實。

㈣斯氏更就人類要求生命充實的觀點，認爲當生命擴張的時候感到快樂，生命退縮的時候感到痛苦。指出人生感到苦樂的眞正原因之所在。因而凡行爲能夠適應生命的自然趨勢以順利成長者，必定快樂。違反生命的要求以阻遏生機者，必定痛苦。可知苦樂實在是生命盈虧伸縮的象徵。人類便利用苦樂的感覺，知所趨避以遂其生存。更進而要求痛苦盡量遞減，快樂盡量遞增，以達到生命充實的最高境界。

㈤斯氏認爲人類在成長的歷程中，是先顧自己而後顧及別人。在倫理的觀點上說，即是利己先於利他。因爲個人的幸福乃是造成羣衆幸福的基礎。沒有健全的個人，也便沒有健全的社會。所以正當的利己行爲是合於道德的。也是人類所不可缺少的。不過個人生命的延續，必須擴大到種族的保存，因而發生利他的行爲。而利己與利他的界限很難劃分，應當了解有利他人的行爲，自己多半得益；自己得益也大半有助於人。所以必須就利己與利他之間加以調和，使幸福的社會得以實現。

第九節　折衷主義的倫理思想

——馮特和杜威——

西方以往對倫理思想持調和折衷看法的，如柏拉圖、亞里斯多德，大都偏重個人方面。到了近代，由於社會觀念的發達，倫理思想也就轉向大衆方面。我們可引馮特（W.M. Wundt 1832–1920）的文化創造說，和杜威（J. Dewey 1859–1952）民本主義的道德觀，加以說明。

馮特　馮氏原屬研究心理的學者，受完形派心理學的影響，提出文化創造的說法。他認爲人們的心不僅是一個整體，而且可以綜合過去的一切和未來的種種，形成一種具有悠遠的背景和向前衝進不已的思潮和意念。前念未平，後念又起，結合成爲一道源遠流長的波浪。凡是綜合力愈堅強而細密的心理活動，其造詣愈高，也就愈爲進化。而最崇高最完善的綜合，便是宇宙意志，和格林所講的「大知」相似，但不從形而上學的觀點來設定。而是依據社會心理的見地，作科學的說明。例如一種語言或文字，雖係表現某人自己的心理活動，而其心理的背景，實來自某人所屬的民族文化。說得具體些，好像一個中國人做文章，所用的文字詞意，係幾千年前中華祖先的文化遺產，而且還要不斷的向前演變，繁榮滋長。而個人的生命有限，前後生死相繼，中國的文字卻長遠的存在。不但語文，其他的製造、建築、禮俗、信仰等，亦復如此。不但中國人如此，其他民族文化亦復如此，不斷的延續和發展。馮氏稱此種現象爲「文化精神」，而宇宙間的大精神、大意志，乃由個人的小精神、小意志結合而成。永無間斷構成文化的大流。個人即在這大流中，隨波蕩漾，浸潤融會，並且加上自己的特性，對大流有所增益，使大流不斷的擴大和更新。這便是文化創造。

馮氏認爲道德是文化大流裏面的一個支流，也一定會滚進這個大流，發生綜合創新的作用。它絕不是固定不變或是偶然發生，而是具有悠久的背景，指向無限的未來，愈流愈遠，愈滚愈大，由點滴泉水逐漸擴大爲波濤，由潛伏曙光逐漸顯露爲朝陽。由狹隘的部落社會結合而逐漸進展到目前的聯邦，以至未來的大同世界。這就是文化不斷創進的事實。由是可見，道德的目的乃是文化精神的推波助瀾永遠衝進不已。而這種集體意志的不斷擴充，自然包含各個意志的快樂和滿足。就某一個人而言，是以自我滿足爲目的，力求自我的完成。但如有了家，便以全家幸福爲目的，個人的滿足，便包含在全家之內，而力求美滿家庭的實現。由此類推，更可擴大至民族和全人類，以求整體的滿足。這就是文化創造所獲致的道德行爲。

杜威　杜氏的哲學思想具有綜合的性質，就倫理方面說，便折衷於社會和個人兩方面，建立工具主義的學說，他否認世間存有像康德超越主義所推想的超經驗的理性或善。而認爲一切善行都是人類適應環境的工具。在初民社會中，凡是行不通的事物便是「不好」，經過若干困難而能想出方法行通了便是「好」。所以「好」的本身便代表「工具」。像這樣的「好」或「善」，並不是上帝的意旨，宇宙的大心，而只是人類從克服困難中，所得到寶貴的經驗。杜威稱做「創造的智慧」。這種智慧是本着過去的經驗、習慣來應付面臨的情境，有時行得通，有時行不通，行得通就是「對」，表示「滿意」，行不通就是「錯」，表示「不滿意」。而這個「不滿意」，又是激起新智慧的信號，再想辦法，再試驗，一直到能夠解決而稱快爲止。

杜氏認爲道德是屬於文化中創進不已的大流，而文化大流並不能超越人類經驗以外。所以道德價值的評斷，乃是以其能對人類生活本身有所成就，滿足其必然的需要而決定。這便是人本主義的道德觀。杜氏眼中的「人」，乃是具有社會性的，而絕非單純的個人。所以道德的價值判斷具有普偏性。他不是倫理的懷疑論者，而是用「行動」支持道德的存在。而「行動」又非滲透在羣衆的實際社會生活不可。譬如吃飯，一個人是行不通的。生男育女，一個人更是行不通的。甚至於讀書、打球、經商、談話等等，都不是一個人行得通。人不免有「行」，「行」又不免和社會發生關係。所以能在社會上行得通的就是「善」，也就是社會化的智慧。由此可知，道德是公衆性的，必定要大家公認，大家通過，大家相信，才能算做「好」，才是適應社會環境所需要的工具。

第七章　近代倫理思想的變革

第一節　近代倫理思想演變的因素

前面兩章，已將我國倫理思想和西方倫理思想，從時代上和派別上作簡明扼要的介紹，藉知過去倫理思想的主要內容。然而近三百年來，由於社會加速的進展，人類的倫理行爲亦隨之演變。神在人們的腦中，已不佔重要的地位；專制君主幾將成爲歷史的名詞；父親已不能將子女作爲私有的產物；男子已不能歧視女子在社會中的地位，人與人間完全處於平等的關係，奴隸制度將從此絕跡。諸如此類的變革，究竟基於一些什麼因素？擬就下面四點，加以說明：

（一）知識領域的拓展　古代知識係以哲學爲範圍，所有自然現象、人文現象和社會現象，大都採取哲學的見地予以解答，雖然衆說紛紜，但涉獵的事物究屬有限，不能分門別類作深入的探討。自從孔德倡導實證哲學以後，將哲學知識帶入科學的天地，領域大爲拓展。人類對於宇宙現象、生物進化、政治型態、社會組織、歷史文化各方面，都有更明確、更專精的認識。因而對全知全能的上帝發生了懷疑；對物種的來源提出了新的看法；對人類活動的空間抱有新的希望；對保守的政治深切的感到不滿；對陳舊的社會組織要求革新，對傳統的歷史文化更須重整。反映在近代的實際社會方面，便有哥倫布的發現新大陸。達爾文進化論的產生，法蘭西大革命的爆發，英國產業革命的開端，歐洲各式各樣社會主義的蓬勃，使歷史傳統遭受破壞，人類關係也進入一個新的時代。

（二）社會結構的動搖　在長期的農業社會型態之下，社會的基本組織十分穩定。例如中國的家庭組織，幾千年來具有根深蒂固的基礎，固不必說。即在西方社會，三百年前，人們大都生活在家庭之中，男女婚姻的關係也很少變動。自從機器工業代替手工業以後，工廠大量增加，鄉村人口集中都市，人們離開家庭走進工廠做工，更由於婦女教育的普及，職業婦女的加入各行各業。男女平等思想的灌輸，夫婦離婚的日益增加。於是以往大家庭制度固然無法保存，即小家庭的組織亦不穩定。此外如各國政治組織均已由專制趨向人民自主，經濟組織由壟斷而轉變為集體經營，都是近代社會結構動搖的顯著形勢。還有經歷兩次世界大戰以後，產生許多新興國家，而在國家之上，更有聯合國的高階層機構，顯示未來國家的本質，勢將發生變化。在上述各種情況之下，人與人間的關係，也就不免引起新的改變了。

（三）人際關係的變革　由於現代法律允許人民自由離婚，夫婦關係便有了距離，以往認為百年偕老的配偶，可以一旦而變為路人。親子的關係，也因後母後父而趨於複雜。由於現代民主的實施，掌握政權者可以隨時透過選舉的關係而變為平民，平民也可因獲得羣衆的擁護而成為政治的領袖。君王萬世一系的觀念，完全打破。由於現代知識技能的分化，接受教育對象的推廣，師生關係亦不如過去的固定。例如中小學校教師執教數十年，造就的學生為數甚多，如果參加教師在職進修，便可能遇到十年以前所教過的學生擔任講授，自己一反而處於學生的地位。以上各例，對於傳統倫理的觀念，影響極大。

（四）羣己觀念的衝突　以往在中國只重視家庭而不重視個人，只大談天下而少談國家。甚至中國思想家常常抱着「天地與我合一，萬物與我同化」的想法，個人和團體之間，根本不發生衝突。西方的個人主義和社會主義，雖然常常發生對抗的現象，但多半能夠趨向於調和，而成爲折衷主義的思想。可是近來由於人權運動的興起，個人本位的觀念極爲普徧，每個人爲了爭取生存而不肯放棄權利和自由。同時又由於交通工具的突飛猛進，人與人間的接觸頻繁，羣體觀念亦日益發達，每個人都參加團體活動，謀求廣泛的結合。因而在事實上，便發生許多衝突的現象。例如青少年不願接受家長的統制，常常離家出走，自謀獨立生活。妻子不甘受丈夫的約束，常常拋棄子女和丈夫不告而別。另找新的對象。各國人民更喜離開故鄉，僑居異地，改變國籍。像這些現象，都是只圖個人的自由而放棄了團體，只顧現實的需要而忘記了道義。但是從另一角度來看，由於人口密集都市，對於公共秩序、公共安全、公共衛生、公共福利等等，更爲每個社會份子所重視。有時必須犧牲個人的自由，遵守公共的約束。這又是幾百年前所沒有的現象，像這些事例，都須由新的倫理觀念，去重新估價。

第二節　神權思想的沒落

原始人類聽到雷鳴，便以爲雷是有生命的，甚至認爲他在發怒，引起恐懼之感。看見水中的影子，跟着自己移動，便以爲自己另有一個化身。夢到自己遨遊其他地方，醒來仍睡在原處，便以爲自己另有一個靈魂。這些感覺，可能便是人類對鬼神宗教引起崇拜的原因。許多學者研究宗教的起源，認爲乃係人類對於自然勢力的恐懼。最初的神權是崇拜「地母」和「天父」，以後人類對自然現象的水、火、日月、星辰等，動物中的熊、狼、獅、虎、鱷魚、蛇、牛等，植物中的森林、樹木等，都足以引起崇拜的心理。接着像圖騰、（用某種自然物作爲神的象徵）靈物、偶像、鬼神、祖先，都成爲人們崇拜的對象。所以古代宗教的勢力，能够左右人類的一切思想和行動。

在希臘羅馬時代，巫醫爲人治病，極其通行。教會僧侶成爲社會的上層階級，主教可以，和貴族一般封領土地，和貴族一般獲得國家的賞賜和人民的崇敬。到了中世紀，更是西方宗教勢力最盛的時期。羅馬教皇具有極大的權威，凡是違反他的意旨，對個人的處罰，便用「破門律」的命令，即將其驅逐出教，禁止和一般人來往，倘有人將其殺死亦不犯罪。對某地區的處罰，便用「停止教務」的命令，神父在當地對人民的婚喪，拒絕執行宗教儀式，死人便無法入葬，相愛的情侶便無法結婚。尤其當地人民聽不到教堂的鐘響，便好像有面臨世界末日的感覺。教皇不僅運用這些權力統治平民，並可駕御國王，在神聖的宗教勢力之下，表示服從。

我國古代宗教勢力雖不如西方的盛行，但原始社會的神話仍然很多。如伏羲皇帝的龍馬負圖，女媧氏的煉石補天，后羿氏彎弓射日等，都充滿了宗教的意味。到了秦漢時代，秦始皇相信神仙怪誕的傳說，遣人前往海上仙島求長生不老之藥。漢武帝崇尚黃老，曾經幾度巡行海上去守候神仙。六朝以後佛教傳入中國，廟宇林立，香煙不絕。人民喪葬祭奠，均請僧道施法超度，其對神權的崇拜，亦極爲普徧。

公元第十六世紀，哥白尼(Copernicus)研究天文學，寫了一本討論天體運行的書，到他逝世的那一年，才公開發表。認爲太陽是行星系統的中心，地球是圍着太陽而自轉；推翻當時主張大地是宇宙中心的說法，更破除了許多對宇宙迷信的神話。以後迦利略(Galileo)引申哥白尼的理論並加以發揚，

說的懷疑。引起教會的干涉，認爲是異端邪說，違背聖經教義，禁止他公開演講。但從此便引起了人民對宗教傳

到了十九世紀達爾文提出有名的種源論，根據科學推證的事實，指出人類的始祖是由動物進化而來。否定了聖經上人爲上帝所創造的說法，對於宗教的信仰打擊很大。同時人權思想逐漸的發達，神權思想便慢慢在人民心目中發生了動搖。反映在現實方面，國王在政治上的權力日益擴大，教會只有用「上帝的和平」「上帝的休戰」表示對專制君主的容忍和讓步，政治便逐漸脫離宗教的羈絆。宗教本身也引起新舊教派之爭，分散了人民的信仰。有些學者甚至懷疑耶穌在歷史上是否確有其人，幾乎動搖了基督教的信仰中心。最近新聞報導巴西有一百多位神父脫離教會，要求和正常人一般過着結婚成家的生活。至於國際紛爭的層出不窮，人類品德的日趨敗壞，雖由教會的一再呼籲和平，宣講福音，並不能產生阻遏警惕的力量，均足以證明神權思想到了現代，已經瀕於沒落的境地。

第三節　君權思想的消除

君主專政在東方和西方都有漫長的歷史，尤其中國自秦漢以後，維持帝王專政的體制，歷兩千年而不變。君主專橫殘暴的事蹟，在史冊上有不少的記載。例如秦始皇驅使千千萬萬的人民，跨山越嶺、餐風飲雪，興築萬里長城，人民疲於奔命，困頓以死者不知多少。爲了控制人民的思想，焚毀了無數的經典和史籍，坑殺了四五百譏諷秦皇的儒生。人民如有偶語詩書者棄市。其橫暴的情形可以想見。漢武帝因受方士神巫的蠱惑，懷疑臣民對他的咒詛，用嚴刑峻法，威嚇臣民。如派江充治巫蠱

獄，前後殺害三輔及郡國居民數萬人。隋煬帝生性浮誇，窮奢極欲，以洛陽為東京，命楊素在洛陽營造宮室，動員二百萬人。又發動民夫百餘萬人，開鬬運河，建造龍舟，供自己巡幸享樂。到了明清兩代，屢次發動黨獄和文字獄，如明太祖時，對右丞相胡惟庸的謀反，株連坐罪者達一萬五千餘人，多係無辜遭受牽連。又如杭州教授徐一夔上賀表，內有「光天之下，天生聖人，為世作則。」明太祖見了大怒說：「生者，僧也，以我嘗為僧也。光則薙髮也。則字音近賊也。」便下令殺之。清朝時，雍正皇帝所興文字獄很多，如禮部侍郎查嗣庭典江西試，以「維民所止」命題，遭言官檢舉，謂維止二字係取雍正字而去其首。更在寓中搜出日記，觸犯忌諱的地方很多，遂將嗣庭斃於獄中，長子次子均處斬，幼子及親屬流放三千里，家產充公。此外如汪景祺西征隨筆獄，錢名世詩獄，鄒汝魯河清頌獄，徐駿詩獄，呂留良遺集獄等，均以文字獲罪，或革職，或流放，或遭殺身之禍。乾隆皇帝所興的文字獄，也有十餘起之外，其殘酷的情形，不下於雍正。由上面的事例，可知中國幾千年君權暴虐的統治，實在可怕。

西方專制君主亦不在少數，如埃及王以太陽神自命，發動大批奴工建造豪華雄偉的金字塔，耗費無數的民力和財力，作為自己安身的墓地。羅馬皇帝尼羅（Nero）生性殘暴，享受奢侈，甚至有人傳說羅馬曾經發生一次延燒六晝夜的大火，便是由尼羅下令焚燒，因為他想將舊城燒毀以後，再在廢墟上重建新的皇城和宮殿，滿足他豪華的奢望。這些都和我國的暴君秦始皇隋煬帝相差不遠。到了中世紀時期，經過百年戰爭，君主的專制又復抬頭，其中最著名的如法蘭西的包本王朝，以法王路易十四為代表，常以「大君主」自命，建築豪華的宮庭，廢止南特崇尙自由的詔令，發動侵略性的戰爭，犧牲無數國民的生命。到了路易十六時，便引發了法蘭西大革命，正式對專制君權予以嚴重的打擊，爲以後的民主政治開闢一條大路。又如普魯士荷漢索倫王朝的威廉菲德列一世帝，對內厲精圖治，促進政治法律經濟文化，對外建立強勁的軍隊，發動大規模的戰爭。俄羅斯羅曼諾夫王朝的彼得大帝，建立專制政體，曾經公開宣稱：「沙皇爲俄國的元首，爲絕對的君主，他不向世界上任何人負責。」其思想的專橫自大，由此可知。爲了穩定政權，不惜殺子囚姊。他訓練陸軍，控制教會，組織政府，將權力集中在個人的手中，成爲歐陸著名的專制君主。

東西兩方君主專權的事蹟，雖然史不絕書。但是到了十八世紀，民主自由的思想，便在西方逐漸誕生。其中最著者便是盧梭（J.J. Rousseau）的民約論，認爲「政治團體的建立是人民與其所選的首長間一種眞正的契約，這種契約使雙方不得不遵從，成爲人們結合的約束和法律。」此種見解已否定君權在國家政治上的地位。孟德斯鳩（Mentesquieu）的三權鼎立說，認爲人民要獲得自由，須將政府的各種權力分開，即立法權制定法律，行政權執行法令，司法權解釋法律，分由三種機構負責，彼此互相箝制，產生制衡的作用，使君主無法專權。此種思想反映在實際上，便是法國大革命的爆發，民主政體的誕生。英國國會權利情願書的批准，用不流血的方式，達成光榮革命，取得民主立憲的政權。以後歐洲其他國家多由君主制度改爲民主政體，發揚民權取代了君權。

中國孟子早已有「民爲貴、社稷次之，君爲輕」的卓見。明末清初黃梨洲的「原君」，提出君主「以我之大私，爲天下之公，始而慚焉，久而安焉，視天下爲莫大之產業，傳之子孫，受享無窮」的議論。顧亭林更有「天下興亡，匹夫有責」的名言。都已含有民主政治思想的萌芽。等到滿清末年孫中山先生提倡民權主義，領導國民革命，奮臂一呼，便將我國數千年的君主政體完全摧毀，成爲現代民主立憲的國家。

目前世界各國，除了中東地區尚保有君主政體的少數國家以外，像歐洲的英國．荷蘭，亞洲的日本、泰國等，雖有象徵國家的君主，實質上都已走向民主政治的途徑。至於新大陸的美洲各國，新開發的非洲各國，從來沒有君主政治的傳統，自然更沒有君權思想的發生。所以君權思想到了現代，實已趨向消聲匿跡的階段。

第四節　親權思想的改善

我國幾千年的農業社會，向以家庭爲基本單位，父親在家庭中具有無上的權威。例如史記載：齊國易牙因聽見桓公發出未曾得食人肉的歎息，回家便斷去兒子的兩手，烹調供君口腹，用以取媚。可說不顧親情，慘無人道。後漢史載：賈復與敵人作戰，大敗敵人，但復亦受傷。光武爲了酬報他的忠勇，並且知賈復的妻子懷有身孕。便說：「復如生女，我子娶之，復如生子，我女嫁之。」北魏崔浩也有指腹爲婚的故事。可見以往父母對於子女的婚姻，有絕對操縱的親權。至於民間窮苦人家常有溺斃女嬰的風俗，社會並不引爲驚異，至於販賣子女，更是社會常見的事情。足見父母對於子女認爲是自己所私有，可以生殺予奪，旁人不能加以干涉。由於親權過於擴大，難免運用失當，甚至形成專橫殘酷的行爲。所以過去子女在家庭中，只有絕對服從父母的命令，沒有個人自由的意志，這幾乎是數千年來中國家庭的傳統。

西方在希臘時期的斯巴達，盛行尚武的風氣，對初生的男嬰，須放在冷水中，考驗其是否有戰慄的情況，如接受不了考驗，便將該嬰拋棄。這和東方溺嬰的風俗相差不多。羅馬時期，父親在家庭中也有極大的權力。耶穌降生以後，創立基督教，認爲人在上帝面前，都是兄弟姊妹，父母和子女處於平等的地位，把父權交給上帝，承擔起勸善罰惡的使命。親權便因此逐漸的降低。十九世紀國家主義和社會主義的崛起，大都主張兒童們屬於國家和社會，爲未來時代的主人翁。此種觀念的建立，不但提高了兒童的地位，同時更破除以往父母認爲子女乃自己私產的想法。到了二十世紀的開始，愛倫凱女士便在一九〇〇年發表了一本「兒童的世紀」，引起全世界對於兒童教育的重視，更大大提高了兒童的地位，另一方面至高無上的親權，也就相對的降低。上述思想反映在實際方面，現代文明國家在法律上，不但消極的禁止溺嬰、墮胎、販賣人口、役使童工等等虐待兒童行爲的發生；並且積極的保障兒童應有的權利和福利。子女成年以後，對於婚姻、經濟、參加政治等均享有自主權，父母只能從旁輔導，不得直接干涉，一反過去親權專斷的現象。在教養上，父母對未成年子女負有養護和教導的責任，子女犯有過失，法律處分輕微，甚至不予處分，而由父母承擔處罰。由此可知，現代父母對子女的權力減輕，而所負的義務加重。此種親權改善的思想和事實，已爲現代文明社會的大衆所認許和支持。

第五節　女權思想的倡導

我國一向講求婦女要有「三從」的美德。所謂「三從」，便是「在家從父，出嫁從夫，夫死從子」。這充分顯示婦女完全處於附屬的地位，沒有自己獨立的意志。因而產生許多壓制婦女的不平等待遇。譬如在婚姻關係上，丈夫可以隨時納妾，婦女卻必須從一而終。妻子死了，丈夫可以再娶；丈夫死了，妻子卻不能再嫁。如果再嫁，必遭人們的輕視和非議，從此抬不起頭來。尤其妻子受七出規條的約束，隨時都可能被逐出夫家，而其中有些規條，簡直不合情理。甚至夫婦感情很好，倘若公婆不滿，丈夫也無能爲力，只有宣告離異。我國古詩「孔雀東南飛」和平劇「釵頭鳳」，都是媳婦不能見容於翁姑的悽慘故事。又如在教養上面，女子不能和男子受同樣的教育，所謂「女子無才便是德」，女子不能和男子得到同樣生存的機會，父母生育子女過多，便將女兒出賣，作他人的婢妾，甚至將女嬰溺死，根本不讓他生存。女人出嫁以後，不能生育男兒，便將接受悲慘的命運。女子爲了博得男子的歡心，必須摧殘自己，裹成三寸的小腳。像以上所述的事例，都是我國以往社會中視爲平常的現象。由此可知我國婦女在傳統習俗中，遭受壓制的情形是如何普偏而深遠。

西方古代的壓制女姓，也和我國相似。例如：有的民族用貞節帶來防止自己離家期間，妻子有不貞的行爲。有的民族將婦女當做貨品一般的由人買賣。當做玩具一般供人享樂。當做牛馬一般供人役使。有的民族將婦女深藏起來，不能拋頭露面。縱然偶爾外出，也必須蒙上頭巾或面紗。至於世界各國女子在兩百年前，不能和男子在學校中接受同樣的教育，在社會中不能獲得同樣的工作，在工作中不能得到同樣的報酬。情形頗爲普偏。尤其是有少數不幸的婦女，被迫操賣淫的賤業，更是一個世界性的婦女問題。

在十九世紀，北歐文學家易卜生(Ibsen 1828–1904)曾撰名劇「傀儡家庭」，劇中的女主角娜拉，便是代表女性獨立的自覺，她毅然決定不做丈夫的百靈鳥，寧願離開家庭，進入社會去過獨立自主的生活。這是對婦女一種珍貴的啓示。同時由於社會主義和人權主義思想的澎湃，婦女解放逐漸成爲世界風行的運動，男女平等逐漸成爲社會公認的事實。於是女子敎育爲現代國家所兼顧，婦女權益爲現代法律所尊重。婦女經濟獨立運動、婦女參政權，已成爲二十世紀倡導女權的口號。瑞典的婦女運動者愛倫凱女士，便曾經說過這樣的話：「我們這個時代的普通女子是比五十年前的女子較有生氣與較能適應環境，個人發展較大，對社會裨益較多。社會的意識因行動的自由而增加，生活的內容因參與普通人類的文化而豐富。精神的生活變成較複雜，而表露這種新精神的機會也較多。」（見愛著「婦女運動」一書）由於現代女權思想的發揚，反映在事實上，一般國家的學術園地和政治舞台，都已有嶄露頭角的女性；各行各業都已有女子工作的機會，政治選舉給予女子保障的權利，甚至有些國家在國防軍事上，賦予女子服役的義務，發揮男女平等的精神。所以現代女性已享有合法的權益和具備獨立的人格，女權已經獲得普徧的尊重。這和兩百年前有了顯著的轉變。

第六節　人權思想的擴張

在神權最盛的時代，人類自願居於卑劣的地位，一切惟神的意志是聽，根本沒有自己的意志，自認本性是罪惡的，惟有仰賴神才可以得到赦免和寬恕。至於人與人之間，強者欺凌弱者，智者統治愚者，多數壓迫少數，幾乎是理所當然的事，根本沒有人權的觀念。然而人類究竟具有理智，不甘長久屈服在強權之下，過着非人的生活。於是人性開始覺醒，要重估人的價值，要恢復人的尊嚴，要實現人的意志，要發揮人的潛力；於是人本主義、人文主義的思想陸續產生，對神權開始懷疑，對君權、父權、夫權以及各種強權開始不滿，由是人權的思想便自然誕生。

反映在實際上，人類用科學的智慧打擊神權，用民主的力量反抗君權，用自由平等的思想推翻一切強權。在以往社會裏面，奴隸、婦女、兒童、勞工，都是人羣中的弱者，沒有自主的意志，沒有合法的地位，更沒有應享的權利。到了人權時代，才能受到法律的保障，和公衆的承諾，每個人都有自己的意志，取得公衆的地位，享受應有的權利，成爲獨立自主的人。

人權思想的發展，並非一蹴而成，而是經過長期奮鬪所產生的結果。

在十七世紀，英國國王查理一世專制時代，國會曾經請求查理一世簽署「權利請願書」，規定國王不得任意向人民征收捐稅，軍隊不得強佔民房，政府不得非法拘捕人民。查理一世簽署以後，雖未實行，但已表露當時人民對專制政體的反感。到了查理二世光榮革命以後，英國國會通過了「權利法案」，並爲英王威廉三世所接受。在行政措施上，均能尊重國會的特權，於是英國的專制王權從此結束。這是人權思想擴張的第一步。到了十八世紀，北美十三州脫離英國的統治而宣告獨立，發表獨立宣言，內容包括三個要點：⑴人類生而平等，均由上帝賦予不可侵犯的圖生存、求自由與謀幸福的權利。⑵政府的合法權利，實由被統治者的同意而來。⑶任何政府若破壞上述天賦人權，人民即可將其推翻，另建新的政府。本着此一宣言的精神，美國在華盛頓領導之下，從此建立一個嶄新的民主國家。這是人權思想擴張的第二步。同時，法國人民爲反抗法王魯易十四的暴政，引起革命浪潮。終於在國民會議中通過了「人權及公民權宣言」，開始揭示「人權」二字，並在「自由」「平等」「民主」

三大號召之下，奠定法國新社會的基礎。這是人權思想擴張的第三步。在一九四三年第二次世界大戰結束之後，聯合國不久即告成立。並在「聯合國憲章」的序言裏面，首先提示：「我聯合國人民同茲決心，欲免後世再遭今代人類兩度身歷慘不堪言之戰禍，重伸基本人權，人格尊嚴與價值，以及男女與大小國家平等權利之信念。」這是就全人類立場鄭重表示維護人權的精神。依照「聯合國憲章」的規定，成立一個人權委員會，在羅斯福夫人主持下草擬了「世界人權宣言」，在一九四八年獲得聯合國大會的批准。宣言裏面所指的人權，包括生命、自由、財產、公平審判、言論自由、集會和宗教等權利；還有參政、工作、同工同酬、公允報酬及成立公會之權。同時規定如果這些權利受到侵犯時，被害者有權獲得有效的補救辦法。這個宣言雖不能硬性約束聯合國各會員國遵照執行，但卻樹立一個全世界所有民族和國家維護人權的共同標準，並可作爲衡量各國政府和人民爭取人權的自由和尊嚴的進步尺度。這是人權思想擴張的第四步。

在通過「世界人權宣言」以後，聯合國會議即從事草擬一項條約式的「國際人權法案」，由於各國對於人權以及如何實行人權的方法，持有不同的意見，便一直停留在談判的階段。因而關於整套人權法案的協約，一時難以訂定。人權委員會乃採取比較緩和逐步解決的方式，對於某種特定的權利，制成特定的協約，送請各國批准。第一份協約便是「有關種族界限消除協約」，該協約要求參加的國家在其領土內防止及懲罰消滅任何民族、宗教或人種團體的行爲。其次是「有關奴役的補充協約」，要求參加的國家採取一切實際和必需的措施，儘早完全廢除像「抵債奴役」、農奴、強迫婚姻或以婦女償債，以寡婦作承繼財產部份和剝削兒童。並且要求參加的國家把販賣奴隸、毀損肢體、烙印或做標記識別奴隸或服奴役者，定爲刑事罪行。此項協約已有五十七個國家批准。再其次是「有關廢除強迫勞動的協約」，要求參加國家廢止和不採用任何方式的強迫或強制勞動。卽凡以強迫勞動作爲政治壓迫、經濟榨取、維持勞工紀律、對參加罷工的懲罰、對種族、社會、宗教的歧視等的手段或手法，均宜一律廢止。此項協約已有六十七個國家批准。此外還有「關於婦女政治權利的協約」，規定婦女應與男人平等參加一切選舉投票，不得歧視；婦女有被選舉資格，得被選在國家法律所規定成立的公開選舉機關內任職；婦女將擔任政府職位，並執行國家法律規定的一切公共職務。此項協約已有四十三個國家批准。以上有關人權的各項特定協約，業經在紙面上獲得各國的承諾，雖然未必完全能夠具體的執行。但今後人權思想必定向着這些途徑繼續的邁進和擴張，這是可以預見的後果。

第七節　今後倫理思想的趨向

道德具有時間性和空間性，時間和空間不斷的流轉，道德也就跟著常常的演變。倫理思想係以道德爲骨幹，自然也就隨著時代的要求和社會的背景，轉換它的內容和方向。以前兩章和本章前面的幾節，業已作了扼要具體的說明。現在更提示幾個重點，提出今後倫理思想演變可能的趨向，作爲本章的結束。

（一）**人道重於神道**　人類在遠古時期，一切思想和行爲受著神道的控制，固不必說。到了君權盛行時期，仍然有許多君主假托神話，來強調他的帝位是出之於天意或神授，以表示神聖不可侵犯的尊嚴。如我國漢光武出生，有一禾九穗的祥瑞，宋太祖黃袍加身時，有獨日重輪的異兆。埃及王認爲太陽神乃是自己的替身。諸如此類的傳說，歷史上常有記載。至於崇拜祖先的習俗，在我國極爲流行。認爲祖先都有陰靈，可以保佑自己的子孫，含著十分濃厚的宗教意味。其他如古代的羅馬人、閃族人、日本人、吠陀人、非洲尼革羅人等，也都盛行祖先崇拜。就是到了現代，還有許多未開發的民族和部落，充滿了各種神話的習俗。文明社會裏面的各種儀式，也多少流傳著神話的遺跡。可見神道影響人類的行爲，是十分普偏而深遠。然而現代科學的發達，絕非一個世紀以前的人所能夢想。人可以製造各種機械和電腦，爲人類不眠不休的服務，成爲人類最忠實的奴隸。人可以放射太空船，縮短地球和星球之間的距離，拓展人類活動的空間，探索宇宙的秘密。人可以發明新奇的特效藥劑和人造臟器，維護人類的健康和延長人類的壽命。把人類以前所講的神話，幾乎都變爲事實，讓人類深切體認自己的智慧和潛力，不再去相信那些虛無縹渺不可捉摸的神，這是極其自然的趨勢。因此今後人類的一切行爲，自須依照自己的意志和公衆的認許，去確立一個共同行爲的準則，作爲彼此相處的大道。所以世界人權思想的發揚，便是以人道爲中心。

(二) 公德重於私德　道德的本質，原來不分公私；個人的生活修養和公共的行爲規範，應當屬於一致，更不宜有輕重之分。可是古代人與人間的關係比較單純，日常生活的接觸也比較疏遠。道德的著眼點，偏重於個人和最親近的少數人。倫理思想的出發點，著重在對自己心理性質的分析，情感理智的研判。行爲的基礎也建立在誠篤、勤愼、儉樸、恒毅等個人品德上面，卽人與人相待的品德，特別宣揚對君主的忠，對父母的孝，對丈夫的節，對主人的義，都是對少數人的德行。所以倫理思想是以私人修養爲重點，至於所謂公德，如公共秩序、公共安全、公共衞生等，在當時還沒有感到需要，因而公德的觀念，自亦無從產生。到了人口密集，交通輻輳的現代社會，情況大爲改變。人們在公共進出的場所，非依次排隊不可。在車輛擁擠的要道，非遵守交通規則不可。在蜂窠式的公寓裏面，非講公共衛生和公共安寧不可。於是國民公德成爲現代國家的標誌和進步社會的象徵。每個人爲了自己的安全，固然需要講公德；爲了大衆的幸福，更非講求公德不可。足見公德對於現代人類的重要。至於注重少數人的私德，也大半轉變爲對大多數人的公德。如忠君轉變爲忠於國家和社會，孝親轉變爲順從公意和輿論，守節由對丈夫而轉變爲節制自己的生活行動，以取得大衆的讚譽，盡義由對主人而轉變爲服務團體和人羣。所餘下來的私人修養，雖然仍應重視，但其比重卻不如公德更切合現代生活的需要了。

（三）**科學重於玄學** 我們追溯以前的倫理思想，無論東方和西方，大都偏於抽象理念的鑽研，空泛德目的闡發，雖然其中不無若干至理存在，但究屬出高和寡，不易爲大衆所了解，更很難強其衷心的接受。所以倫理思想雖已有幾千年的歷史，始終躲在象牙之塔裏面兜圈子，不能衝出空虛保守的舊藩籬，適應複雜多變的新社會。和自然科學思想突飛猛進的情形相比，幾乎相差幾個世紀。由於現代人類生活日趨複雜，人與人間接觸頻繁，對倫理修養所要求者，不在依稀彷彿的心靈感受，而在具體確實的行爲適應。尤其受了自然科學的影響，有關人文學術大多採取科學的研究。而心理學、生理學、生物學的進步，以及行爲科學的發展，更足以促進倫理思想由玄學轉向科學的道路。所以今後探討倫理的學者，必將放棄玄學的倫理思想而重視科學的倫理思想。

第八章　一般行爲的概念及演進

第一節　行爲研究的發展

「行爲」一詞，通常是指人類在日常生活中所表現的一切動作而言，有時也可以泛指各種社會動態和自然現象。似乎人人都很熟悉，不必作更多的解釋。但是仔細加以思辨：「行爲的根本意義究竟是什麼？」便不免產生若干紛歧的見解，和若干深奧的哲理，值得作進一步的分析。

就中國來講，談到行爲的研究，首先便須提及易經。易經是我國古代探討宇宙和人生的一部經典，蘊含了極其精微的哲理。對於行爲現象的研判，係從觀察天地的運行，推論到人事的演變。在易經六十四卦的卦文中，便有九十四處之多。（見王寒生「行學」一書中第十七——二二頁所引證。）其中如乾卦有「天行健，君子以自強不息。」「終日乾乾與時偕行。」「仁以行之。」蒙卦有「勿用取女，行不順也。」「蒙亨以亨，行時中也。」坤卦有「坤道其順乎，承天而時行。」師卦有「剛中而應，行險而順，以此毒天下而民從之，吉又何咎矣。」臨卦有「咸臨貞吉，志行善也。」復卦有「動而以順行，是以出入无疾，朋來无咎。」无妄卦有「无妄之行，窒之災也。」坎卦有「水流而不盈，行險而不失其信。」晉卦有「衆允之志尚行也。」艮卦有「艮止也。時止則止，時行則行，動靜不失時，其道光明。」對於行爲的順逆利鈍，含有不少的啓示。而「天行健，君子以自強不息。」便是中國人所奉行不懈的一句格言。易經所啓示的許多行爲哲理，是採取唯物觀的方法而得來的。據易繫辭中說：

「古者庖犧氏之王天下也，仰則觀象於天，俯則觀法於地，觀鳥獸之文與地之宜，近取諸身，遠取諸物，於是始作八卦；以通神明之德，以類萬物之情。」它指出行爲的本質是：「生生之謂易，一陰一陽之謂道。」行爲的構成是：「在天成象，在地成形，變化見矣。」行爲的範圍是：「變動不居，周流六虛。」行爲的發展是：「參伍以變，錯綜其數，遂成天地之文；極其數，遂定天地之象，非天下之至變，其孰能與於此。」可見易經對於宇宙現象和人生行爲的探討，至爲廣泛，也極其深刻。以後我國儒家講倫理，道家講修養，法家講權術，墨家講應用，都離不開行爲的窠臼。宋明理學家着重知行的辨認，闡發精義頗多。明朝呂新吾著「呻吟語」，洪自誠著「菜根潭」，提示不少立身處世，待人接物的至理名言，均足警世勸人。我國歷代賢哲對倫理行爲研究的重視，由此可徵。

就西方來講，以往倫理學的研究，多半偏於意識方面，對於「行爲」很少作深入的分析。近百年來，由於心理學、生理學、生物學等方面知識的進步，對於行爲的本質，便產生了許多不同的看法和主張。例如行爲派的心理學家，便認爲心理學是研究行爲的科學，推翻以往心理學以意識爲研究對象的傳統方法。直接從「刺激」與「反應」的行爲現象方面來觀察和分析。用「交替反應」的公式，來解釋人類複雜的行爲，用動物生理的解剖和實驗，來推究人類行爲的本質。發現若干新的觀點和理論，於是對傳統的心理學名詞予以否定，或加以新的解釋。如「本能」一詞，認爲只是刺激與反應的一種結果，放棄「本能」一詞而不採用。認爲「思想」也是屬於行爲的一種方式，從喉頭筋肉的活動中便可以表現出來，並可用儀器予以測驗。依照行爲派心理學創始人華村（J.B, Waston）的觀點，不僅思想、情緒、本能、知覺等主觀名詞均須取消，即「心理學」一詞也沒有存在的必要。我國心理學家郭任遠卽有以「行爲學」代替心理學的主張。此派持論雖然不免偏激，但對行爲知識的研究與發展，卻有極大的啓示。又如現代醫學的進步，發現人類的生理機能，對於行爲具有極大的關聯。像甲狀腺、腎上腺、胰島腺等內分泌的機能，均足以影響人類的情緒和行爲。據醫學專家們的報導，甲狀腺機能亢進的人，通常神經過敏，急躁易怒；甲狀腺機能減退的人，則會感到軟弱無力，知覺遲鈍，精神萎靡。腎上腺則被認爲是人類精力的泉源。在應付緊急狀況時，會做出平時所不敢做，甚至所不能做的事情。胰島腺素的分泌失常，也足以影響情緒，召致發怒。其他如腦下腺、松果腺、性腺等，對於人類的生長發育、身心健康，均有極其微妙的作用。內分泌學是醫學中新興的一支。對人類生理機能和行爲究竟有多少影響，尙有待於更深入的研究。

現代自然科學和社會科學的研究和發展，業已逐漸走向會合的途徑，有若干專門知識，均係融合多種學科作廣泛而深入的研究。卽以研究人類行爲而論，便產生了一門新興的學科，稱之爲「行爲科學」(Behavioral Science)，它是以人類學、心理學、社會學爲基礎，而旁及於歷史學、生物學、政治學、經濟學等部門的學科，力圖積累各項有關人類行爲的知識，加以融會貫通。雖然至今還沒構成一套十分嚴密的理論系統，但已成爲當代頗爲受人重視的新興學科。尤其在美國業已聚合許多專家，採用科學方法，針對某些問題，從事集體的研究。其所負的任務有二：一爲增進對於人類行爲的了解，和對於行爲中的各種慣常性予以概念化。二爲將研究所得的技術供給他人應用，以加強彼此間的合作。因此行爲科學業已獲致幾項顯著的成就，如對於「個人」的重新估價，認爲人類中的每一個份子的行爲，不僅是受着各種生物的本能和需要所驅使，還有各種價值、意旨和目的在支配他。對於「社團」的認識，用具體資料證明，不僅社團深刻影響個人的行爲，而個人也深刻影響所依存的社團。對於「知覺」擴大了發展的領域，指出人類不僅由於看見了什麼便產生知覺，而且往往由於別人的暗示而形成。對於大衆意見傳播的複雜性，有更廣泛而深刻的認識，尋求作更有效的滿足和溝通，得出了若干具體的方法。同時行爲科學應用在各項專業的工作上，日益增加，如醫學、公共衛生、法律、社會工作、教育、政府、宗教、工程、建築以及農業部門等，提供了技術協助。

現代行爲知識的發展，已由人類本身而擴展到運用機械和電力方面，如新成立的操縱學（Cybernetics），乃是融合純數學、統計學、電氣工程學、神經生理學和其他學科的混合產品，應用此門學科所製作的電腦，便可以代替人類高度的運算和控制的能力。據科學家的比較與分析，電腦的構造與人類有若干類似之處。如兩者均守零與一的原則，（全有或全無）；電腦內是電子流動，人腦內則爲離子流動；人腦內神經膜內外電荷分佈，就如電腦內所用的交換電路，即PNP電晶體；此外在記憶方面，人腦內細胞雙極的傾側，就好比電腦內磁盤位置的改變。（引自中央日報副刊所載魏凌雲主講「人腦與電腦的前途」一文。）而電腦運算的能力則遠超過人類，爲人類節省了無限的精力，較之十九世紀人類發明機械代替龐大的勞力，更具有重大的意義和使命。由此可知我們對於行爲的研究，已由天象窺探，人生體察，發展到心理分析、生理解剖，更轉向於機械運作、電波操縱等等方面，其研究範圍的廣泛和研究內容的深入，正在方興未艾。

第二節　行爲起源的幾種解釋

我們要探究行爲的根本意義是什麼，如果引證各家學派的意見和主張，定會產生衆說紛紜莫衷一是的感覺。在此地只能綜合哲學和科學的見地，把握幾個重點，予以簡要的解釋，或者可以幫助我們對行爲的概念，有一些基本的認識。

(一)時間和空間的會合 我們只要睁開眼睛觀察宇宙萬物具有的現象，便可以看見日月循環、星光閃爍、行雲流水、草長花開，乃至於魚游鳥飛、蟲豸蠕動，一切都在轉移變化，構成種種形象，散佈在無窮的空間。這種種形象更不斷的輪廻興替，經過無限的時間，物種發生變異，滄海化爲桑田，星球趨於毁滅，推而至於人類的生死，種族的興亡，更是極其自然而不可避免的現象。這一切現象，都可說是我們可以看見或者可以測知的行爲。而這些行爲都離不開時間與空間的會合。空間好像是靜止的狀態，但是時間通過了空間，空間便發生變化，再也不能靜着不動。宇宙本來就是時間和空間的綜合，彼此不能分開。時間是永遠不會停止的，時間通過所有的空間而發生變化，則空間所有萬物的位置都要引起變化，萬物的位置起了變化，便要產生吸水、排斥、生長、衰老、衍化、淘汰等等作用，使一切物體都在隨時變換性質，呈露新陳代謝的現象。這些現象都是一切物體行爲推展的軌迹。因此我們可以推論，任何行爲的產生，都必須依附於物體，而每一個物體，即使是物體的最小單位，都必佔有一份空間，經過一段時間，才會發生變化，構成一種現象，讓我們可以看見或者測知。所以從哲學的眼光來看，時間和空間的會合，乃是「行爲」產生所不可缺少的因素。

(二)動態和靜態的貫通 任何物體佔有了一份空間，經常所表現的，大多是靜止的狀態，但是通過了時間的變化，便自然產生動的現象。照前面的說法，便形成一種行爲。然而一切物體在動的狀態下，固然發生了顯著的變化；在靜的狀態下，又何嘗不在默默的改變。譬如鐘錶上的針，看起來好像是靜止的狀態，但實際上是在慢慢的移動。草木在沒有風的時候是靜態的，但實質上是在慢慢的生長。推而至於人體細胞的新陳代謝，一切物質本身組織的改變，在表面上不容易顯示出來，但實際上都在變動。我們從另一角度審察物質的存在，都含有惰性，也就好像物質本身是習於故常，靜守不動。其實現代物理學已經告訴我們，物質本身都含有「位能」，隨時可以放射出來，形成一種動態。可見物質本身具有動的潛力，其所以暫時處於靜止的狀態，乃由於動力的相消而暫獲平衡；一旦遇有外力加入，便將失去平衡而表現動態。我們更進一步觀察一般物質的狀態，任何安靜與固定的物質，總不能永遠維持其安靜與固定，必爲動者所動。因爲動能使靜者動，但靜不能使動者靜。靜者要使動者靜，其本身必須先有動力，才能夠使物體趨於平衡狀態，保持暫時的安靜與固定。足見動是處於主領的立場，靜是經常處於被支配的地位。更可知動是物質的本性，靜是物質表面的狀態。用哲學的觀點來說，時間永不停息，任何物體都要經過時間不斷的變動，靜止狀態只是一種錯覺。因此我們對於物體動靜的劃分，只是表面的而非實質的。用動靜來描述行爲，更只是指出行爲的外貌，而不足辨明行爲的本質。因爲物質的本性是動，那末附託於物質所表現的行爲，也自然是以動爲本質。

（三）**質量和能量的替換**　由於現代原子科學的研究，我們知道一切物質的組成，都以原子爲基礎，而原子又係由電子、質子和中子三種最小的東西構造成功。根據科學家的實驗，在目前所發現一百多種化學元素中，有三分之二以上元素，在同一種元素中，含有重量不等的原子，這種原子被稱爲該元素的同位素。何以同一元素中，會有重量不等的原子？經過多次的實驗，發現造成重量不等原子的因素，是由於原子裏面所含中子數目的不同。因爲在同一元素中的每一個原子，所含電子和質子的數目是相等的，只有中子的數目發生差異，因而影響到原子本身的重量，也因而改變了物體本身的品質。由此可知中子數量多寡，是使一切物體發生變異的基本因素。如果我們認爲物體變異是一種行爲，那末中子就是促使行爲產生的基本素質。現代科學又告訴我們，任何物質中，不僅有重量，而且有能量。按照相對論的說法：「物質可以變成能量，能量亦可以變成物質。」經過科學的證驗，一部份物質的重量消失，可以創造能量；反之，能量加以凝聚，也可產生物質。可見物質和能量是「一而二、二而一」的。由物質和能量互相變化的過程，也可說就是一種行爲。綜合上面的說法，中子既然是構成原子的一部份，又是促使原子變化的基本因素；同時，組成一切物質的原子，都含有質量和能量，那末構成原子的中子，也自然具有質量和能量。由此推論中子是構成行爲的基本因素，又是物體本身的一部份，那末行爲本身便具有實質，同時也會產生能量。因爲具有實質，所以會產生現象，因爲具有能量，所以會表現動態。

（四）輸出和輸入的運作 現代行爲科學的成立，已將行爲知識的研究，帶進一個新的境界。它所負研究任務的重點，乃是「對於任何一個作爲研究對象的物體，從事一種行爲的研究，就是說，要把這個物體的輸出（Output）和輸出與輸入（Input）間的關係加以探討。（見徐道鄰著「行爲科學概論」第二八頁。）至於什麼叫做「輸出」？就是由物體在周圍環境中所造成的任何變化。」什麼叫做「輸入」？「就是對於物體所發生的，促使它本身一種變化的任何事件。」行爲科學研究者對於「行爲」所下的定義，大致是說：「行爲就是一個物體有關它的周圍環境的任何一種變化。這個變化可能主要的是這個物體的輸出，輸入只是極微小的，或者極遙遠的，或者竟是毫無關係的；這個變化，又可能直接被追索出是某一種輸入的結果。所以，一個物體的任何變化，凡是從外表看得見的，都可以稱之爲行爲。」依據行爲科學研究者的見地，認爲「行爲」乃是由物體輸出或輸入所造成的任何變化。與前面幾種說法雖然不盡相同，但也可以互相印證。

以上有關行爲起源的幾種解釋，雖不敢說是十分圓滿的定論，但對行爲的本質，已經做了比較客觀而具體的說明。現在更扼要予以歸納，建立一些行爲的基本概念如次。

㈠任何物體的最小單位，均係具有實質，便一定有其自身的存在，必須佔有一些空間，和延續一段時間。而此佔有的空間與延續的時間互相會合，物體本身便自然產生變化。更由於宇宙萬物錯綜複雜的叢集於大自然中和大社會中，將無極的空間和無限的時間加以交織，引起了無窮的變化，呈露出萬有的現象，便是一切物體發生行爲的開始。

㈡人們平常對於物體靜態的覺察，可說是不正確的。就物體內在講，許多表面靜止的東西，其本身都在慢慢的轉移而變動。就物體的外在講，都是寄存在循環不已的空間和永無休止的時間，根本就沒有停留的空隙。所以物質的本性含有動力，再加上變動不居的環境，便自然產生出千千萬萬的動態，也就是行爲現象。由此足以證明一切行爲都無時無地不蘊含在所有物體之中。或呈現在所有物體之外，形成一個動的世界。

㈢由於中子數量的差異，任何物體本身的構造是可變的。由於質量和能量的替換，任何物體本身的性質是消長的。而一切物體本身的消滅，可以由質量分化爲能量；一切物體本身的生長，也可由能量凝聚而成爲質量。世間萬物都不免於生長死滅，所以質量和能量也就永恒的交互替換，發生種種變化。此種變化，不只是所有物體構成行爲的基礎，而且是一切行爲產生的泉源。

㈣任何物體可以影響環境而發生變化，也可受環境的影響而引起自身的變化。而這些變化的因素是非常複雜的，有時是由於物體本身的輸出所引起，有時是由於物體本身的輸入所獲致。有時是由於物體在輸出與輸入之間所發生。這些因素和關係如何發掘和確定，必有賴於具體資料和事實的證驗和分析，方可對行爲本質得到比較明確的認定。

第三節　一般行爲的演進

假使我們認定行爲是物體的變化，那末最原始的行爲，便是核子分裂和細胞分裂的開始，演變爲各種自然現象和生物現象，然後逐漸發展到人類社會種種複雜的現象。這一切都是行爲自然演化的過程。如果我們加以分析，不妨劃成幾個階段。英國斯賓塞爾在其所著「倫理學原理」一書中，曾將行爲的演化分爲三個階段：第一段是由物理行爲進化至生物行爲；第二段是由生物行爲進化至本能行爲；第三段是由本能行爲進化至意願行爲。這種本着宇宙萬物一體的觀點，來審察行爲演化的現象，是比較客觀而周全。以後穆耿（L.C. Morgan）更提出層創論的宇宙觀，引用突創原理（Principle of Emergence）的法則，並依照斯氏演化論的層級，將整個的宇宙進化現象比做寶塔。認爲「最基層是空時（Space-time），由純動的時空突創爲原子性(Atomicty)的物質(Matter)，由物質又突創爲生機性（Vilality）的生命（Life），由生命又突創爲覺識性（Mentality）的心靈（Mind），心靈更突創至最高層而爲理想性的價值。人類的道德行爲，應屬於最高層的價值界，因爲它是具有道德價值，得以道德理想爲標準，而加道德判斷於其上。」（見謝扶雅著「當代道德哲學」第四十四頁。）因而製成下面一個層層創進的寶塔圖，來說明行爲演化的跡象。

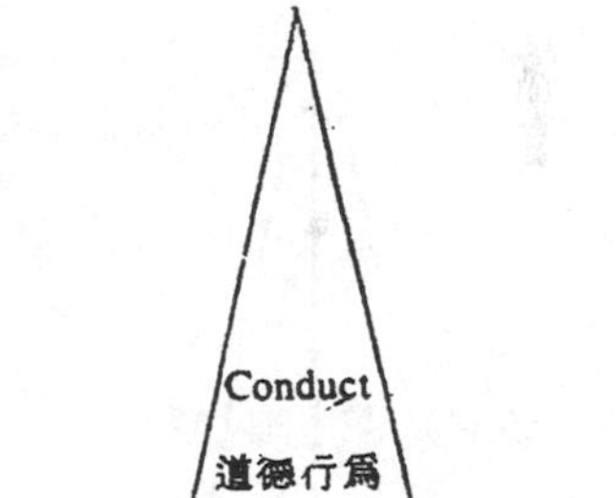

我國倫理學者黃建中氏，更就斯氏的行爲演化論和穆氏的行爲層創圖，加以闡揚。認爲「有意之行爲由無意之行動而來，有覺之行動由無覺之動作而來，有鵠之動作由無鵠之運動而來。窮本原始是「純動」(Pure Motion)，純動乃點瞬合一(Point-instants)之流動關係，謂之「空時」(Space-time)；空時乃一切關係基礎。一進而有物理化學上之關係，其體構爲無生物，其特性爲物質，其運動則無鵠。再進而有生理學上之關係，其體構爲生物，其特性爲生命，其動作則有鵠；三進而有心理學上之關係，其體構爲動物，其特性爲心靈，其行動則有覺；四進而有倫理學上之關係，其體構爲人類，其特性爲理智，其行爲則有意；五進而達於最高一層，爲純粹理性，構成至上之道德人格，產生至善之行爲價値，人生究竟之鵠在是，而進復無已焉。……人類有理智之心靈，有意志之行爲，其性質自異乎他動物無理智之心靈，無意志之行動；無心靈即不能有理智，無行動即不能有行爲。動物有心靈之生命，有覺識之行動，其性質自異乎他生物無心靈之生命，無覺識之動作；無生命即不能有心靈，無動作即不能有行動。生物有生命之物質，有正鵠之動作，其性質自異乎他物無生命之物質，無正鵠之運動；無物質即不能有生命，無運動即不能有動作。性質固層層絕異，機構仍息息相關。然而物質實依附生命，而有鵠動作可以宰制無鵠運動；生命實依附心靈，而有覺行動可以宰制無覺動作；心靈實依附理智，而有意行爲可以宰制無意行動。下層依附上層而聯繫之，上層宰制下層而包涵之，此自然進化之軌迹也。」（見黃建中著「比較倫理學」第六八——六九頁。）並製成下圖，用以說明行爲的演進。

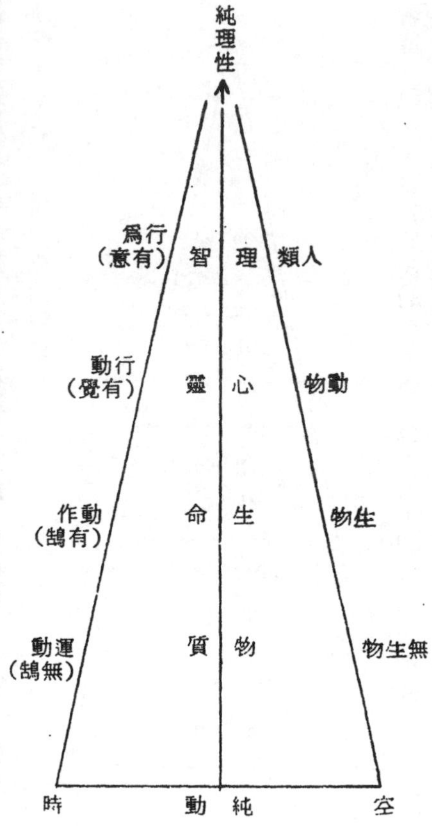

從上面所引證的資料，我們可以明瞭行爲的演進，是有自然的層次和進升的階梯。而以人類的道德行爲或純理性思維，爲達到層次的頂點。

第九章　人類行爲的基本認識

第一節　人類行爲的基礎

人類的身體是由一系列的物質元素所構成，包括了氧、碳、氫、氮、鈣、磷、鉀、硫、鈉、氯、鎂、碘、氟、矽、砷等元素。就化學的觀點來看，人體與其他物質一般，不過是十幾種元素的組合。人類的生命是由極其微小的精蟲與卵子的會合而發生變化，促使卵子分化爲兩個細胞。每一個細胞再分爲二，由二再分爲四，由四再分爲八，如此不斷的推演繁殖下去，形成一個涵有千百萬細胞的個體。就生物學的觀點來看，人類和其他生物一樣，不過是若干細胞繁殖的個體。人類的心靈是由將近十億個神經細胞，以及大量支持的神經纖維所組成，伸展至全身各部份，構成一個通訊網，控制人類的行爲。就生理學和心理學的觀點來看，一般動物同樣具有神經細胞，顯示心靈活動，也和人類相差不遠。然而人類在宇宙間，居於萬物之首，能够主宰宇宙，征服自然，其他動物不能，生物和無機物質更不消說。其主要的因素究竟何在？人類至少具有以下幾項特質，優於一般動物。

（一）具有精巧的生理機能　人類的身體組合，雖然只是一些元素所構造，但結合成爲生命以後，便和一般物質不同。人類的生命來源和神經組織，雖然只是一些細胞所繁衍，但生長成爲人類以後，便和一般動植物有所不同。因爲人類的身體結構，顯露出幾項精巧的生理機能。第一，具有靈敏的頭腦——據科學家告訴我們，生物界所有奇妙的東西，沒有一種能比得上人類的腦子。雖然重量只有五十盎斯左右，但卻擁有一百二十萬萬個腦細胞，而且每個細胞卻直接或間接的與神經纖維相連。腦神經中樞便利用這些細胞與各細胞間的聯繫，巧妙的處理各感覺器官所收到的資料，經過研判、整理、歸納，保存起來，以備隨時採擇應用。目前科學家已經能夠製造複雜的電腦，計算能力遠超過人腦，但還不能主動的學習，而且必須受着人腦的控制，不能完全代替人腦。所以人腦畢竟是世界上一部最複雜的機器，具有不可思議的功能。第二，具有語言的機能——其他動物雖然也能發聲，甚至可以表達一些動物的語言，但決不及人類語言機能的精巧，能够表達複雜的思想和豐富的情緒，還可以把語言變成文字和符號，永久保存下來，以達到傳播和教導的效果。累積起來，成爲人類博大深遠的精神文化。第三——具有自由的雙手——其他動物如魚類的雙鰭，鳥類的雙翼，獸類的前足，雖可表現若干動作，但遠不及人類雙手所發揮功能的偉大。據科學家告訴我們：人手是十分複雜的抓執機器。它有七種基本動作，用手的人抓住一件東西，將它翻轉、移動、或舉起時，七種基本動作是聯合一致的。每隻手約有五十餘條肌肉必須作平衡的緊張，控制住三十個關節，這些關節的動作，是起於新肌肉中的細胞作相關的收縮所產生的變化，而細胞的收縮，又由於它們相聯的神經線傳來的訊號脈衝所致。人類就憑着這奇妙的雙手，開山闢路，疏江導河，拓荒造林，乃至於操作機械、運用器材、控制儀器、揮弄筆墨等等動作，創造出一個高度物質文化和精神文化結合的花花世界，斷不是其他動物所能做到的。

(二) 具有卓越的求生能力　凡是生物皆有求生的能力，但是人類求生的能力，畢竟比其他動物爲強。第一，人類從呱呱墮地開始，便充分顯示了求生的本能。他能用啼哭表示饑餓以取得食物；用笑表示滿足以贏得他人的好感和愛護；用兩手緊握以防止自己身體的跌落；在不能行走以前，用爬行的方式以維持自己身體的平衡；遇有飛沙濃煙能緊閉雙目以保護自己的眼睛。諸如此類，可見嬰兒時期便已知道如何求生。以後逐漸長大以至成年，求生的經驗愈加豐富，求生的方式也愈加繁多。所有人類的一切活動，大都是爲了爭取生存，和圖謀生活得更好。第二，人類的壽命雖有一定的限度，但人類能夠想出各種運動的方法，來增進自己的健康和延長自己的生命。例如我國華陀仿效各種動物的姿勢，倡導五禽之戲來鍛鍊身體。我國道家講求吐納、靜坐等等修養的方法，還有一些俠義之士，利用射擊、拳術、劍術來健身。印度著名的瑜珈術，西洋著名的田徑球技等運動，可說五花八門，不勝枚舉。目的都在鍛鍊身體，以增強自己的體魄。第三，人類雖然不免染患疾病，甚至喪失生命。但由於科學的進步，能用醫藥預防各種傳染病；並且不斷發明各種特效藥加速治療的效果；發明新器材用以診斷和治療人類一切的疾病；發明人造器官來替換病人損壞的器官，得以繼續生存。所以現代人類的死亡率已大大降低，活到七十歲以上的老人，已成爲常見的現象。以上幾種求生的能力，只有人類才做得到，其他動物便只好聽從大自然的支配和人類的宰割，而無法自己拯救自己。

（三）具有崇高的心靈感覺　現代心理學家至今還不能十分具體明確的說出，人類的心靈感覺究竟是怎麼一回事。但在很早以前，人類便已感到自己的內心和一般動物不同。認爲內心裏面有一個眞正的自我，也可說是超越的自我。這個自我具有智慧、純情、理性等等神聖的力量，在驅使自己，督促自己，使自己產生崇高的感覺。這種自覺的心情，只有人類才會感到，非其他動物所能企及。憑着這種自覺，因而產生了「人爲萬物之靈」的認定，「民胞物與」的情感，「爲天地立心，爲生民立命」

的抱負。人類根據此種自覺的心理，便向以下幾方面去發展：第一，從智慧方面發展，便有許多人去探覓大自然的奧秘，追究人生的眞諦，以及觀察現實世界的各種自然現象和社會現象，因而在哲學和科學上，獲致了高度的成就。第二，從純情方面發展，便有許多人去尋求精神上的信仰和心靈上的寄託，將自己聖潔的感情，表現在宗教祈禱、音樂、詩歌、美術、舞蹈等等方面，以獲得至高無上的滿足，因而在宗敎和藝術上，發抒了不朽的情感。第三，從理性方面發展，便有許多人要在人與人間，以至人與宇宙和萬物之間，建立一系列的行爲規範和是非標準，以維繫良好的人類集團和走向理想的協和世界，因而在倫理和法制上，照耀了崇高的人性。

人類因爲具有精巧的生理機能，才能征服自然，成爲宇宙間的主宰，表現許多驚天動地的行爲。因爲具有卓越的求生能力，不免顯露出人類的自私，自私心如果走入了歧途，便成爲上帝心目中的犯罪者，表現許多殘暴罪惡的行爲。因爲具有崇高的心靈感覺，人類便加重自己的使命，自許爲人類精神文化的創始者和傳播者，表現許多睿智善良的行爲。綜上所述，人類行爲的本質，究竟是善是惡？或者不分善惡？很難加以論定，只有留待下章討論「人性善惡的硏析」時，再予闡明。

第二節　人類行爲的本性

人類行爲的表現，有許多特徵是相同的，這便是人羣的通性；有許多特徵是各別的，這便是人羣中每一份子的個性。我國社會學者孫本文氏曾經就後天環境的觀點指出：「人性之所以相同，不是人類具有這種先天的相同特質，而是人類初生時所處的家庭團體，在根本條件上很少差異。在相同或相似的社會環境中，養成相同的或相似的行爲特質，是極自然的結果。」（見孫本文著「社會心理學」一第一六四——一六五頁。）這是就人類的通性方面來說，不足以闡明人類個別行爲的特殊性質。因爲人類所表現的行爲固有通性，同時兼具個性。例如甲乙二人同時看到某人遭遇車禍，都會產生同情心，這是人類共有的通性。但是某甲立即把傷者送往醫院急救，某乙只是站在旁邊表示惋惜。這便是兩人個性不同所表現的行爲差異。可見人類不但共有通性，而且別有個性。個性是從各個人行爲的差異中顯示出來，也就是個人行爲的特質。由這些個人行爲特質綜合成爲統一而固定的型式，我們便稱之爲人格。所以人類不只有共同的人性，而且有各別的人格。通性是代表人性的特徵；個性是代表人格的特徵。以下卽擬就通性和個性兩方面申論人類行爲的特性。

（一）**通性**　人類行爲中所表現的通性，詳細分析起來，爲數頗多。孫本文氏根據古今學者所指稱的人性加以列舉，計有同情心、樂羣心、自我感、名譽心、好勝心、羞惡心、安全心、嫉妬心、正義感、親愛感、怨恨心、贊美心、從衆心、好奇心、猜疑心等。（見孫本文著「社會心理學」一六六——一八〇頁）引證說明頗爲詳細，其中若干行爲性質大致相仿，假使加以歸納，人類主要的通性，大概不外乎下列幾項：

(1)自我感——當人們與他人接觸時，便會感覺自己的存在，不僅在物質上知道那些屬於自己所有，並且在精神上知道自己的思想、情緒、信仰、見解等等和他人不盡相同。於是會和他人比較，那些勝過別人，那些又比別人不如，那些事物會和別人發生利害的關係。於是感到自己的重要，乃以自我爲生活的中心，處處爲自己着想。從好的方面發展，便要表現自己的價值，承擔自己所應負的使命，從壞的方面發展，便在日常生活中不免呈露自私的心理。基於此種自我感，便產生了佔有、好名、好勝、安全、自由、競爭、嫉妬、猜忌、怨恨等等心理和行為。

(2)正義感——人之所以異於禽獸，便是人能夠辨別是非。孟子說：「是非之心，人皆有之。」一個小孩看見強者欺侮弱者，便會引起憤憤不平的感覺。青少年對戲劇和小說所描述的人物，也都是對弱者抱不平，對英雄豪俠的人物表示敬仰，對貪佞奸詐的人物表示唾棄。這些都是人性自然的情感。所以王陽明說：「是非之心，不待慮而知，不待學而能，是故謂之良知。」所謂良知，也就是先天的理性，能夠識別一切事物的是非善惡，產生一種正義感。表現出來，便是奮勇、知恥、公正、敬仰、贊助、反抗等等德行。

(3)同情心——人類富於同情的心理，看見別人遭遇不幸，便會產生同情；看見別人奮鬬成功，也會分享一份快樂。這種同情心的表達，又常因自己和別人的關係，以及自己所受教養的程度而有所不同。小孩最初都知道對自己的父母兄妹表示親愛，以後年齡漸長，便會逐漸擴大同情的對象，由家族鄰里推展到世界萬物化為一體，達到同情心的最高境界。此種同情心的實踐，便表現為好羣、合作、互助、憐憫、體貼、寬恕、容忍、犧牲種種美德。

(4)好奇心——小孩剛會說話時，看見不認識的東西，便要問：「這是什麼？」看見自己所不了解的事物，便要問：「這是為什麼？」這便是人類好奇心的起始。年齡漸長，求知欲更與日俱增，對於一切事物，都要求新、求變，使文化不斷的創新，世界不斷的改革，尤其近一世紀的科學發明，層出不窮，生活形態花樣翻新，絕非以前的人所能想像。這都是由於人類好奇心的驅使。表露出來，便有破壞、改革、冒險、偵察、發明、創造等等舉動。

（二）個性 人類基於遺傳因素和環境因素的錯綜配合，交互影響，形成每個人不同的個性。縱然是孿生的兄弟，在遺傳因素上雖然大體相同，但環境的因素便很難求其一致，足以改變彼此的個性。因爲胎兒在母體內的一切因素易於控制，故孿生子大體相似，但離開母體以後，孿生子有時難免處在不同的環境，諸如氣候、食物、職業、人事等許多複雜因素的感染，彼此不能完全一致，就足以影響個性的差別。孿生子尙且如此，其他生在不同時間和不同環境的人們，彼此個別差異之大，可以推想。所以古人說：「人心之不同，有如其面。」這些個別差異蘊含在每個人的性格裏面，也就形成了每個人行爲的特質。許多行爲特質配合起來，便成爲各個人特具的型式和風格，即是各個人特有的人格。人格含有以下幾種特性：

(1)統整性——每個人的行爲特質，常常具有關聯，互相影響，構成完整的品格，表現其統整性。例如一個性情忠實的人，見人不會說假話，受人的委託不會敷衍和推託，必須切實的做到，所有的言行，都具有誠篤的風格。一個性情欺詐的人，說話不講信用，做事不負責任，一切只圖自己方便，所有的言行，都具有輕浮的風格。文學和戲劇裏面所描寫的人物，便須注意性格的統整，令人有眞實感，可見個性是不能分割的。

(2)延展性——人格的內容，包括氣質、觀念、態度、習慣、情操等成分，這些成分是隨著年齡的成長，受著環境的陶冶，融會在各人的生活經驗裏面，不斷的延續發展，逐漸達到成熟的程度，才形成了各人不同的品格。當我們稱讚某人的修養功夫，已到了爐火純靑的地步，便是認爲某人良好的品格已經成熟。我們譏諷某人做事不够穩妥，說他乳臭未乾，便是認爲某人尚須多加磨練。我們指責某人老於世故，不肯認眞負責，說他老奸巨猾，便是認爲某人不良的性格已經定型，不易改變。歷史上評斷人物，常須注意其身世背景、生活環境、文化修養等，作爲衡量的依據。觀察一個人的生活史，也不難推斷其性格發展的趨向。

(3)穩定性——兒童由青少年成長至成年，生活經驗日漸豐富，性格便趨穩定，除非有特殊的刺激或打擊，不會輕易變動。所以俗語有「江山易改，本性難移」的說法。我們判斷某一個人的忠、奸、賢、不肖，也就因爲品格具有穩定性。至於極少數人的行爲變化莫測，甚至前後判若兩人，表現雙重乃至多重人格，乃是個性的變態而非常態。

第三節　人類行爲的內涵

人類不僅多方面創新神聖的任務，表現複雜的行爲。而人類本身更是變化多端，在其有生之年，不只身體細胞無時不在產生新陳代謝的作用，同時心靈活動也沒有一刻停止。邵康節曾經有一首詩說：「昔日所云我，今朝卻是伊；不知今日我，又作後來誰？」其中含有若干哲理，足以令我們深思。可見人類行爲的內涵，複雜多變，要加以精密的分析，是一件不大容易的事情。我國理學家對於心性和行爲的體認，持有各種不同的見解，西方心理學者解釋行爲的本質，也有許多紛歧的說法。我們對於這些見解和說法，尙難下一個完整的結論；但是根據行爲是一切物體變化的基本觀點，可以肯定人類行爲的內涵，應當包括內在的心靈感應——意識，和外在的肉體動作——活動兩方面。以下即就這兩方面的行爲性質，加以申述：

（一）**意識方面**　人類行爲的發生，是起於腦神經中樞的複射，形成各種精神狀態，也即是所謂「意識」。「意識」一詞，內省派的心理學者，曾經認爲是研究心理的主要對象；而行爲派的心理學者，則推翻「意識」的存在。因此，心理學者對於「意識」的看法，極不一致，有的認爲意識是人類具有的一種心理狀態，可以完全獨立的存在；有的認爲意識是一種心理過程，屬於動態而非靜態，爲人類調適環境所產生的各種現象；有的認爲意識是覺知自己的動作，所給予的一個名稱，屬於語言化的過程；還有的認爲意識是伴隨著行爲的個人覺知，屬於行爲的一部份，亦即是沒有表露在身體外面的行爲。以上各種說法採取的觀點雖不相同，但都不能完全抹煞人類心靈中所產生的意識現象，也不能否認意識和行爲之間具有連帶的關係。我們知道人類有時注意力集中，意識便非常清楚，有時注意力分散，意識便顯得模糊；更有時知覺微弱，意識便十分暗昧。意識雖然呈現各種不同的狀態，對於行爲都足以發生影響，兩者關係的密切由此可見。由於意識是內在的心靈感應，每個人的意識只有自己可以親切體認，他人無從直接覺察出來；最多只能間接從某人的言行中，加以審察和推想。所以我們要了解意識包涵一些什麼內容，多半是從自身省察體驗中得來。人類的心靈感應至爲豐富而複雜，以下是參照若干研究心理和倫理的學者，提供有關意識的資料，加以歸納和分析。意識主要的內容，大概不外以下幾個部份：

⑴認知　人類在嬰兒時期，便會覺知周圍環境中的各種事物，產生初步的感覺，然後對感覺作進

一步的辨認，便產生了知覺。例如聽到一種聲音在耳內便發生感覺，再仔細分辨出爲何種聲音，便可稱做知覺。將所得的知覺加以分析和綜括，便成爲一種概念。再將所得的知覺和概念，作有層次的整理，便產生推理作用。由推理而作判斷，由判斷而下結論，便發展成爲一套思維的過程。人類在思維過程中，必須具有三種基本能力：第一，具有覺知的能力，才能够辨別一切事物；第二，具有記憶的能力，才能够保存一切印象和經驗；第三，具有聯想和統整的能力，才能够構成各種不同思想的體系。所以認知作用，乃是人類意識活動的重要部份，它可以啓示和指導人類的行爲。

(2)情感　一個人處在順利的環境，便會產生愉快的心理；反之，處在拂逆的環境，便會產生不愉快的心理。這種愉快和不愉快的心理現象，便是基於情感的作用。它是伴隨行爲而發生，並且由於各個人的主觀，對同樣的事物，常常產生不同的情感，許多不同的情感彙集起來，通常稱做情緒。據心理學者的研究，情緒的反應，有時可以顯示在身體外面，表現爲哭、笑、顫動等狀態；但大部仍然潛伏在體內，影響於臟腑及腺體的動作。情緒大致可以分爲兩大類：即是愉快的情緒和不愉快的情緒。在愉快的情緒中，有怡悅、歡樂、安慰、興奮、愛好等；在不愉快的情緒中，有憂愁、悲哀、懼怕、憤怒、嫉妬、悔恨等。然而怡悅和歡樂，同樣是愉快的情緒，怡悅多半蘊藏在內心裏面，歡樂大都顯露在外貌上面。憂愁和悲哀同樣是不愉快的情緒，憂愁含有隱微而遙遠的感覺，悲哀則具有沉重而迫切的情調。人類情緒的複雜和紛歧，有時非語言和文字可以形容。人類情緒的愉快或痛苦，常常以欲望是否獲得滿足爲條件，因而人類爲了情緒的愉快，很容易不擇手段的做出罪惡的行爲，以滿足不正當的欲望，使情感有所發洩。所以中外賢哲對情感的作用，大多主張克制。然而情緒有時也可以產生鼓舞的力量，使人勇於為善。可見人類對於情緒，宜作合理的制衡，使行為能夠循着正常的軌道去發展。

(3)意志　人類對於週遭的事物有所選擇，並且能夠自主的決定有所為或有所不為，這便是意志的作用。有所為是意志的積極作用，使要做的可以達成；有所不為是意志的消極作用，使不願的事因而制止。因此，意志可以指導行為，也可以控制行為。同時，意志又是行為的一種內發力。它的性質是自覺的，憑著自己的覺知，對行為加以抉擇；是自主的，對行為的動向，拒絕接受外力的干涉；是堅定而持久的，凡已決定的行為，不達到目的，不願放棄。由於意志對行為的是非，必須有所辨別，便包含了認知的作用；對行為的反應，不免有所喜惡，便包含了情感作用。同時認知作用和情感作用又必須藉意志作用，才能夠充分的貫澈。可見三者之間，彼此互相關聯。而以「意志」統攝「認知」和「情感」，形成「意識」的整體，作為策動個人行為的中心力量。

(二)活動方面　行為的演進，是從純動、動力、更進而運動、動作以至於行為。人類的行為亦係循此方式演變，自有生命現象以後，便產生純動、動力、運動、動作，然後發展至複雜的行為；更由複雜的行為互相交織，組成五花八門的活動，襯托出多彩多姿的人生。所以活動是人類行為表現於外在的複合體，可以明白的察看，不像意識難於捉摸。我國社會學者孫本文氏，曾將人類的活動，分為三類。即是：(1)模仿性的活動，也就是習慣性的活動，如日常的衣食住行等，多屬於此類。(2)自發性的活動，也就是本着自己的志趣發起的活動，如文藝、音樂、舞蹈、美術、棋藝、球技等，多屬於此類。(3)創發性的活動，是從自發的活動更有所創造和革新，如政治的革命、社會的改進、科學的發明等，多屬於此類。（參閱孫本文著「社會心理學」四九一——四九二頁。）以上分類是就活動的性質加以區別。如果就活動本身的目的及其發展的範圍來分析，大致可以概括為下列四類：

(1)滿足需要的活動　人類隨着社會的進步，欲望日漸提高，滿足生活需要的活動也就精益求精。試以人生最基本需要的食衣住行來說，原始社會時，人類茹毛飲血，穴居野處，身披樹葉和獸皮，翻山越嶺，在森林中過着蠻荒的生活。經過幾千年時間的演變，逐漸進步到現代高度文明的生活。食有山珍海味，衣有錦繡尼龍，住有高樓大厦，行有火箭飛船，此外如滿足遊樂的各種活動，更是力求豪華舒適。由於觀光事業的發展和國民所得的提高，大多數人都可以獲得享受的機會。使這類活動在現代人類生活中，佔有很大的比重。

(2)充實自我的活動　人類不但要求生存，而要求生活更有朝氣和更有價值，便須參加各種充實自我的活動。例如希望自己有健康的身心，便會參加鍛鍊體格、保健衛生等活動；希望自己有豐富的學識，便會參加教育、文化、參觀、進修等活動；希望自己有高尚的修養，便會參加改良生活、演習禮儀、信仰宗教等活動。由於時代的進步和文化的交流，人民教育水準普徧的提高，因而充實自我的活動也異常蓬勃。國際性的體育、衛生、藝術、文化、宗教等活動，經常在世界各地舉行，吸引各國人士參加，使人與人之間，可以藉此充實自己，更進而互相了解。這已成為目前人類自求進步的一大潮流。

(3)適應環境的活動　人類在初期社會中，對於適應環境的課題，便是如何謀生和如何自衛？爲了謀生，必須從事各項尋找食物的工作；爲了自衛，必須結合親族和鄉里製作武器，防禦外來的侵略。以後社會進步，工業發達，人們須有專門的職業，才可以維持生計，於是有各種就業活動。交通進步，商業繁榮，人與人間接觸頻繁，必須注意情誼的聯絡，於是有各種社交活動。此外爲了推進公共事務，便有政治活動。爲了維護公衆秩序，便有警衛活動。爲了便利公私資財的流通，便有金融活動。爲了提高人民的知識水準，便有文化活動。這些活動都是現代人類適應環境的產物。種類的繁多，性質的複雜，決非前一世紀的人所能想像。而現代人類常須依照自己環境的需要，參加各項活動，以求順利的適應，其行爲的繁忙和緊張，也非前一世紀的人所能比擬。

(4)擴展團體的活動　人類愛好合羣，而且善於組織，便有各種團體的活動。從組織家庭開始，經營家庭生活。以後更創立各種團體，推進公共事業，對於地方，便有發展社區福利，促進自治建設的各項活動。對於國家，便有維護國家權益，爭取國家榮譽的各種團體活動。對於世界，便有尊重人權，維持世界和平，溝通國際文化，普及人類福祉的各種團體活動。這一連串的團體活動，都是隨着時代的進步，由小範圍而逐漸擴大。雖然目前由於歷史的傳統、種族的歧見、政治的隔閡、經濟和文化的落後等等因素，不能十分順利展開各項活動。然而人類畢竟具有智慧和理性，終將衝破障礙，克服困難，憑着先知先覺者的努力奮鬬，推展各項團體活動，走向光明的前途。

綜合以上所述，我們對於人類行爲的本質，大體獲得初步的了解。然而由於行爲科學不斷的發展，西方若干對於人類行爲具有興趣的學者，業經採取計量的方法從事於人類精神分析的探索；採取調查的方法，從事於廣泛的抽樣訪問的研究；還有採取實驗設計的方法，在控制情境之下，探測人羣行爲的反應，和採取資料分析的方法，從統計相關中對行爲傾向作詳密的印證。也許在不久的未來，將因各種有關人類行爲的研究而有新的發現，藉以增進我們對於倫理行爲的認識。

第十章　人性善惡的研析

第一節　人性善惡的說法

人類內在的需求和感覺，發洩出來，便表現成種種行爲，而行爲的結果，常常影響於他人。凡能有益身心，予人以滿足和愉快的情緒，大都獲得人們的讚美，常被稱爲善良的行爲。反之，凡有損身心，予人以怨憤和痛苦的感覺，大都引起人們的厭惡，常被稱爲罪惡的行爲。人類行爲的表現，不免和他人發生關係，便常常被認爲善良或罪惡；而行爲的善惡，又常被認爲係代表人類的本性。所以在倫理哲學上，便發生了人性善惡的問題，提出了多種不同的看法。有的認爲人性本善，有的認爲人性本惡，有的認爲人性有善有惡，有的認爲人性本無善惡。究竟那種看法比較正確，我們不妨先將各派所持的說法，簡述於次：

（一）**人性本善說**　我國主張人性本善的哲人，首推孟子。孟子認爲人類生來便有善心，所以他說：「惻隱之心，仁之端也；羞惡之心，義之端也；辭讓之心，禮之端也；是非之心，智之端也。人之有是四端也，猶其有四體。」認爲性善乃是自然的現象，至於人有時爲惡，乃是受到環境的迫使，並非出於人類的本性。所以他說：「人性之善也，猶水之就下也。人無有不善，水無有不下。今夫水，搏而躍之，可使過顙；激而行之，可使登山。是豈水之性哉，其勢則然也。人之可使爲不善，其性亦猶是也。」孟子認爲人性之所以善者，由於人生而有良知良能。所以他說：「人之所不學而能者，其良能也；所不慮而知者，其良知也。孩提之童，無不知愛其親也，及其長也，無不知敬其兄也。」孟子更認爲人旣生有良知良能，看見許多可憐可憫的事物，便會有所不忍；看見許多傷天害理的事情，便會有所不爲。這就是人性本善的緣故。倘能擴充此種善心，便可以「老吾老，以及人之老；幼吾幼，以及人之幼。」發揮人羣博愛的精神。孟子性善的主張，對於我國社會具有極大的勢力，後世研究人性的學者，大多受其影響。王陽明卽本性善之說，加以闡揚。他說：「心卽理也，此心無私欲之蔽，卽是天理。不須外面添一分，以此純乎天理之心，發之事父，便是孝；發之事君，便是忠；發之交友治民，便是信與仁。只在此心去人欲、存天理上用功便是。」又說：「性無不善，故知無不良。良知卽是未發之中，卽是廓然大公寂然不動之本體。人人之所同具者也。但不能不昏蔽於物欲，故須學以去其昏蔽。然於良知之本體，初不能有加損於毫末也。知無不良，而中寂大公未能全者，是皆蔽之未盡去，而存之未純耳。體卽良知之體，用卽良知之用，寧復有超然於體用之外者乎。」對性善的本質，作透切的解說，並進而確立致良知的主張。

西方人士很早接受宗教的信念，認爲人類本性生來便陷於邪惡，必須仰仗上帝拯救。此種觀點普徧深入人心，形成西方思想傾向性惡的主流。至於主張人性善良的，僅有少數哲學家和教育家。最初認定人性向善的思想家，是起於希臘羅馬的斯多亞學派（Stoics），此派認爲整個宇宙都是精神或理性的。個人爲宇宙的極小部份，所以個人亦爲精神或理性的產物。因而每個人生來都有羣性或合羣要求。同時個人雖亦有己性或自存要求，乃不過爲要求延長全體生存的一種手段。所以自私主義乃是個人行爲的出發點，而非歸宿點。同時因爲個人生來的具有理性，自會將本身利益置於團體之下，只要個人能依照理性以行動，必可與他人甚至與整個宇宙取得協調。因此肯定人是具有善性，而且應當順從自然的法則。盧梭(Rousseau)便是繼承此種思想的教育家，主張一切均應順乎自然。他說：「凡屬自然皆是美好，一經人手便變爲惡。」對於教育主張純任兒童的本性，反對施用人爲的壓力。幼稚園的創始人福祿倍爾(Froebel)和兒童教育家愛倫凱女士(Ellen Key)都堅信人性本善，主張在教育上應當保護兒童善良的本性，充分給予兒童發展的自由。以上幾位都是西方主張性善的代表。

(二)人性本惡說　我國主張性惡的思想家爲數不多，以荀子的學說最能代表此派。他有詳論「性惡」的專篇，在篇首便開宗明義的說：「人之性惡，其善者，僞也。」荀子對於性惡所持的理由是：「今人之性，生而有好利焉，順是，故爭奪生而辭讓止焉。生而有疾惡焉，順是，故殘賊生而忠信止焉。生而有耳目之欲，有好聲色焉，順是，故淫亂生而禮義文理止焉。然則從人之性，順人之情，必出於爭奪，合於犯文亂理，而歸於暴。故必將有師法之化，禮義之道，然後出於辭讓，合於文理，而歸於治。用此觀之，則人之性惡明矣，其善者僞也。故枸木必將檃栝蒸矯然後直，鈍金必將待礱厲然後利；今人之性惡，必將待師法然後正，得禮義然後治。」人性既惡，爲什麼又會講求道德，立志向善？荀子曾作如下的解釋：「凡人之欲爲善者，爲性惡也。夫薄願厚，惡願善，狹願廣，貧願富，賤願貴，苟無之中者，必求於外。故富而不願財，貴而不願勢，苟有之中者，必不及於外。用此觀之，人之欲爲善者，爲性惡也。」可見荀子性惡的主張十分積極而堅定。韓非子更就荀子的性惡說加以發揮。他說：「父母之於子也，產男則賀，產女則殺之。此俱出父母之懷衽，然男子受賀，女子殺之者，慮其後便，計之長利也。故父母之於子也，猶權計算之心以相待也，而況無父母之澤乎。」

又說：「醫善吮人之傷，含人之血，非骨肉之親也，利所加也。故輿人成輿，則欲人之富貴；匠人成棺，則欲人之夭死也。非輿人仁而匠人賊也。人不貴，則輿不售；人不死，則棺不買。情非憎人也，在利人之死也。」充分揭露了人性的弱點。

西方社會認為人性邪惡，乃起於宗教的傳說。依據基督教聖經舊約中所載：人類的始祖亞當夏娃即因誤用自由，違犯上帝的意志，謫降人間，陷入邪惡的深淵，使人類子孫的身體上和精神上都帶有腐惡的天性，犯了原罪，以致無法自拔。基督傳教家奧古斯丁(Augustine)便肯定向大衆說：「人之始祖亞當誤用自由，以致犯罪，殃及子孫。」人性本惡的觀念，遂成為宗教的信條。歐洲中世紀寺院派的教育家即根據性惡的人性觀，實施鍛鍊意志，禁止欲念的嚴格教育。德國解脫主義的哲學家叔本華(Shopenhouer)認為罪惡在人性中，根深蒂固，非教育的力量所能澈底拔除。因而主張解除人生的苦惱，只有破除意志，陶融藝術，降低生活標準。破除意志的方式分為兩級，始於愛人，終於忘我。愛人則無自利之見，忘我則無自存之心，於是意志消除，煩惱自斷。英國的哲學家霍布斯 (Hobbes)亦認人性為惡，他指出個人最大的欲望即為自我保存。因為個人要求自我保存，所以個人無不求利、求安逸與求權勢。因為求利，便常常奪取他人的妻子與牲畜。因為求安逸，所以遭遇他人侵犯時，必起而反抗。因為求權力，所以常認自己較他人聰明，較他人能幹，時時想支配他人，而不願受他人的支配。因此，個人多係生而自私。上面幾種說法，可以窺見西方主張性惡意見的一斑。

(三) 人性有善有惡說　在我國主張性有善有惡者，可以董仲舒、揚雄、王充、韓愈等為代表。董仲舒對性有善有惡提出如下的見解：「天之大經，一陰一陽。………人之大經，一情一性，性生於陽，情生於陰。陰氣鄙，陽氣仁。曰性善者，是見其陽也；謂性惡者，是見其陰也。」揚雄認爲宇宙萬物的本體爲玄。玄包含陰陽，分辨晦明。所以他說：「陽知陽而不知陰，陰知陰而不知陽，知陰知陽，知止知行，知晦知明者，其惟玄乎。」又說：「人之性也善惡混，修其善則爲善人，修其惡則爲惡人。」王充引述周人世碩主張人性有善有惡的意見說：「舉人之善性，養而致之則善長；性惡，養而致之則惡長。如此則情性各陰陽，善惡在所養焉。」同時王充又提出自己的意見說：「余固以孟軻言人性善者，中人以上者也。孫卿言人性惡者，中人以下者也。揚雄言人性善惡混者，中人也。若反經合道，則可以爲教，盡性之理，則未也。」韓愈提出人性分爲三品的主張說：「性之品有上中下三：上焉者善而已矣，中焉者可導而上下也；下焉者惡焉而已矣。孟子之言性也，曰，人之性善。荀子之言性也，曰，人之性惡。揚子之言性也，曰，人之性善惡混。夫始也善而進於惡，始也惡而進於善，始也善惡混而今也爲善惡，皆舉其中而遺其上下，得其一而失其二者也。」

西方哲人認爲人性有善有惡者，爲柏拉圖(Plato)、亞里斯多德(Aristotle)、康德(Kant)等。柏拉圖認爲人性包含物欲和理性兩部份，物欲屬於現實世界，理性則接近理想世界，人性便是介乎現實世界和理想世界的中間。由此推知人性是有善有惡的。亞里斯多德認爲一切生命都含有靈魂，最低級的靈魂便是植物的生長力，最高級的便是神。而神性不需要道德，物性和獸性沒有道德，只有人性介在神性和獸性的中間才講求道德。道德就是把人性從近於神性的理性化到近於獸性的欲性。可見人性的善惡是混合在一起的。康德認爲人有兩個我，一個是「現實我」，是拿情感利害做動機；另一個便是「超越我」，是以理性爲主宰，也就是眞我。因爲有了超越我，才能夠制服現實我；換一句話說，就是使善性管束惡性，表現意志的自由。所以每個「我」都含有善惡的成份。

（四）人性本無善惡說　我國主張性無善惡者當推告子。告子本人並無專文提出此種主張，而係由孟子告子篇中引證公都子的話說：「告子曰：性無善無不善也。」告子和孟子對人性善惡曾經有所辨難，告子說：「性猶杞柳也，義猶桮棬也，以人性爲仁義，猶以杞柳爲桮棬。」用以反駁孟子性爲仁義的說法。告子認爲人性好像杞柳，本係製作桮棬的原料，可以製成任何的式樣，至於式樣的美與不美，與原料的性質毫無關係。他又說：「性猶湍水也，決諸東方則東流，決諸西方則西流。人性之無分於善不善也，猶水之無分於東西也。」更明白譬示人性猶如流水，水流的方向完全受人力的影響，或東或西，與水之本性無關。陳大齊在其所著「告子及其學說」一文中，有極精闢的見解。他說：「湍水的譬喻，正面表示告子關於人性善惡的立場。『人性之無分於善不善也，猶水之無分於東西也。』——此一譬喻，嚴格說來，不無缺陷，因爲所譬與能譬在『無分』一點上雖相同，而在『善不善』與『東西』上則不相同。譬喻的缺陷不一定導致結論的錯誤。故譬喻的當否，姑不置論，只着眼於告子所以如此取譬的原意。『人性之無分於善不善也』，後世有解作善惡混者，殊不切當。告子所云『無分於善不善』，非謂善與不善相混而無可分別，此於告子所用的譬喻中可以明白看出。『猶水之無分於東西也』，不是說：東向西向相混而無可分別，是說：就水的本性而論，原沒有東向西向之可分。『人性之無分於善不善也』，亦同此理，謂人性根本沒有善不善之可分，亦即根本上不發生善惡問題，無從作善惡的評論。」（見陳著「淺見集」三〇二頁。）此外程明道在其「語錄」中曾有如下的幾句話：「人生氣稟，理有善惡，然不是性中元有此兩物相對而生也，有自幼而善，有自幼而惡，是氣稟然也。」似乎也可說是屬於性無善惡的主張。

西方主張性無善惡者爲洛克(Locke)、霍爾巴赫(Holbach)、杜威(Dewey)等。洛克認爲人心好像一張白紙，可以着上任何顏色，藉以譬喻人類本性原無善惡，而後天的教育至爲重要。霍爾巴赫認人性與物性只有程度上的差別，並沒有截然不同的界限。所以人的行爲只是高級的機械作用，並無意志的自由，也就不能拿道德的觀點來區分人性的善惡。杜威的哲學體系中，認爲一切都是實用的，人性自然也離不開實用。因此，當人性表現能够行得通，而且得到功效，便是好，否則便是不好。一切好壞都以行爲的結果來衡量。至於人性在沒有表現以前並無好壞，也就沒有善惡。

第二節　人性善惡的論斷

中西學者對於人性善惡問題，一向衆說紛紜，莫衷一是，至今仍難得到一個比較客觀的結論。蓋因各人對於人生的看法和解釋極不一致，由人性所表現的行爲，其中所牽涉的事物，更加包羅萬象。倘若按照各人主觀的角度，就人性的某一特質和所顯露的行爲現象來下判斷，自難得到一個客觀的標準，而不免各有所偏。現在試就上述幾種主張，站在比較客觀的立場，略作分析如次，然後再予綜合，也許可以得到一個比較妥當的論斷。

第一，就人性本善的主張來看，此派大都認爲每人生來俱有理性，亦即均具天生的善根。至於情欲係從後天環境所激發，促成許多罪惡，並非屬於天性。此在維護人性尊嚴，鼓勵人性向善的立場而言，用意甚佳。但就人類身心發展的情況試加觀察，卻不盡然。嬰兒初生時期，首先所表現者，即爲求生的欲望，需要食物以維持其生長。少年發育至青春期，即有求偶的願望，需要異性以綿延其種族。此皆生理上及心理上極自然的現象。像這種基本欲望，顯係天生即有，又豈可摒在天性以外，甚至視爲後天的罪惡？至於由求生及求偶而產生自私、佔有等心理，表現爲侵奪、戰鬪、破壞等行爲，自與情欲無法脫離關係，成爲不可否認的事實。此種事實足供主張性惡者提出否定性善的論證，而主張性善者除了否認情欲非天性以外，很難找出充分的理由自圓其說。

第二，就人性本惡的主張來看，在中國係就人類情欲方面表現各種行爲的弱點，針對性善論者做翻案文章，盡情發掘人性的罪惡，用以強調法治的重要，爲國家實施嚴刑峻法而舖路。在西方係肯定人生所犯的一切罪惡，概由人類始祖所遺傳，非自己所能擺脫，而必須求之於萬能的上帝，藉以建立宗教信仰的基礎。此派所謂性惡，均係基於主觀的假設而立論，缺少客觀的論證。就人道的觀點講，人生主要的情欲，係維持個人生命及繁衍種族所必需，本不應視爲罪惡。至於由求生或求偶而與人發生利害的衝突，甚至構成各種罪惡的行爲，乃是自己對於行爲處理的失當，並不能歸罪於情欲的本身。此理甚明。何況初生孩提，均係率眞坦白，流露純然的天性，毫無虛僞的心情。主張人性本惡者，將何以解釋此種現象？我們捨此不談，假定人性具有惡根，以至無法拔除，則教育、法律、宗教等等設施，均將無法導人於善。然而事實證明教育、法律、宗教對人均有指引向上的力量，使許多徬徨歧途的人們，能從罪惡的邊緣轉向光明大道。足證人性具有向善的特質，並無不可挽救的惡性。這是主張性惡者無法解答的事實。

第三，就人性有善有惡的主張來看，人類的行爲既然善惡兩面俱呈，則此一主張自屬言之成理，但是如果進一步分析，便有值得商榷的餘地。因爲所謂人性，便是純然的天性。其本質屬於白色，絲毫不帶一點色彩。更具體的說，譬如兒童的「赤子之心」，在成人的眼光中，認爲是人生可貴的本質，帶有善的色彩。其實在兒童本身不過是表露天然的本性與善惡毫無關係。但這種本性一旦接觸到事物方面，便可能好，也可能壞。好像鏡子本身與美醜無關，一旦照見各人的面貌，便將分出美醜。試以兒童的「赤子之心」爲例，反映在說話做事上面，便顯出天眞無邪，被認爲是好的表現。反映在見着美麗的玩具或食物上面，便發出爭吵的叫聲或搶奪的動作，被認爲是壞的表現。以上兩種表現，都是出自兒童天眞的本性。因爲一般兒童表現在天眞方面的行動，較之在爭奪方面，更易引起成人們的注意。所以便容易把天眞塗上性善的色彩。又如求生的本性是任何人都具有的，就求生的本質說，乃是人生自然的要求，不能說是善，也不能說是惡。但這本性一旦接觸到各種事物上面，便不免呈露善惡的色彩。由於求生欲望的驅使，而必須努力向上奮發圖強，便成善的行爲。反之，由於求生欲望的驅使，而不得不侵佔竊盜，巧取豪奪，便成惡的行爲。再如求偶也是自然的要求，其本身談不上善惡，一旦表現在行爲上面，便有善惡之分。男女兩性基於純潔的愛情，而成爲終身伴侶，互助合作，永偕白首，這是好事。男女兩性憑着一時衝動，玩弄對方，甚至製造愛情悲劇，這便變成了壞事。許多人爲着求生以至於刼奪，爲着求偶以至於縱情，促成不少罪過，我們很容易把這些罪過記在人性的賬上，讓人性蒙上一層邪惡的色彩。其實這些色彩都是人性在接觸到事事物物以後才有的現象，與人性原來的本質無關。

第四，就人性本無善惡的主張來看，如果依照上面批判第三種主張的意見加以認可，則第四種說法應當可以成立，但是人性不能永遠藏着不用，隨時都在尋找機會表現它的性能，此種性能便是實踐性。好像太陽的性能是發光和發熱。使許多生物可以生長，同時也使許多細菌可以殺死，使人類可以享受陽光的溫暖，同時也可以使人類因乾旱而蒙受災害。又如雲雨的性能是蘊藏水份，因爲帶着水份，可以滋潤禾苗，也可以釀成洪水。準此，人性原如太陽和雲雨一樣，本無善惡，一旦顯出性能以後，便無法避免走上善惡兩條路上去，這便是一般事物的實踐性，引用到人類的行爲上面，便很難分辨清楚人性本無善惡，還是可善可惡。其實人性絕不同於物性，物性完全受着自然勢力的支配和人類權力的控制，本身對善惡不能有所選擇。人類則能自覺和自主，表示人性的價値和尊嚴。倘若認爲人性和物性一樣，那末，人類能够造就卓越的文化業績和崇高的道德標準，爲什麼其他動物不能造就？人類具有幾千年來逐步進化的史蹟和事物，爲什麼其他動物至今絲毫沒有進步？所以第四種說法，也不無値得考慮的地方。

總之，性善說和性惡說，固然不足以概括人類一切行爲的現象，不免發生若干例外的反證，而人性有善有惡說，以及根本否定人性善惡的說法，也不能完全切合人類行爲的實質和事實的現象。如果分開來看，均覺偏而不全，不足透切說明人性的整體。如果合併來看，便可發現人性具有體用兩面，人性的本質是「體」，人性的實踐是「用」。性善、性惡和性有善惡三種看法，都是從人性實踐以後的行爲現象來判別，而人性本無善惡的看法，則是從人性天然的本質來體認。作者認爲要研討人類行爲的眞相，必須體用兼顧，方可認識人性的整體。因此，就人性本質上說，應當支持性無善惡的主張，就人性實踐上說，應當承認性善、性惡和善惡相混均有一部份眞實，而卻具有向善避惡的特性。

因為人類對於行為的是非善惡，具有辨別選擇的天性，所以人性實踐時，便自然知道趨善避惡，發揚人性的光輝。所以我們似乎可以得到一個比較折衷的結論。便是：人性的「體」是本無善惡，人性的「用」是趨善避惡，人性體用的合一，便是人類行為表現的整體。

第三節　是非善惡的區別

依據上節論斷，可知人性的本體就原則上說，雖與善惡無關，但是因為人類生來即有覺識，憑着覺識，便能辨別是非，選擇善惡。而選擇的準則，大都求是去非，趨善避惡，所以人性的實踐，多半從好的方面發展。可見人性雖不是純善，卻含有求眞向善的本能。而求眞便是理性的運用，重在辨別是非；向善便是良心的主使，重在判斷善惡。由此我們更可以進一步推論，理性和良心不盡相同，是非和善惡也有區別。

人類因為具有覺識，對於事事物物均要加以辨別，要選擇眞者予以信任，是者予以實行，這完全是理性的作用。但眞者、是者不一定都屬於善者，人類固然大都從眞者、是者裏面選擇善者去做，便產生了良心的作用。但也有些事物，由於情境的特殊，面對現實而不得不採取忍酷的措施，那末理性和良心便不免分離。我們不妨引用事例加以說明。在醫藥衛生尚未發達的時期，遇着某一地區發生黑死病，因為傳染性甚大，惟一的辦法，便是將該地區嚴密封鎖，禁止該地區的居民出外，必要時並予以消滅，以根絕疾病的傳染。政府採取如此的做法，是理智的，但不是善良的，也可以說是符合理性的，但是違背良心的。倘若政府為了顧及良心，不忍殺害染疫的人民，聽其自由活動，則染疫的區域必將逐漸擴大，使大家同歸於盡。這雖然是道義的，但卻不是理智的。所以人類對於若干事物，有時只好依從理性而放棄良心。又如現代醫藥實驗，均用動物作爲實驗的犧牲品，從事醫藥的研究者，爲了獲得新知，爲了妨止疾病，如此做法是對的，是理智的，但從愛護動物的觀點來說，則未免是殘忍的，不道德的。所以有些醫院的醫師們，每年一度邀請僧道作法，對死亡的動物表示追悼，其目的也無非在彌補良心上的缺陷。由此可見理性和良心是不完全相同的，不宜混爲一談。

理性重在辨別是非，良心重在判斷善惡，因此衡量是非和善惡的標準也不完全一致。理性認爲是的，在良心上不一定認爲善。例如人類對待動物，大都是基於人類本身利害着想，有的予以繁殖，以充裕人類的經濟，有的予以消滅，以防止對人類的毒害。在理智上不得不如此做，在良心上實在有些過意不去。理性上認爲非的，良心上卻不一定認爲惡。例如父母對待子女，常常便有此種情況發生，明明知道溺愛和姑息足以使子女變壞，不是良好的教養態度，在理智上應當放棄，但仍然有許多父母要用溺愛和姑息去表示愛護子女的心情，其動機當然是善的。又如明明知道煙酒是有害身心，不是一種好的習慣，在理智上應當戒絕。但仍然有許多人們要選擇作爲一種嗜好，因爲感到從煙酒中可以滿足自己的需要。並且常用煙酒接待客人，也是投其所好，並沒有存着什麼壞的念頭，更沒有什麼對不起人的地方，於是便變成人類社交的習俗。

此外從人們所表現的行爲過程來看，是非善惡也不完全一致。行爲表裏如一，應當屬於眞誠，但不一定爲善。例如某人心裏想些什麼便說出來，而且說到做到，這種心直口快敢作敢爲的做人態度，常常贏得人們的讚許，認爲率眞可愛。然而也有時心裏想錯了而硬要說出來，口裏說錯了而硬要照着去做，造成許多不幸的後果，令人爲之惋惜。反之，某人行爲表裏相反，應當屬於虛僞，但不一定爲惡。例如人們在社交場合中，有許多表示禮貌的辭令，可說都是假的。然而這種虛僞的態度，只是希望取得對方的友情和避免不必要的誤會，並沒有絲毫的惡意。上面所舉的特殊事例，只是用以闡明若干事物的是非善惡，常常發生差異。並不是鼓勵人們放棄眞誠，崇尚虛僞。因爲人類行爲的表裏如一，乃是待人處世的正當態度，有時偶然相反，多半是出於不得已的心情。倘若處處抱着口是心非和言不顧行的態度，那末在道德基本的原則上，是不會被人讚許和諒解的。

以往若干倫理學者，常把理性和良心看做同一事物，發生是非善惡的爭辯。如果我們認爲理性重在本質的體認，只講是非；良心重在價值的衡量，兼顧善惡。同時認爲良心只是理性中善的大部份，另一小部份理性卻含有惡的因素。那末理性良心的界限大致可以劃淸，是非善惡的標準也就易於確定了。

站在研究倫理學的立場來看，關於人性的善惡和行爲的是非，大都屬於本體或實質的問題，就目前心理學和行爲科學發展的情況來看，尙在試探摸索的階段，作者學力有限，未能多所發揮，只有留待以後探討略有心得時再談。關於人性和行爲的善惡，大都屬於價值或利害的問題，卻是倫理實踐的主要任務，必須加以詳細的研析。本章第四節暨以後數章，大多注重倫理行爲善惡的判斷，提供若干意見和結論，作爲從事倫理實踐的參考。

第四節　趨善避惡的準則

人性的實踐，具有趨善避惡的傾向，倫理學是以實踐爲任務，那末我們必須進一步研討，人類行爲的趨善避惡，究竟有些什麼法則？按照價值的觀點來評量，作者認爲至少有下面幾項法則，可資準繩：

（一）揚「眞善」而斥「僞善」　何謂「眞善」？就是依從理性而又符合良心的一般行爲，同時也是表裏如一而又正常合理的行爲。凡是古聖先賢所闡揚的基本品德，以及現代社會所提倡的良好生活習慣，大都屬於「眞善」之類。我們不但要維繫和保持，並且還須加以發揚光大。何謂「僞善」？就是外貌良好而實質相反的行爲，有時也是手段圓滑而動機不純的行爲。對於此類行爲，必須仔細辨別，認識清楚，更進而加以排斥。人們之所以容易走向僞善的途徑，大致有兩類情形，第一類是對於倫理行爲的本質和應付事物的原則，以及行爲可能產生的後果，辨認不清，以致誤入歧途。例如把圓滑當作聰明而自鳴得意，把奢侈當作豪爽而引以爲榮，把待人刻薄當作英明而自以爲是，把行爲怪僻當作淸高而目空一切。凡是內心不一定很壞，對行爲認識不淸者，大都屬於此類。孔子所稱的「鄉愿」，便是此類中的一種。第二類是對於人情世故了解很深，行爲是非也能辨別淸楚，只因個人物欲太強，私心太重，無法克制自己，雖然暗中做了許多壞事，而又不願讓人家識破自己，遂不得不僞裝善良，欺騙世人。世間所稱假道學和僞君子，以及老奸巨猾之流，大都屬於此類。這種人比眞正的壞人還要更加可惡，因其存心欺詐，把好人和壞人蒙混不淸，實在是倫理實踐上的一大罪人，應當予以斥責。所以趨善避惡的第一條法則，便是宏揚「眞善」而排斥「僞善」。

（二）求「久善」而捨「暫善」　以「久」「暫」標舉善行，乃係作者在評量行爲善惡準則時擬用的名詞，也許不甚恰當。善行用「久」「暫」來分別，乃是將善的含義加以推廣，認爲凡是對自己或他人都可得到快樂和獲致利益的事情，都可說是善行。而「久」「暫」係以行爲所表現的時效來判定。因而凡是只圖眼前利益，貪求一時快樂的行爲，都可說是「暫善」。此類行爲的效果，固然爲時很短，並且可能招致不幸的後果，甚至構成違背道德的行爲。例如貪圖口腹之欲，可能招致腸炎；爲了一時情感的衝動，造成不正常的男女關係，都是得不償失的行爲，自宜予以捨棄。推而至於許多急功近利的行爲，如若可能產生不良的後果，都應斷然放棄。至於「久善」乃是具有永恒價值的一切功業和善行，諸如學術思想的發明，文物制度的創建，以及歷史上各種轟轟烈烈的人物和事蹟，都是值得人們追求和效法的久善。人生不滿百歲，對於生命的感覺常嫌短促，有許多人便想從精神上去表現永恒的價值，致力於立功、立德、立言，以求獲得人生的三不朽，也就是此處所稱的久善。人們爲了追求久善，有時不得不忍受一時的痛苦，甚至經歷千辛萬苦而始克有所成就。和急功近利的觀點相反，和貪圖享受的心理更不相同。所以「暫善」和「久善」的區別，就行爲的重點上說，「暫善」注重功利，「久善」注重道義；就苦樂的層次上說，「暫善」大半是先樂後苦，「久善」是先苦後樂；就人生的感受上說，「久善」值得追念，比「暫善」的價值爲高。所以人們趨樂避苦的第二條法則，便是追求「久善」而捨棄「暫善」。

（三）擴「偏善」而達「全善」　古代人類的生活圈子很小，人與人間的關係也比較單純，彼此表示愛好，大都重在對少數人。如我國古時所倡行的忠孝節義，都是以一二人爲對象，貢獻其仰慕和敬愛的熱忱。推而至於男女的相愛，朋友的締交，都是以「情有所鍾」「知己相遇」爲人生最大的幸福。當時大都認爲這類愛好的感情是純潔的，也就是難能可貴的善行。然而時代不斷的變遷，人類生活圈子不斷的擴大，每一個生活在現代社會的人，如要有所發展，必須對大衆有所奉獻，以爭取大衆的好感。倘只對極少數人友善，或僅倚賴少數人而生存，其生活的意義必定不够豐富，行爲的價値也是非常有限。我們如用此種眼光來評量以往對少數人鍾情或效忠的行爲，雖不能否認其純潔和高貴，但終感到愛好的範圍未免太小，表示善意的對象未免太偏，不足以適應現代人羣的生活。由於人與人間的愛好大都含有善意，所以作者便把古代人們偏愛的行爲稱做「偏善」，現代人羣提倡博愛的行爲稱做「全善」，認爲應將偏愛對象逐漸擴充，以達到博愛的境界，亦即擴充「偏善」而實現「全善」。其實「全善」或博愛的精神，在古代卽已具有。像我國儒家「老吾老以及人之老，幼吾幼以及人之幼」的胸襟，基督教把世界人羣看做都是上帝的兒女，佛教用慈航來普渡衆生，都是一種全善的精神。現代人羣接觸的機會逐漸加多，關係日趨密切，我們不可只靠少數人便能够活得很好，也不宜只對少數人表示好感和奉獻，便能够盡到了做人的責任。所以今後人類行爲適應的第三條法則，便是擴充「偏善」而達到「全善」。

（四）積「小善」而成「大善」　凡是虛僞的、短暫的、偏狹的善行，固須仔細辨別和衡量，至於微小的善行，也宜同樣予以重視。然而人們最易忽略的便是「小善」。譬如出言不愼，常常傷害他人，行爲失檢，常常予人以醜惡的印象，都是一般人立身處世易犯的大忌。但有些人卻以不拘小節而顯示志高氣傲，不計微疵（對己）而自詡雄才大略。以道德修養的眼光來看，像這一類的人，縱然有些成就，也是不足爲訓的。中庸說：「君子之道，辟如行遠，必自邇；辟如登高，必自卑。」任何遠大崇高的理想和事業，必須從近處低處開始，任何德行彰著的古聖先賢，也必須從微小的善行做起。我們切勿看不起平凡的「小善」而掉以輕心。試以武訓興學的事跡爲例。他用乞討的方法積蓄興辦義學的基金，可說是十分平凡和細微的行爲，但是經過三十年努力的工夫，居然能夠創辦三所義塾，成爲教育史上空前的義舉，令人不勝驚嘆。其他在人類歷史中，從平凡而逐漸變成爲偉大的人物不知多少，大都是依循積「小善」而成「大善」的行爲法則以達於成功。所以「勿以善小而不爲，勿以惡小而爲之」，也就是人類行爲趨善避惡的第四條法則。

第十一章 倫理行爲的辨歧

第一節 倫理行爲的界限

在第八章論及一般行爲的演進時，曾經指出人類的行爲，乃是由最低級的純動，逐步遞升爲運動、動作、行動、行爲，以至於最高層純理性的道德行爲。現在我們進一步要討論的，便是，人類的行爲和一般行爲究竟有那些地方不同？人類本身所表現的行動，除了道德行爲以外，還有一些什麼行爲？由此可以確定倫理行爲的界限。本節卽係針對以上兩點，予以闡述。

第一，試就一般行爲和人類行爲作一比較。一般行爲中最原始和最廣泛的，便是宇宙間自然現象的各種變化。如星球循環不息的運行，風雲飄流不定的變幻，雷電神出鬼沒的怒吼，霓虹光彩奪目的照耀，………都是宇宙大氣磅礴之所形成，本身旣沒有自主的意志，更絕非任何外力所能控制。至於人類的行爲，受着自我理性的主宰，和週遭環境的刺激，表現的情況顯有不同。其次便是地球上，最常見和最普徧的物理現象，如水的遇熱而蒸發爲氣，遇冷而凝結成冰。火可以發熱而成爲一種動力，發光而成爲一種照明，也可以燃燒使一切物質化爲灰燼。金屬可以彼此融化，成爲五花八門的合金。土壤可以多方積聚，滋長千奇百怪的萬物。推而至於一切工具的運用，一切機器的操作，都可產生巨大的力量，然而本身絕無自主的能力，大半均係受人力的支配。至於人類的行爲，受着生命力的衝刺，能够作廣泛的適應，顯然有極大的區別。再其次便是大千世界芸芸冡冡的生物現象，具有生命，能够生長，能够繁殖，似乎和人類較爲接近。但是就植物來說，雖有生長和繁殖的機能，卻沒有情感表示愛好和厭惡，更不能自由的行動，以趨避各種吉慶或災害。就動物來說，雖有情感表示自身的願望，卻缺乏理智作行爲的指針；雖有行動的自由，卻不能自主的支配環境，以獲得更佳的生存。較之人類的行爲，能够趨吉避凶，擇善固執，仍有一段長遠的距離。由此可知，人類行爲和一般行爲不同的地方，至少有以下幾點：

㈠人類行爲具有自主性，雖然常常受到外力的控制和環境的影響，但仍能把握一切機會，減少外力的束縛，爭取主動的地位，設法克服環境所給予種種的困難。和自然現象的變化不同。

㈡人類行爲具有開創性，能够利用宇宙間的一切資源，開發無窮的財富，創造各種事業，產生強大的力量，以滿足生活上的要求，並進而謀求全人類更大的幸福。和物理現象的變化不同。

㈢人類行爲具有覺識性，能够運用智慧以辨別是非，並進而對事物有所選擇；能够發揚理性以判斷善惡，並進而對利害知所趨避。和其他生物的活動現象不同。

第二，就人類本身所表現的行爲加以分析，例如人類日常生活所需的衣食住行等行爲現象，冷了找衣服穿以增加溫暖，餓了找東西吃以維持生命，天黑了必須找一個藏身的地方，走累了必須找一件代步的工具。由這些需要所表現的種種動作，既沒有道德的成份，也沒有不道德的色彩。可說是與道德無關的行爲，有人稱之爲「非道德行爲」。但衣食住行四大需要，由個人擴大而影響他人，便不免與道德發生關係。試就衣着來說，將衣服送給他人穿着，便是道德行爲；竊取甚至搶奪他人的衣服，便是不道德行爲。就飲食來說，對行人供茶，對窮人施飯，便是道德行爲；白吃白喝，一走了事，便是不道德行爲。就居住來說，黑夜對迷路人留宿，是道德行爲；破門強佔人宅，便是不道德行爲。就行動來說，修橋築路，是道德行爲；破壞道路，妨礙交通，便是不道德行爲。由此類推，凡是影響他人的行爲，便不免有道德和不道德的區別。因此，人類的行爲大致分爲二類：第一類是與道德無關的「非道德行爲」。第二類是與道德有關的倫理行爲，而倫理行爲又可區分爲二：其一是令人發生好感的「道德行爲」，另一是令人發生惡感的「不道德行爲」。站在倫理學的觀點，「非道德行爲」超出倫理行爲的範圍，不必加以深究。而「道德行爲」與「不道德行爲」卻是探討倫理行爲所必須仔細分析和辨別的。也就是倫理行爲所包括的界限。爲使我們對倫理行爲有明確的認識，特再指出倫理行爲所具的幾項特徵：

㈠倫理行爲的發生，並非出自物類、獸類或神靈類，而完全出自人類。並由此呈露道德和不道德的現象。

㈡倫理行爲的構成，必須與羣體接觸，影響他人，才有道德和不道德的區別。

㈢倫理行爲並非蒙昧無知的幼童或精神失常的痴癲所能表現，必須由身心健全的成人所發出，始能承擔道德與不道德的責任。

㈣倫理行爲並非出於外力的強迫，而必須基於人類意志自由的抉擇，始可判定其道德與不道德的實質。

第二節　倫理行爲外貌的相似而實質相反

人類的倫理行爲變化多端，其所包涵的本質和現象，至爲紛繁。尤其由於因人、因時、因地、因勢等等的變遷，對同一行爲常常產生不同的判斷。例如誅殺奸逆則爲義行，殺害善良則爲暴行；祭神在古代爲美德，現代則爲陋俗；擁吻在西方表示禮貌，東方則跡近猥褻；戰勝則譽之爲英雄，戰敗則流爲奴隸。凡此例證，多屬行爲現象，一經指示，多半淺顯易明。至於行爲的本質，含有若干抽象的事理，不加細察，極易引起錯覺和誤解。因此，我們比較行爲的外貌和實質，作進一步的辨析。便可以發現兩種不同的情況，一種是行爲外貌相似而實質相反，另一種是行爲外貌相異而實質相成。本節擬先就第一種情況着手討論。

人類有許多倫理行爲的外貌相似，表現的方式也似乎相同，但行爲所得的後果和評價卻完全有別。例如一個聰明絕頂的人，可以絞盡腦汁去發明新奇的事物，也可以挖空心思去做許多害人的勾當。一個性情樸實的人，可以因信任他人而表現忠誠，也可因誤信他人而成爲愚昧。一項用錢濶綽的行爲，有時被認爲豪爽，有時又被認爲奢侈。一項節省財物的行爲，有時屬於儉樸，有時又屬於吝嗇。諸如此類，不勝枚舉。蔡元培先生曾經撰有「華工學校講義」四十篇，其中有十六篇係以文明與奢侈、理信與迷信、循理與畏威、堅忍與頑固、自由與放縱、鎮定與冷淡、熱心與野心、英銳與浮燥、果敢與鹵莽、精細與多疑、尙潔與太潔、互助與倚賴、愛情與淫慾、方正與拘泥、謹愼與畏葸、有恒與保守標立篇名，解說行爲歧異的各種事理，令我們對於行爲的辨別，得到不少的啓示。（孫德中敎授編「蔡元培先生德育講義」可參閱。）筆者參酌蔡先生撰文的意旨和方式，再加引伸，另立德行細目三十則，就現代倫理的觀點，從行爲的正反兩面引證事理，指出倫理行爲歧異關鍵的所在，冀有助於行爲實質的辨認。

聰慧與狡黠　一個智力很高的人，他可以潛心研究學識，成爲哲學家或科學家；可以精心磨鍊技藝，成爲藝術家或文學家；更可熱心創造事業，成爲政治家或企業家。只要奮發上進，憑着他的智力，都可順利發展，獲致功成名就。如果誤用智力在投機取巧，鈎心鬪角等方面，那便不免走入旁門左道，談學問，便只想竊取他人的著作或發明以圖成名。談技藝，便只想抄襲他人的製作或成品以求厚利。談事業，便只想乘人之危，奪人之利以飽私欲。等而下之，更可利用卑劣的手段，做出許多傷天害理的事情，一旦被人發覺，便將觸犯法紀，身敗名裂。可是社會上，常有若干人勤勉力學，始終默默無聞，懷才不遇，爲黑暗勢力所埋沒。另有若干人，運用奸詐的手法，得以登高位、享厚祿，並沒有受到應有的懲罰。因此令人會發出：「命運好的多半是壞人，命運壞的卻多半是好人」的感歎。更有誤將聰慧和狡黠都認爲是一種機智，好壞混爲一談，不問其動機心術如何，只問是其行爲的成果是否有所收穫。站在道德的觀點上，這實在是一種可怕的現象，我們必須加以明辨。

忠實與愚昧　忠實與愚昧都具有率直的本質。可是前者對事理有明確的認識，因而對一切人都能坦誠相處，決不欺騙；對一切事都能够認眞負責，決不敷衍。可是不問對方是何許人，一味的坦誠，如古代大臣對昏暴的君主效忠，甚至把性命犧牲得沒有絲毫價値，被人稱爲愚忠。不問事件的情況如何，硬要踏實，如尾生對其愛人實踐諾言，約定在橋下的河邊相會，不幸水漲及身，愛人尚未來到，竟不肯離開河邊被水冲去，這雖是一則寓言，實可予人啓示。像忠實到了如此地步，便不免成爲愚昧。極易受人愚弄和利用，產生許多可笑和可怕的後果。所以忠實和愚昧的分界，是以明確認識事理爲基準。我國古代歷史上愚忠愚孝的事例很多，在傳統的道德立場上，無可厚非，但用現代倫理的眼光來衡量，便有許多值得我們商榷的餘地。

豪放與奢侈　一個人或一個團體將金錢大量的使用，絕不計較數量的多寡，只求滿足某一種願望，或完成某一種任務，我們可以說這是豪放，也可以說是奢侈。兩者的區別是前者多半用在羣體道義和有價值的事物方面，後者多半用在個人私欲享樂和靡爛生活方面。譬如一個國家不惜動用大量金錢，興建大規模的水壩，爲人民造福，自不能認爲奢侈。反之，耗費人民的血汗，建造華麗的宮殿，爲君主所享受，也決不能稱其爲豪放。由此可見，豪放多半以利人爲目的，奢侈多半以利己爲企圖。目前由於工業社會物質水準的提高，錦衣大厦在以往時代，被認爲是奢侈的享受，現在如果能够普及到大衆，便不算是奢侈。由於現代社會法治精神的宏揚，過去認刼富濟貧是豪俠的行爲，現在因其足以危害公共秩序和羣衆安寧，便不能美其名爲豪放。所以豪放和奢侈的評價，又因時代的演進而隨之改變。

儉樸與吝嗇　一個人節衣縮食，愛惜金錢，對自己多半是儉樸的美德，但是節衣到了有損儀容，縮食到了有害健康，那便變成了吝嗇的行爲。同時，依照新生活的規定，用自助餐招待客人，用茶點代替結婚的喜筵，這是儉樸風氣的倡導，並不能算是對人的吝嗇。我國農業社會傳統的習俗，對平時所需的物質生活，常常節約過度，而稱之爲儉樸；對婚喪事故，認爲是人生大事，不惜過份舖張，而引爲光榮。用現代工業社會的眼光來看，前者迹近吝嗇，後者實在是一種浪費。應當加以改革。所以儉樸和吝嗇的劃分，無論對人對己，須看金錢的應用，是否合乎衞生健康經濟實惠的原則。

果敢與鹵莽　一個人勇於去做某件事情，有時被認爲果敢，有時被認爲鹵莽。譬如屋內發現燃燒或爆炸的情形，首先是就現場可能的物力和人力，趕緊撲滅火勢，或奮勇救人，這可說是果敢的行爲。如果看見鄰家燃放花爆，便立即打電話向消防隊報火警，出動大批消防車前來，那便成爲鹵莽。推而至於個人的終身大事，國家的百年大計，時機成熟，便必須立即作明智的決定，並且見諸行動，千萬不可遲疑，這是極具價值的果敢。倘若昧於個人或國家所處的情境，憑着一時感情的衝動，便貿然有所決定。就個人說，如誤選配偶，便將一失足成千古恨；就國家說，如誤用決策，便可能使國家民族淪於萬刼不復的境地。這都是深受鹵莽的禍害。在歷代史蹟和現代社會中，不少類此事例發生，足爲我們的鑑戒。

謹愼與畏怯　我國一向以謹言愼行爲做人的規範，但由於過份的謹愼，應當發表的意見也緘口不言，應當採取的行動也遲疑不決，那便近乎畏怯。譬如某人態度傲慢，破壞公共秩序，許多人見了，以爲事不關己，不願正面向他提出勸告，以免惹起麻煩，有人認爲這是做人謹愼，在維護公德的觀點說，便是畏怯。又如醫生診斷病人發現腫瘤應當割治，但又恐開刀後果更壞，不敢施行手術，以致貽誤病人，這種態度似乎謹愼，其實乃是畏怯。所以謹愼和畏怯在行爲外貌上不易分清，但在行爲的實質上，對事物的利害得失考慮周詳，然後見諸行動，都可說是謹愼。對合理的情境，不能立即表示正當的態度和適宜的處理，那便屬於畏怯。又謹愼和畏怯常因所處的時代背景不同，改變人們的看法。例如「身體髮膚受之父母，不敢毀傷」，在素重孝道的中國社會裏面，認爲這是謹愼。在崇尚打鬬的西方社會裏面，便將識爲畏怯。又如「行船走馬三分險」，在安土重遷的農業社會裏面，常常作爲謹愼的箴言；在交通發達的工業社會裏面，一定感到這是一種畏怯。我們既然生存在現代，自應採取比較進步的觀點，來作爲我們行動的準則。

鎭定與痲木　態度冷靜，有時可說是鎭定，有時又可說是痲木。譬如醫生診病施用手術，縱然病情危急，病人家屬不安，而醫生只是專心診治，毫無表情，這是鎭定而非痲木。反之，鄰居發生火警，仍然酣睡，不加理睬，這是痲木而非鎭定。所以凡遇重大事故或意外危險，能够胸有成竹，從容應付，渡過難關，便是鎭定。凡危機四伏或禍患臨頭，仍然紙醉金迷，滿不在意，終至遭受災難，便是痲木。可見鎭定和痲木的外表都很冷靜，內心卻迥然不同。在理智方面說，前者能使一切事物有備無患，化險爲夷，如果付以重大的責任，必能勇敢的承擔。後者不能見微知著，防患未然，只是因循洩沓，畢竟釀成大災，禍及自己，甚至連累別人，具有此種性格，決不足以成大事。在情感方面說，前者如將官率領士兵前線作戰，冒着強烈炮火，沉着應戰，抱定爲國犧牲的精神，以換取民族的安全。所謂「人生自古誰無死，留取丹心照汗靑」。後者如惡性重大的強盜，對手無寸鐵的婦孺，都可任意屠殺，以表現其野蠻的獸性，毫無一點同情，所謂「哀莫大於心死」。

堅毅與頑固　堅持己見，固執不變。從好的方面做，便是堅毅；從壞的方面做，便是頑固。譬如一個人研究學術，能够窮畢生的精力，搜集資料，多方證驗，經歷不少的困難，終能有所發明，爲舉世所崇敬，這是堅毅的成果。如果抱着門戶之見，不能虛心容納異己的思想，只是強詞奪理，以堅持自己的主張，維護自己的學派，經不起時代的考驗，終爲進步的學說所淘汰，那便是頑固的結局。推而至於一個國家爲了維護優良的民族文化，雖然遭受強敵的侵略和壓制，仍舊不避艱困，委曲就全，使自己的文化能够維繫於不墜。這是堅毅的力量。如果在時代進步的潮流中，仍然要抱殘守缺，不肯改變民族固有的陋習，那就未免近於頑固。由此可知，無論個人和團體，對於正當合理的思想和行爲，應當擇善固執，發揚堅毅的精神；對於失卻時代意義的事物，和違反大衆意見的主張，應當斷然放棄，以免被人譏爲頑固。

精明與刻薄　兩者同樣是對人或對事認眞負責的態度，假若對人心的忠奸善惡，認識正確；對事理的眞僞是非，辨別淸楚，而又能循着正道做去，表現公正與光明，便是英明。假若對人方面，發現別人的缺點，不肯放鬆而痛加指責；發現別人的優點，心存妒嫉而不予讚揚。對事方面，自己因能認眞盡責，但要求別人更加嚴格，絲毫不予寬容，這便近乎刻薄。如更只顧及私利而不分善惡，只計較恩怨而不問是非，只圖揭發別人的隱私而佔盡上風，只想利用別人的關係而取得便宜，那便成爲陰險了。所以生性精幹的人，必須同時具有正義，能識大體，擔當重要的責任，自能顯出英明。否則極易流於刻薄，甚至傾向陰險。

渾厚與糊塗　中國人最重渾厚，洪自誠著「菜根譚」中有幾句話說：「藏巧於拙，用晦於明，寓淸於濁，以屈爲伸，眞涉世之一壺，藏身之三窟也。」便是對渾厚的頌揚。鄭板橋用「難得糊塗」以自嘲，其實也就是渾厚的別解。所以渾厚與糊塗的含義極易相混。因爲兩者都是對人對事抱着寬宏的態度。然而前者明察是非，又能包涵他人的過失，後者不能辨淸黑白，遇事好壞不分。譬如部屬犯了過失，而不在公開場合中明白的指責，而只是暗中婉勸，這是渾厚。朋友借了錢財，未能按時歸還，而不立卽催討，或歸還的借款稍有短少，而不予計較，這也可說是渾厚。但所犯過失情節重大，而不加追究和懲處，甚至引起更嚴重的錯誤和糾紛。朋友借錢是爲了賭博和揮霍，既不勸阻，而且一再的借給他，使他執迷不悟。這便成了糊塗的過失。所以渾厚要有限度，超過限度，可能即是糊塗。渾厚要有警覺，毫無警覺，難免變爲糊塗。

方正與拘泥　一個人的行爲絲毫不苟，有時屬於方正，有時屬於拘泥。譬如法官斷獄，固應依據法律條文，秉公判決。但如明知被告確有罪嫌，而無適當法條可以引用，只好宣判無罪，讓罪犯可以逍遙法外，這便是拘泥法律條文，有背方正的精神。應當依據法理，採用心證，創造判例，使犯法者罪有應得，寃屈者得有所伸，這纔算做到了方正而不拘泥，法理和情理都能兼顧。又如惡性補習固然應當取締，但因此連正當的課業補習也不敢公開推行，不良的書刊固應禁止推銷，但因此連優良的書刊也不敢公然推介，那便是拘泥而非方正了。至於以往講求儀容端莊，連任何人都不敢望一下；講求清廉，連應得的金錢都不敢碰一下；講求貞節，連異性的手也不敢接觸。這些在古代都認爲方正的行爲，到了現代社會便將譏爲拘泥了。所以在方正與拘泥之間，必須兼顧人情法理，迎合時代潮流，作適當的抉擇，做到正直而不苟同，通達而不失節。

清高與孤僻　我國以往高人隱士，具有清風亮節，同時也多少帶有幾分孤僻的性格，好像清高與孤僻之間，具有不可分離的關係。其實品性純潔、志行超越的人，仍可結合許多志同道合的友好，形成一種羣體的力量，轉移社會風氣。並不一定要走向孤僻的途徑。抱着自命清高的神態，傲視一切，對無傷大雅的事，也不願隨從世俗，那便變成孤僻。同時性情孤僻的人，對人不喜合羣，對事標新立異，甚至抱着消極頹廢的態度，沉湎在酒色的罪惡的漩渦之中，像美國嬉皮少年，有時伸手向人討錢，更談不到什麼清高。現代人類生活在緊張情況之下，精神常常感到空虛和苦悶，便不免逃避現實，孤芳自賞，戴起清高的帽子，只求自己的享受，推卸一切做人的責任。這是一股世紀末可怕的逆流。爲了扭轉此種逆流，只有用宗教的感召喚醒人性，用教育的力量啓廸人羣，使清明的風氣籠罩社會，高尚的文化溥及大衆。這才是今後人類所需要的清高。

恭順與諂媚　恭順與諂媚在行爲的外貌上，有時不易分別。譬如學生佩服師長崇高的學問和道德，存有敬仰的心情，其所表現的態度，自然出於恭順。如果想憑師長的聲望而有所援引，存着企求的心情，態度雖然十分恭順，而實質上卻帶有幾分諂媚。至於一般人對年長或上位者表示恭順，只是崇敬其功德和事業，內心毫無所求，其行爲的本質是純潔的。倘若加上取悅和利用的心理，外貌雖然和恭順一樣，其行爲的本質便不免因而染汚。至於趨炎附勢，逢迎苟且，做出許多令人齒冷的行爲和態度，那便是諂媚而非恭順，在外貌上也有顯著的區別。目前進入民主時代，恭順和諂媚的行爲也可產生新的解釋。譬如參加競選的民意代表，有的對選民的態度是恭順，有的卻是諂媚。前者參加競選，是爲了公衆的福利，貢獻自己的才能；當選以後更能順從選民的意見，爲大衆服務，這便是恭順的表現。後者在競選時不惜花言巧語，迎合羣衆的心理，爭取選票；當選以後，完全違背公意，只圖自利，這便是諂媚的行爲。

謙讓與虛矯　我國儒家特重孝悌的德行。悌便是養成謙讓的基本。論語曾有：「弟子入則孝，出則悌」的垂訓，意即爲人子弟者，在家應孝順父母，出外應以弟的身份自居，看待他人有如兄長。因而社會習俗，對友人的子侄，也以「世兄」稱呼，自己雖屬長輩，仍然居在弟位，其謙讓的風度可說到了極點。所以當時的讀書人對於交遊，須按年歲大小相稱。宴會須依齒德尊卑就坐。射箭比武也須揖讓而升。處處表示謙讓。影響所及，一般庶民也都養成此種美德，成爲禮義之邦。可是謙讓超越了份際，便有不近人情的感覺，有時變成了虛矯。譬如宴會中的飲食，固宜保持風度，但客人對自己所愛好的菜不敢多吃，主人對客人所不願喝的酒必須強敬。便是違反人情而近於虛矯。又如讓坐本來是一種美德，但彼此互相退讓，爭持不下，浪費不少時間，實在不是工業社會所應有的習慣。推而至於人際間許多繁文縟節，大半表示謙讓，卻常令人感到厭煩。所以謙讓出於眞誠，合乎人情，做得恰到好處，以免被人譏爲虛僞矯情。

廉潔與怪癖　我國社會一向重道輕利，非義不取。所謂「君子謀道不謀食，憂道不憂貧。」所謂「正其誼不謀其利，明其道不計其功。」所謂「爲仁不富，爲富不仁。」都是我們非常熟悉的格言。因此養成讀書人大都以清廉自居，不重金錢的習性。歷代朝廷對於貪汚的懲治亦極其嚴厲，可說是我國民族一項優良的傳統。然而操持過度，有時便成了怪癖的行動。例如晉朝王夷吾口不言錢，他的妻子故意用錢圍繞床前，使夷吾無法行動，夷吾乃指錢爲阿堵物，令婢女移出，仍然不講錢字。清廉自持，固然是一種美德，但說一個錢字，未必便會沾汚，似乎有些矯情，難免被人譏爲怪癖。又如我國士夫夫常有潔癖，客人坐過的席位，告辭以後，必須一再洗滌，這也是一種違反常情的舉動，不能不說是怪癖。現代社會重視個人的權利和義務，提倡公共衛生和保健，對於公私的界限，也分得很清楚。對廉潔的看法和以前不盡相同。凡是公家的金錢財物，決不任意佔取和浪費，這便是廉。但是自己應得的報酬，也決不放棄。認爲無損清廉的品德。凡是公共場所必須維護整潔，自己日常的衣物也須力求清潔，這便是潔。但對他人的一切事物都視爲汚穢，而不願接近。那就有些過份自傲，必將無法適應團體生活，成爲一個離羣獨居寂寞寡歡的怪人。

恬淡與疏懶　中國讀書人一向把名利看得淡泊，愛好恬適的生活。像陶淵明的「採菊東籬下，悠然見南山」，便是恬淡生活情境的寫照。尤其是中國文人筆下所寫的文章，多充滿了淡泊明志、寧靜致遠的意境。推而至於中國的繪畫和中國的庭園，也多半表現恬淡的風格。然而恬淡生活過得太久，便容易流於疏懶。不願多與朋友往來，不願多管公衆的事務，只求自己身心的安適。甚而起居毫無規律，儀容不求整潔，塗上一層頹廢浪漫的色彩。在以往農業社會裏面，也許不失爲書生本色。到了現代工業社會便不允許人們如此悠然自得，恬淡的度過一生。倘竟由恬淡而轉向疏懶，那末，在個人方面，便難免爲他人前進的勢力所排斥，成爲大時代中悲劇的人物。在國家方面，更將趕不上時代潮流，爲國際強者所歧視，永遠成爲落後的地區。

寧靜與冷峻　在現代工業社會中，人們隨處看到動亂，隨處聽到噪音，時時感覺生活的緊張，最需要的就是寧靜。因而，保持寧靜爲都市生活所重視的行爲規範。妨害他人的寧靜，即係不道德的行爲。可是在農業社會裏面，隨處可以見到寧靜的景況，並不覺得寧靜之可貴。而讀書人所崇尚的寧靜，乃是傾向在精神生活方面。如道家的講虛無，禪宗的講空寂，宋儒的講理學，都是以寧靜爲務。常常表現冷漠的心情，抱着與世隔絕的態度。反映在待人接物上面，便形成冷峻的行爲。像煉丹學道，面壁學佛，以至「餓死事小，失節事大」學聖賢，俱非一般常人所能做到的冷峻。倘若大家都朝着這一方向走，那人生一定會枯燥乏味，世界也只有趨於寂滅。所以寧靜在物質生活和精神生活中，固然十分需要，同時也要有溫暖的人情和融洽的羣體，來調劑生活，創造人生。

容忍與屈服　「有容乃大」，「小不忍則亂大謀」，可見容忍乃是研究學問，成就事業所必具的品德。因爲人都有個性，希望別人和我合作，便不得不容納別人的意見，使思想可以溝通。因爲人生不如意事十常八九，希望達到自己的願望，便不得不忍受眼前的折磨，以換取未來的成功。凡是集大成的思想家，都是能够虛心容納別人意見的學者。凡是功業輝煌的政治家，都具有寬宏大量的氣度。所以我們做人，對於淺薄的譏諷，乃至意外的橫逆，均能以韜光養晦待機而起的胸襟，心平氣和的接受，乃是一種容忍。但若譏諷損及人格，橫逆危及生命，超過了容忍的限度，仍然不加抵抗，便成爲可恥的屈服。譬如民國二十年九一八事變以後，日本軍閥對中國不斷製造侵略的機會，我國政府一再的容忍，到了二十六年蘆溝橋事變發生時，實在忍無可忍，乃毅然決定全面抗戰，雖屢次遭受日本軍閥瘋狂的攻擊，仍舊堅持抗戰到底，終於贏得最後的勝利。這便是一個民族對付容忍與屈服的最佳例證。現代提倡民主，重視合作，更需有容忍的氣質，人類和平是否可以獲致，世界大同是否能够實現，也以大家能否互相容忍爲主要條件。但是容忍必須把握基本的原則和最大的限度，尤須具備充裕的實力和奮進的精神。一旦違反原則，超越限度，便應一反容忍的態度，抵抗敵人甚至消滅敵人，使正義得以伸張，也就不會在惡勢力之下終於屈服。

互助與勾結　互助是人類生活上應有的行爲，也是人類進步必然的產物。在原始社會中，每個人必須自己尋找食物，過着最簡單的生活。但是爲了延續自己的後代，便必須與異性結合，組織一個家庭，來養育自己的子女，這是互助行爲的開始。爲了提高生活的享受，必須結合許多伙伴，去獵取野獸，藉以增加收穫。為了改善生活的方式，必須互相學習別人的經驗，發明各種事物，去滿足生活進步的要求。為了抵抗外來的侵略，更必須團結族人，推選領袖，來保衛自己的種族。以後社會逐漸進步，生活日趨複雜，人與人間互助的行為也就越來越多，所有物質上和精神上一切的享受，都可說是人類互助的成果，所以互助便成為人類不可缺少的美德。但是社會上有一些壞的份子，互相結合起來，形成一種惡勢力，威脅甚至奴役善良的人羣，那便和互助的精神完全相反，乃是一種集體勾結的罪行。如不良少年組織幫派的胡作非為，官商勾結集體貪汚的横行霸道。都是此種罪行的顯著事例。所以互助與勾結，雖然都是一些意志相同的人，表現合作的行為。前者乃是憑着道義與智慧，能够造福人羣；後者憑着權勢與横暴，足以危害社會。

救濟與施捨　對於窮困的個人或羣體，給予若干物質上的幫助，原是一種助人的美德。可是在幫助的時候，必須尊重對方的人格和地位，充分表現同情和體諒，使對方感到溫暖而樂於接受，這是値得稱道的救濟行為。倘若為了炫耀自己的財富，含有施恩的心理，縱然是善意的幫助，也許可能遭到拒絕。古代常有不受嗟來之食的廉士。現代人與人都處於平等的地位，幫助別人更須顧及對方自尊的心理，千萬不可抱着施捨的態度，引起對方的反感，把友善的救助，變成惡意的輕視，那便是待人接物最不智的行為。推而至於國家與國家之間，所表現的經濟援助，必須基於道義的原則，如果純以利害為出發點，常會引起對方的不滿，並不足換取眞實的友情。

競賽與爭奪　人與人生來便有差別，彼此互相比較，即可發現優劣。而每個人都存有上進心，希望自己獲得較好的機會，便不免產生競爭的行為。更由於社會事業日形發展，人與人間的競爭也就更加激烈。像公務人員非經過考試，不能取得任用的資格。各級學校學生不經過考試，不能取得入學的資格，甚至一切公私企業機關任用工作人員也要經過甄選。此外還有大至於國際性的體育、技藝各種活動，小至於學校團體的班級活動，也大半要採取競賽的方式來分別優劣。人們爲了使各種考試和競賽能够符合公平的原則，於是訂定各項標準，規劃各種制度，以便大家遵行。然而常有少數人要在考試中舞弊取巧，在競賽中使用暴力或詐欺獲勝，那便成了無理的爭奪。尤其現代人們競賽過於激烈，常常爲目的不擇手段，很容易變成爭奪的行爲。我國古代素以謙讓爲美德，抱着與人無爭的風度，對於競賽的方式並不十分鼓勵，爭名奪利的事件，更爲知識份子所不齒，因而使我國社會事業常常表現停滯的狀態。西方工業社會發達以後，各個份子必須競爭，方不致遭受淘汰，國家和羣體更須力爭上游，方不致於落伍。因而造成目前鈎心鬬角，明爭暗奪的擾攘世界。如何倡導公平的競賽和消弭橫暴的爭奪，實是現代人類所應重視的一項任務。

愛護與姑息　人類對於弱小者易於表示同情，對於有興趣的事物易於表示愛好，因而願意予以保護，這是極自然的行爲現象。所以人類在年幼的時候，便會愛護自己所喜歡的小動物，長大成家以後，便會愛護自己的子女。推而廣之，尊長愛護自己的晚輩，師長愛護自己的學生，長官愛護自己的部屬，一般人們愛護自己所欣賞的事物，都是正常的行爲。然而愛之不以其道，便可能變成姑息。子女靠着父母的溺愛而驕縱狂放，晚輩倚仗尊長的庇護而偷惰疏懶，學生利用師長的聲望而結黨營私，部屬憑藉長官的權位而爲非作歹，甚至狗仗主勢，見人狂吠。都是愛護太過，流於姑息養奸。所以愛護弱小，同時必須注意教導，更要分辨奸良，不可爲邪惡者所憑藉和利用。倘若自己存有偏見，曲意祖護，甚至放任子女墮落，縱容部屬作惡，那末父母和長官本身便有問題，必將自食惡果。

負責與專權　每一個人生存在這個世界上，扮演各種不同的角色，具備各種不同的身份，也就擔當各種不同的責任。父母對子女有責任，子女對父母也有責任，兄弟姊妹夫婦朋友之間，彼此都有責任。一個國家的元首，一個團體的領袖，固然負有重大的責任。乃至國家的每一國民，團體中的每一份子，大家都有一份工作，也就不能放棄各人的責任。可知負責是每個人必須具備的基本品德。人人能負責任，則家庭振興、社會繁榮、國家強盛、世界太平的目的，都不難達到。假使父母對子女過份負責，未經取得子女的同意，便要替他們找對象。子女表示反對，便用強迫的手段促其成婚。這就是專權。如果所擇非偶，使子女抱怨終身，父母也不免增加一份內咎，這就是專權所造成的後果。又如長官對部屬所擔任的工作，處處過問，事必躬親，使部屬對所主管的業務，不願表達自己的意見，也不敢承擔較重要的責任。甚至由於長官干涉過多，激起部屬的反感，認為長官專權，以致陽奉陰違，離心離德。那末，此種過份負責的作風，必將得不償失。

自由與自專　愛好自由屬於人類的天性。但是人類的自由常常受到侵犯，也有許多人不惜任何代價去換取自由。在歷史上，一方面可以看到暴君壓迫人民，強者奴役弱者；另一方面也可以看到人民團結起來推翻暴君，弱者集合起來制服強者。現代社會重視個人的自由，予以合法的保障。可是有一些人卻誤解自由，在交通要道上隨意行走，在公共場合上高聲喧嘩，在羣衆集會或新聞報導上任意毀謗他人，以為這是個人行動和言論的自由。殊不知這些行動和言論，只圖自己的便利，漠視他人的權益，甚至損傷別人的名譽，便是自[illegible]而非自由。真正的自由，必須重視自身的人格，表現自主的意志，同時也尊重他人的人格和意志，絕不做出迫害他人的行爲。所以在崇尚自由的社會裏面，每個人的行動和言論，爲了尊重他人的權益，便要受到許多限制。像不得隨地吐痰，不得亂發噪音，不得出口傷人，不得破壞公物等，都是現代國民應守的行爲準則。在思想和意志上面，爲了重視自己的選擇，可以自由表達，不受他人的支配和干涉。可是這種自由的思想和意志，如果對於他人或社會產生惡劣的影響和危害，亦應受到限制。例如美國是崇尚思想和意志自由的國家，由於提倡過度，使靑少年走入徬徨迷惑的歧途。有的成爲嘻疲，披頭散髮，滿身髒汚，游手好閒，男女莫辨，常服迷幻藥痲醉自己，逃避一切責任，去追求精神上所幻想的天國。有的成爲惡少，成羣結隊，惹是生非，到處遊行叫囂，擾亂社會秩序。想建立一個所夢想的共產世界。他們這種做法，充分顯示他們從誤解自由而變爲狂妄的自專。小之足以毀滅自己，大之足以動搖國本，這是値得加以警惕的。

民主與惑衆　眞正的民主是大家都有自主的意志和明確的認識，用少數服從多數的方式，處決一切公共的事務，讓羣衆蒙受福利。如果有人想利用非法的組織，煽動無知的羣衆，圖謀私人的利益，那便是愚惑羣衆的假民主。所以民主必須建立在健全的個人上面，如果一個社會中的大多數份子不健全，則羣衆易爲野心家所操縱，招致意想不到的禍害。因此一個現代民主國家必須努力提高一般國民的知識水準。此外，民主社會一向提倡容納異已的風度，但容納亦須有相當的限度，倘若因容納異己，而聽其妖言惑衆，興風作浪，漠視法律與秩序，動搖立國的基礎，卽須依循法治的精神，予以公正的制裁。

守法與畏法　現代社會大都崇尚法治，透過人民公意，明訂法律規條，要求大家遵守。有的人深切體認法治的精神，盡量約束自己，不做違法犯紀的事情，這是守法。有的人對於立法的基本原則並無認識，只是看見別人犯法受到懲罰，因而不敢爲非作歹，這是畏法。兩者的行爲外貌大致相同，然而前者是積極而自主，縱使可以找出法律的漏洞，也不偷機取巧。例如法律制裁貪污重在證據，假若受賄不留痕跡，在眞正守法者亦決不做，因爲他還要接受良心的裁判。楊震四知的故事，便是一個例證。後者是消極而被動，有時昧於法律的規定而誤蹈法網，有時遭受假冒治安人員的威脅和勒索而不敢聲張。在社會新聞報導中，常有類此的事例。假使全體人民能夠認識法律的尊嚴，兼具道德的修養，做到積極的守法，而不消極的畏法。那才是法治精神眞正的宏揚。

誠信與迷信　所謂誠信，乃是從眞知灼見中產生的信仰；所謂迷信，乃是從盲目崇拜中產生的信仰。譬如在政治上常常產生各種不同的主義，也各擁有不少的同志。可是有的同志確實對於主義有深切的了解，竭誠參加工作的行列，力求有所實踐，這是誠信。有的同志對於主義毫無認識，只是隨聲附和的喊著口號，貼著標語，自己也不知道爲什麼要如此做，這是迷信。又如在宗教上，常常倡導各色的教義，也擁有不少的信徒。有的認眞鑽研宗教的哲理，能夠體認人生，立志救世，這是誠信。有的對於宗教經典茫無所知，只是虔誠禮拜，供奉祭品，希望爲自己帶來幸福，這是迷信。兩者的信仰力量縱然同樣堅定，但是前者的行爲是明智的，對社會和人生有所貢獻；後者的行爲是愚昧的，對社會和人生反而增加阻力。

定見與偏見　每個人都有自己的意見和主張。凡是站在公正的立場，能從遠見着眼，大處着手，提出一種經得起考驗而又不會動搖的思想或主張，都可說是定見。如果只憑主觀的判斷，存着自大的心理，毅然堅持某一種思想或主張，而又常常爲事實所否定，那便是一種偏見。前者例如孔子的學說思想，其中有許多哲理，仍爲現代人類所推崇和闡揚，雖歷二千餘年，仍有存在的價值，因其含有定見。後者例如有些人在宗教上自分派別，摧殘異教徒；有些人在學說上自立門戶，排斥異己者；有些人在種族上自命優秀，歧視異色人物。像這些都是胸襟狹隘、私心甚重的人，多半抱着偏見。定見可以成爲指引人類智慧之燈，永垂不朽。偏見常常增加人與人間的隔閡與糾紛，難免遭受淘汰的命運。所以我們平日爲學治事，都宜高瞻遠矚，盡量摒除偏見，則所努力獲致的成果，必易經歷久遠。

創新與標新　凡是新的事物，容易引起人們的注意，也易爲人們所愛好。尤其時代不斷的進步，新思想、新知識、新事物不斷的產生，刺激人們創造的欲望，使現代世界充滿了日新又新的氣氛。像科學家的新發明，哲學家的科學說，文學家的新創作，藝術家的新構圖，音樂家的新曲譜，乃至一般人的新構想、新設計、新製作，只要能夠獨出心裁，表現與衆不同的風格和事物，而又爲大家所讚賞，都可說是創新。對於人羣是一種貢獻。另有一些人們自身並無創見，卻要故弄玄虛，標新立異，譁衆取寵，以自鳴得意。像有些學者，將陳舊的學理，改頭換面，另立新奇名詞，使人理念不清，莫名就裏，驚爲異說。有些畫家將錯綜的色彩，詭譎的形象，任意的湊合而自稱新派，令人目迷雜色，意揣奇形，而莫名其妙，只有自愧欣賞能力太差，望而卻步。還有時裝設計師所製作的奇裝異服，美容師在裸女胴體上所描繪的怪異構圖。諸如此類的事例，都可說是標新。對於人羣是一種欺蒙。所以我們生存在這個一切崇新的時代，對於新思想和新事物的接納，應當運用清明的理智，仔細加以分辨，然後愼重決定取捨。

傳統與守舊　人類文化之所以能够綿延不絕，並進而發揚光大，完全靠着傳統。最初人類的知識非常幼稚，思想非常單純，生活非常簡陋；但由於文化的累積，將好的知識加以保存，好的思想加以傳述，好的生活經驗加以仿效。並且由於人與人之間，接觸日漸頻繁，彼此將知識相互融會，思想相互溝通，經驗相互磨鍊，而產生了許多新知識、新思想和新經驗，不斷加入文化圈子裏面，更一代接着一代的繼續保存、傳述和仿效下去，形成五花八門包羅萬象的現代文化。這就是人類文化的傳統。因而一切歷史都是文化傳統的泉源，一切師承都是文化傳統的媒介。古人曾有：「為往聖繼絕學，為萬世開太平」的讚詞，足以顯示文化傳統對於人類的過去和未來，都有其不可磨滅的貢獻。然而由於人類對古代文化殷切的嚮往，對傳播文化的先聖先賢更不勝其欽慕。於是研究學問重在「述而不作」，教導做人重在「非先王之言不敢言，非先王之行不敢行」，逐漸將傳統的知識、思想和經驗，加以凝固和硬化，於是我們的文化不再具有新生命，形成「抱殘守缺」「食古不化」的停滯狀態，遂由傳統而變為守舊。對個人遂成為頑固的份子，對社會便成為落後的地區，這都是受了守舊之累。由此可知，傳統與守舊有別，傳統是保存的精粹而加以發揚，能够切合時代進步的要求。守舊是拾取文化的糟粕而固執不放，成為現代社會進展的障礙。我們對此能有深切的認識，那末有關為學治事、待人接物等方面，都應珍視傳統而放棄守舊。

第三節　倫理行為外貌的相異而實質相成

上節係就人類倫理行為的相似方面，略加辨認，藉知各種外貌相似的行為，卻蘊含了若干價值相反的特質。現在我們再從另一方面來研析倫理行爲的性質，又可發現若干表面似乎相異的行爲，而實質上卻可綜合運作在適當情境之內，產生了相輔相成的功用，並進而發揚中庸乃至中和的精神，將許多不同的行爲納入平衡的正軌。以下試引十則相異相成的行爲，分別說明於次：

自主與合羣　人有個性也有羣性，自主是從個性中產生出來，所以每個人都有不願受他人支配的傾向；合羣是從羣性中發展出來，所以每個人都樂於找尋合作的伴侶。兩者似乎矛盾，但是可以統一。試以家庭爲例，人到成年以後，便須尋求配偶，建立家庭。一方表示自己已有自主的能力，同時另一方面也需要異性的合作。所以家庭是人類發揮自主精神和合羣精神的結晶，把個性和羣性融合在一起。家庭是人類的基本組織，推而至於其他許多團體組織，同樣離不開自主與合羣。因此，自主與合羣乃係一切團體建立的動力。由於自主，人類社會才能不斷的創建，由於合羣，人類活動的組織和範圍才會不斷的擴大。

自由與自制　自由的作用在放任自己，自制的作用在約束自己。兩者的行爲模式完全相反，兩者的行爲實質卻必須合而爲一，才是立身處世待人接物的正軌。因爲一個人倘若無限度的放任自己，便不免會侵犯他人的自由，要受到社會上各種法律、習俗、成規、教條等等的干涉；必須約束自己，才可以順利適應所生存的社會環境。反過來說，一個人極度的約束自己，不僅語言行動不敢隨便，即連思想情感都難免受到壓制，很可能促成心理的變態，喪失人生的趣味，必須賴有自由的調劑，使心情獲得平衡。所以一個善於自處的人，當自由超越限度時，應即運用理智的裁判盡量自制；反之，當自由感到壓迫時，應即放鬆情感的束縛趨向自由。

信任與懷疑　人類對於祖先的教訓，社團的規條，國家的法律，世界的理想，宇宙的眞理，能夠表示信任，才可以讓歷代文化得以綿延，社會秩序得以維持。從另一方面來看，人類對於週遭的一切，有時需要懷疑，科學才有發明，學術才有創造，政治才有改革，社會才有進步。所以從人類本身的需要來講，兩種精神必須兼備。假使只有信任而不知懷疑，則人類進步勢將停頓；只有懷疑而缺乏信任，則社會傳統難以維繫。兩者缺一，均非人類之福，必須妥爲處理。凡經過理智認定，值得信任的事物，應卽信任。凡經不起事實證驗，足以引起懷疑的理則，應卽懷疑。再就個人而言，對人應當信賴，有時亦須存疑。完全信而不疑，可能受人愚弄，過度疑而不信，便將衆叛親離。必須兩者善加運用，方可保持正常的羣己關係。

競爭與互助　達爾文發現物競天擇，優勝劣敗的法則，鼓勵人類競爭。克魯泡特金發現生物合羣獲存，好爭滅種的事實，勸導人類互助。其實兩種現象並存於生物界中，不宜以偏概全。人類較一切生物智慧爲高，必知如何善用。個人與個人間，團體與團體間，各展所長，各爭上游，便不免競爭。各盡所能，各取所需，便必須互助。競爭只要能夠依照公正的準則，並不妨害互助；互助只要能夠採取平等的精神，也就不怕競爭。有時競爭之中含有互助，例如兩個團體參加競賽，團體中的各個份子，必須充分合作，方能贏得勝利。有時互助之中含有競爭，例如家庭中的各個份子固須互助，但亦須各謀自立，力求上進，不可以互助爲藉口，完全倚賴家人。

膽大與心細　人們處理事物應當膽大心細，已爲衆所週知的原則。然而膽大每易流於心粗，對於一切事情看得十分隨便，以致鹵莽滅裂鑄成錯誤。心細則又難免膽小，對於任何舉動，常常畏首畏尾，因而遲疑不決，坐失良機。兩者如何配合得當，需要加上一番修養。試以登陸月球爲例，假使沒有精密的科學知識和方法，登陸的理想決無法實現。同時，沒有征服太空的勇氣和冒險犯難的精神，也就無法達成登陸的任務。推而至於一切艱鉅的事業，偉大的成功，均賴有兩種精神的配合。必須在心細之中，兼備深知和實學，才有勇氣去實踐。必須在膽大之中，並具遠見與定識，才可以保證任務的成功。

進取與穩健　人類期望自身的充實和生活的改善，必須抱着進取的意志。同時期望身心平衡的發展和事業順利的成功，又必求之於穩健。因此，只知進取而不求穩健，易於遭受失敗的後果；只求穩健而不圖進取，難免走向落伍的境地。故二者必須兼備，方可相得益彰。再者青年活力充沛而缺乏經驗，故富有進取的朝氣；老年經驗豐富而體力不足，故多趨於穩健。可見此兩種行爲的實質，與年齡長幼不無關係，最好予以調和。青年處事能分別輕重緩急，考慮週詳，然後按照一定的層次，着手進行，必可獲得成功。老年經驗已多，遇事不難應付，只須排除不必要之顧慮，盡力而爲，則老當益壯，自可免貽落伍之譏。

嚴肅與慈愛　個性嚴肅者每易流於冷酷，個性慈愛者又常失卻尊嚴。我國家庭一向提倡父嚴母慈，子女常畏父親的嚴肅而不敢親近，常因母親的慈愛而有所要挾。故如何嚴慈相濟，寬猛適中，當爲父母教育子女所宜考慮的態度。最好父兼母愛，母具父嚴，兩者集於一身，使子女能在父母態度一致之下接受教導，自更合於理想。推而至於其他待人接物，亦應求其適中。倘若過份嚴肅，難免失之苛求；遇事重視感情，又極易造成姑息。宜在適當情境之下，設法調和。力避嚴肅至於冷酷無情，而能令人發生敬愛；切忌慈愛流於優柔寡斷，而能對人樹立信仰。

達觀與遠慮　人生應當抱着達觀的態度，但亦宜具有遠慮。然而達觀者胸襟開豁，只求放鬆身心，對人對事不作深算，極易養成自我陶醉，聽天由命的做人態度，很難肩負重大的責任，與創立艱鉅的事業。同樣，遠慮者心情沉重，無時不以憂患危亡爲念，對人對事每多顧忌，極易表現杞人憂天，心力徒勞的處世態度，很難鼓起當機立斷的勇氣，與不問成敗的精神。所以一個成就偉大的人，必須對窮通能達觀，便會放手做事而不怕失敗；同時，對前途有遠慮，便會老謀深算而獲致成功。

勤奮與悠閑　一個工作勤奮的人，常常缺少悠閑的情趣，一個生活悠閑的人，又很難具備勤奮的精神。可是人生最大的成功，便在善於把握時間，將勤奮與悠閑交織在生活之中，獲得適當的調劑，發揮優美的人生情趣與高度的工作效率。西方人士提倡「工作時努力工作，遊戲時盡情遊戲」，目的便在養成勤奮與悠閑互相調配的生活習慣。可是農業社會的人，缺乏時間的觀念，生活多偏於悠閑，以致作事懶散，極難表現卓越的成績，而自漸落後。工業社會的人，過份重視工作的效率，生活多偏於勤奮，以致精神緊張，無法安頓自己的身心，而損害健康。所以「忙裏偷閑」，「鬧中取靜」，乃是現代人民所宜採擇的生活方式。

自尊與自謙　人權觀念已爲現代人類所普偏接受，每個人均應得到其應有的尊重，也就產生自尊心。並因具有自尊心，對應做之事必盡力表現，不應做之事必盡力戒除，藉以贏得他人的尊敬。同時，由於人人的地位平等，人與人之間自應互相尊重；所以每個人都應尊重他人的權益和意見，對他人宜有禮貌與守秩序，因而產生自謙心。並因具有自謙心，便不會恃強凌弱，以衆暴寡，然後社會可以保安持寧。所以我們在日常生活之中，有時需要自尊，有時又需要自謙，只要運用恰當，兩者可以並行不悖。倘若只求他人尊重自己，而忽略對他人的重視，那便變成了自大；只知克制自己，而放棄自己應有的權益和地位，那便轉爲自卑。自大易於引起他人嫉視，自卑又易招致他人輕視，均非待人處世的適當態度。

第四節 倫理行爲的正道和中道

人類的倫理行爲，有許多是外貌相似而實質相反，另有許多是外貌相異而實質相成，已如上述。現在我們要繼續討論，爲什麼有些行爲相似而實質相反？並如何辨明其是非，使之納入行爲的正道？爲什麼有些行爲相異而實質相成？並如何貫通其內容，使能會合於行爲的中道？以下試分兩方面加以說明。

(一) 倫理行爲的正道、說文解字：「正，是也。」新書道術篇：「方直不曲謂之正。」朱熹說：「物以正爲常。」由此可知所謂「正道」，乃是一條適當正直的常道。我們依循正道所表現的行爲，必是正正當當符合常情常理的行爲。對於自己，能使情緒平衡，做到心安理得。對於他人，能使聲氣相通，做到心悅誠服。對於事物，能使各盡其用，做到順乎條理。如果把握不定，稍有偏頗，便可從正當的行爲，演變爲歪曲的行爲，呈露出外貌相似而實質相反的現象。如再進一步追問：有些人爲什麼會把握不定，傾向偏頗？試就上面所舉各種相似相反的行爲加以研析：一個人天賦的理智不够，秉性發生偏差，便可能由聰慧變爲狡黠，由忠實變爲愚昧，由精明變爲刻薄，由渾厚變爲糊塗，由果敢變爲鹵莽，由鎮定變爲麻木。……一個人所受教育的水準不够，觀念發生偏差，便可能由豪放變爲奢侈，由儉樸變爲吝嗇，由謹愼變爲畏怯，由容忍變爲屈服，由守法變爲畏怯，由誠信變爲迷信。……一個人適應環境的修養不够，動機發生偏差，便可能由恭順變爲諂媚，由互助變爲勾結，由競賽變爲爭奪，由謙讓變爲虛矯，由民主變爲惑衆，由創新變爲標新。……一個人應付事物的能力不够，態度發生偏差，便可能由方正變爲拘泥，由淸高變爲孤僻，由恬淡變爲疏懶，由救濟變爲施捨，由愛護變爲姑息，由堅毅變爲頑固。……所以我們要將一切行爲納入正道，必須針對上述原因，在教養修爲上予以補救和匡助，至於如何補救和匡助？容在以後討論到行爲的實踐和修養時，再加申述。

(二)倫理行爲的中道　朱熹在其集註中庸的篇首，便引子程子的話說：「不偏之謂中，不倚之謂庸。中者，天下之正道。庸者，天下之定理。」可見中道和正道具有密切的關係。然而兩者的重點，究竟有所不同。即正道重在行爲是非的辨別，其本質上只有一條正當的路線，用以指引明確淸晰的方向，建立待人接物的準則。中道重在行爲內容的綜合，其本質上是將兩種極端的行爲，盡量拉近，集合成爲一條平坦的道路，用以培養成熟健全的品格，奠定成功立業的基礎。前者的行爲表現是獨一無二，不「是」即「非」；後者的行爲表現是合而爲一，相得益彰。下面引證幾則有關中道的詮釋，藉供參考。

第一種解釋是：「中字構造的形態，可以證明『中』是『誠』的象徵，於此就見得『中』是誠字存養在心理上的一貫態度的根據之一。古文『中』字，其形爲ф，從○從｜。○，所以示宇宙萬物之象。｜，所以示貫通宇宙萬物之本體的象。儒家認爲『誠』爲宇宙惟一之本體，因誠之一字，極爲抽象，如何可以示人？如何可以實現到人生實際？這是儒家教義中的重要問題。因中字的形態，適足爲誠字意義的完全指示，故又以中爲一貫之道。」（見陳筑山著「人生藝術」第二篇五九頁。）

第二種解釋是：「中國卻找到一條中間的路子，所謂交互主義。……這種交互主義的倫理，導源於求偶的本能，立基於家族道德，尤其是夫婦道德。它代表着『中』的一種人生態度，而『中』又實具三種涵義。一卽上文說過的『對待』，這是就關係而言。諸如夫義婦順，父慈子孝，兄友弟恭等等，凡對倫輩的道德，均屬此類。二可以稱爲常道，這是就局勢而言。不論在思想上或行動上，皆取適當而合情理的途徑，不偏不倚，無過無不及，分寸恰如其度；而且應變制宜，不囿於固定格式。中庸書上所說『時中』之道，卽屬此類。……三可以叫做寬容，這是就氣度而言。是中國倫理思想中比較帶著宗教信仰之處。上兩種是對儕輩，對事物，這一種可說是中國之對超自然關係了。中庸作者所稱『致中和，天地位，萬物育』、『道並行而不相悖，萬物並育而不相悖』等等，卽屬於這一類。」（見謝扶雅著「當代道德哲學」第二五二——二五三頁。）

第三種解釋是：「中是衡力，是調整矛盾的。這種衡力，卽所謂中庸之道。在中國哲學中，所佔的位置太重要了。堯之傳舜曰：『惟精惟一，允執厥中。』舜之傳禹曰：『人心惟危，道心惟微，惟精惟一，允執厥中。』孔子云：『執其兩端，用其中於民。』可以說中國的哲學，是一部中庸之學。『中』是不積極，也不消極，合乎中道。行是一種運動，無論什麼運動，都需要一種衡力。因平衡後，始能運動。否則，過於積極，則易毁滅；過於消極，則根本不能行動。所以說中字是行學的一種原則。」（見王寒生著「行學」第二部行的認識論第一〇四頁。）

綜合以上幾種意見，可說：「中是人類內心一貫的眞誠，是對人對物對超自然的正道，是平衡行爲的力量。」此外中字還含有調和的意義。試就自然現象來說，太陽如果過於強烈，地面便會乾旱，造成災害；反之，太陽的陽光不能放射到地面上，便會陰濕，使人類感到不舒適，易於發生疾病。所以人們最需要的便是溫暖的陽光。風太大了，便要損毀地面一切的作物，風沒有了，空氣便無法流通，氣壓降低，使人類感到窒息。所以人類最喜歡的便是溫和的微風。由此可知，太過和不及都不是幸福的象徵，也不受人類的歡迎。推而至於人類本身的行爲，應當趨向折中與調和，盡量把相異的行爲加以會合而相成。使彼此能夠融洽的表現出來，則一切糾紛和禍亂，均將消滅於無形。所以我國中庸第一章首先便指出：「中也者，天下之大本也；和也者，天下之達道也。」認爲中和是化育萬物的基礎。

第十二章　倫理行爲善惡的判斷

第一節　判別行爲善惡的幾項障礙

幾千年來，史冊上有關人類各種活動的記載，其中有盛衰成敗，有恩怨禍福；留下了不少形形色色的史蹟，更包含了不少林林總總的是非。曾經在當時人的口中傳播，在史論家的筆下評論。但是由於時代背景的不同，民族習俗的不同，文化傳統的不同，政治立場的不同，宗敎信仰的不同，每個人從不同的角度去看，因而對於若干人物和史蹟所下的批判，彼此不盡相同，也就很難得到公正的評斷。古人說：「成則爲王，敗則爲寇。」「竊國者侯，竊鈎者誅。」這已成爲政治史上不公平的慣例。現代人類的行爲更加錯綜複雜，在這個地球上，已有三十幾億人口生存着，政治方面，有的已過民主方式的生活，有的還受着酋長的統治。經濟方面，有的已享受高度物質文化，有的還過着原始社會的生活。宗敎方面，所信仰的敎派至爲紛歧各行其是。種族方面，仍然界限分明，壁壘森嚴的互相戒備。再加上文化水準仍然懸殊，風俗習慣也各地不同，要想確定一致公認的善惡標準，委實不大容易。而混淆一般行爲善惡的最大障礙，更有以下幾項：

（一）**不良的習俗**　千百年前，中國女人裹小脚，認爲是天經地義的事情，有些文人更挖空心思用「三寸金蓮」對小脚表示歌頌。而女人們也甘願接受此種慘無人道的折磨，絲毫不加反抗，種下了中華民族積弱的病根。印度人民信奉佛敎，不尙殺生，把耕牛看成了神，反而供養起來，寧願自己忍受貧窮與饑餓，在死亡的邊緣掙扎。由上面兩個例子，可見不良習俗害人之深。而人民狃於積習，也就分辨不出眞善眞惡。縱有少數人提出異議，必定受到訓斥，甚至要遭到殺身之禍。即使人類進步到了二十世紀七十年代，不良習俗影響人類的行爲和觀念，仍具極大的勢力。有些地區對於種族的歧視，仍然牢不可破，發生了許多暴亂和糾紛。有些地區對於神靈的崇拜，仍然執迷不悟，浪費了不少時間和金錢。有些地區把強迫窮苦女子賣淫作爲正當的行業，出賣了多少女子的青春，破壞了多少家庭的幸福。像這一類的習俗，都包含了暴力、迷信、荒亂的心理，根本沒有善惡公道的存在。

（二）盲目的羣衆　古人曾有「國人皆曰可殺，然後殺之。」認爲羣衆的裁判是公平的。現代民主國家對公衆事務的處理，更取決於大多數人的意見，認爲羣衆的表決是合理的。可是在某些情形之下，羣衆常常是盲目的，甚至於是無知的。極易爲少數野心家所操縱和利用，把善惡的實質加以顚倒。在以往專制時代，執政者大都採取愚民的政策，根本抹煞羣衆的意志。同時另外一些野心家，利用民衆痛惡暴政的心理，打出各種動聽的口號，糾合羣衆造反，不惜犧牲性命，替野心者達到奪權的目的。可見羣衆常常是盲目和無知的，用羣衆作爲裁判善惡的標準，也許並不可靠。現代各國均以民主政治相號召，仍然不免發生欺騙羣衆和玩弄羣衆的現象。共產黨利用人民公審的方式，以肅清反抗的叛徒，便是一個典型的例子。還有若干做商業廣告的宣傳家，利用羣衆好奇模做的心理，想出各種新奇的花樣，說盡各色美妙的辭令，而實際上完全是另一回事，來騙取羣衆的金錢。這都顯示羣衆的盲目和無知，易於被人利用，失去判斷善惡的理智。

（三）獨斷的權威　人類生來便有崇拜權威的傾向，古代對於神權、君權的崇拜，固然是十分普偏的現象。現代人羣對於學術權威、政治權威等，仍然存有崇拜的心理。其實，權威本身並不是一件壞事，假使某人具有眞知灼見，博學異能，足以啓廸羣衆，成爲思想的權威，使人羣走上進步的途徑，這種權威是值得頌揚的。假使某人具有雄才大略、赤膽忠心，足以領導羣倫，成爲政治上的權威，使人羣獲享幸福的生活，這種權威是值得擁護的。像這種權威本身便是一種進步的象徵和安定的力量，其所具的價值不容吾人置疑。然而權威一旦流於保守，成爲獨斷，像歐洲中世紀長期黑暗的延續，便是受宗教權威獨斷的結果。我國數千年封建社會的遺留，便是政治權威專制的結果。在此種情況之下，許多新的知識、新的主張，自然無從產生，甚至抹煞行爲善惡的標準，變成迂腐頑固的絆腳石，阻礙社會的進步，那末權威便不免發生動搖了。

（四）**專橫的暴力** 在原始社會裏面，人類判斷行爲善惡的標準異常缺乏，只有訴諸武力。當兩個人的利害發生衝突時，便用決鬬的方式來決定取捨，勝者居於有利的地位，敗者只有屈服。兩個國家或民族之間發生爭端，也常用戰鬬來決定主奴的關係。這在歷史上幾乎成爲一種公例。達爾文優勝劣敗的學說，更可引用此種公例作爲佐證。然而人類究竟是有理智的，專橫的暴力，斷然不可作爲判定行爲善惡的標準。現代社會由於教育文化的發達，倫理法治的宏揚，暴力已逐漸的消失。但在若干情形之下，人類仍然存有訴諸暴力的劣根性。諸如政權爭奪的暗殺，愛侶角逐的毀容，種族糾紛的搏鬬……依舊層出不窮，足見暴力對於行爲善惡的判斷，至今還是一大障礙，如何澈底消除，還有待於人們的努力。

（五）**姑息的同情** 同情本來是一種好的品德，倘若帶有姑息的心意，便可能將行爲善惡予以混淆。狡猾者便利用人類此種心理的弱點，做出許多壞事。譬如子女常常因窺見父母姑息的心情，而放膽去做不學好的事；犯罪者利用人們同情弱者的心理，僞裝自殺以減輕或逃避所犯的罪行。還有貪污者藉口於待遇的菲薄而出此下策，竊盜者藉口於家計的窘困而不得已爲之，希望獲得人們的寬恕與同情。此外更有參加競選的民意代表，用哭訴下跪等等方式，騙取民衆的同情而獲得選票，達到當選的目的，可見人們很容易濫施同情，做出違背理智的行爲。所以對於同情的給予，必須發揮理智，明辨善惡，摒除姑息的心理，不讓奸黠者得有所逞，使自己成爲代人受過，助桀爲虐的糊塗蟲。

（六）頑固的成見　每個人都有特具的個性，而個性的所在，也許就是成見的發源地。譬如有人愛好紅色，對紅色的東西都有好感，有人懼怕黑色，對黑色的事物都存戒心。由此便產生了成見，對事物的眞相蒙上了一層不正確的顏色。所以世界上有許多種族便是因爲膚色而產生了歧視，彼此接觸所表現的行爲，常常只問膚色而不分好壞。有許多黨派便是因集團而產生了偏見，彼此相處所發表的言論，常常只問派系而不問是否正確。甚至對某一地區的人發生了惡感，便把該地區的好人也認爲是壞人。對某一個人的行爲發生了懷疑，便把某人所表示的善意也認爲是惡意。這都是人們最常犯的錯誤，可說都是頑固的成見在作祟。造成人們彼此之間不應有的誤會與隔閡。對於行爲善惡的判別，更是一項不易拔除的障礙。

以上幾項障礙，雖足以使人們判斷行爲的善惡，發生錯覺和偏差。然而人類畢竟具有理智，崇尚正義，以往賢哲，已爲人類指示了許多行動方針，樹立了不少道德規範。雖然和現代的觀念已有若干距離，但有一部份的哲理仍然值得保存。何況現代有關行爲的知識，已較前人發掘得更多，只要我們用客觀的態度和科學的方法，審慎的予以分析，不難確立一些公平的準則，來辨別人類行爲的善惡。以下擬就倫理行爲的過程、常理、整體等方面，試行研析和解答。

第二節　依倫理行爲的過程判別善惡

行爲原是一種變化，變化便含有發展的過程。人類的行爲現象，有的非常單純，譬如餓了便吃，倦了便睡。有的發展尚未成熟，遇有阻礙，即行停止，譬如想打球，因手痛而放棄，想郊遊因天雨而作罷。有的非常複雜，經過曲折錯綜的演變，譬如男女間的愛情，國際間的局勢。然而無論何種行爲的變化和發展，大致分析起來，都有共同的過程。其中分爲三個步驟。即是：⑴行爲的動機和目的，⑵行爲的計劃和手段，⑶行爲的結果和影響。試以吃東西爲例，某人因胃部蠕動而引起吃的願望，於是更進而決定想吃什麼東西，這便是行爲的動機和目的。決定想吃什麼東西以後，於是打算到飲食店去買來吃，或者買材料來自己烹製，這便是行爲的計劃和手段。吃了以後感到滿足，心情非常愉快；或者吃得過飽，腸胃感覺不舒服，這便是行爲的結果和影響。至於未經發展成熟即行停止的行爲，層次雖較簡單，仍然可分爲三個步驟。例如「某人想打球，因手痛而放棄。」想打球是動機和目的；手痛是改變目的的因素，並由此產生不打球的計劃和手段；決定放棄打球，乃是一個未能達到目的的結果。至於複雜的行爲，雖然包含極其繁瑣的因果關係，大致仍然離不開上述三個步驟的連續發展和連鎖反應。非經精細的分析，有時不易辨別出來。

人類一般倫理行爲的過程，雖然大體可以分成以上三個步驟。但是其中發展的情況，常常受着各步驟連帶的影響，而發生多種的變化。因爲當人們遇到某種刺激時，常常憑着各人不同的意願，產生多種動機和目的供其選擇；動機和目的確定以後，又可以設想多種計劃和手段供其採取；計劃和手段決定以後，所得到的結果，有的和自己的意願相符，有的相反，有的甚至非自己所能意想到的。可見在行爲未具體表現以前，計劃和手段可以影響行爲結果；動機和目的又可以影響計劃和手段；人類的意識又可以影響動機和目的。如此層層影響，使行爲的過程可以產生極大的變化，行爲的結果和影響更將變幻莫測。倘若從倫理行爲的觀點來衡量是非，也就不很單純。下面將作進一步的分析。

每個人都要生活在集團之中，日常行爲的發展便不免影響他人，對他人有利即爲「善」，對他人有害卽爲「惡」。如果我們要做到對他人有利而無害，便必須明辨行爲的善惡。而行爲的發展雖然變化多端，但大致均有一定的過程和步驟，我們從這些過程和步驟來分析其利害，便不難判明行爲是否善良。試以醫生治病爲例，就行醫的目的來說，至少可分爲三類：⑴救治貧苦病患，⑵賺取大量金錢，⑶診病與賺錢並重。就行醫的手段來說，依照第一個目的，可採以下幾種手段：⑴普徧施行義診，⑵對部份貧苦者免費施診，⑶對赤貧者不但免收診費而且贈送藥品。依照第二個目的，可採以下幾種手段：⑴所訂診費極高，⑵對病患者索取重酬，⑶對貧病者拒絕治療，⑷與藥商勾結搾取高價藥費。依照第三個目的，可以採取以下幾種手段：⑴公平訂定診費，⑵對富有者收費較高，⑶對貧窮者酌免費用。就行醫的結果來說，根據第一個目的和手段所產生的結果，是貧苦病人受惠極多，即是行爲的善果，根據第二個目的和手段所產生的結果，是貧病者因無錢而不治身死，普通病人在經濟上遭受搾取之苦，也卽是行爲的惡果。根據第三個目的而產生的結果，是屬於正常的行爲，也可說是屬於善果。

但人世間的倫理行爲，並不如上面所舉事例的單純，常常發生例外。仍以醫生診病爲例，抱着第一個目的的醫生都是醫德極高的，然而如果醫術不高，常常診斷錯誤，貽害病人，那末雖有善良的目的和手段，但結果不好。反過來說，抱着第二個目的的醫生都是醫德欠佳的，然而如果醫術高明，藥到病除，活人無算，那末雖有不良的目的和手段，但結果善良。以上兩種情形，在是非衡量上，便頗費斟酌。

此外，尚有因各種情境的變化，產生違反目的和手段所期待的結果。例如某人造謠破壞一對情侶的結合，但爲情侶所識破，反而增加彼此的信任而結爲夫婦。父母望子成龍，認眞督責子女的課業，期望能升入理想的學校，但因課業逼得太緊，影響子女健康，只好輟學養病。都是社會上常見的事例。在善惡衡量上，也須有適當的準則。至於有許多意外的幸運或災害，非行爲人所能預期者，是否也應課以道義的責任，都是值得硏討的問題。由於行爲的發展變化多端，而行爲的結果又每易生例外，以致善惡的衡量較爲困難。但就一般情況來說，仍然可以得到下面幾個判斷善惡的尺度：

(1)行爲的目的、手段和結果俱善，如各行業份子盡忠職守，都屬於道德的行爲。

(2)行爲的目的、手段和結果俱惡，如壞人用不正當方法做各種壞事，都屬於不道德行爲。

(3)行爲的目的善、手段惡而結果善，如醫師使用痛苦的手術將病人治好，仍然屬於道德的行爲。

(4)行爲的目的惡、手段善而結果惡，如僞善者用救濟慈善的名義，收容孤兒，從中歛取財物，仍屬不道德行爲。

(5)行爲的目的和手段善而結果惡，如父母寵愛子女，多給金錢供其揮霍，使成爲太保太妹。或目的善而手段和結果俱惡，如教師督促學生用功，體罰學生不幸成傷。類此行爲在動機上，並不違反道德，但在行爲結果上，仍應負道義上乃至法律上的責任。

(6)行爲的目的和手段惡而結果善，如造謠中傷反而增加對方的聲譽。或目的惡而手段結果俱善，如利用美人計陷害某人，反而使對方得到佳偶。類此行爲，在動機上業已違反道德，雖在結果上並未傷害對方，仍應判定爲不道德行爲。

(7)行爲的結果與行爲的目的和手段無關，完全出於行爲者的意外。如駕車不幸傷人，焚化廢物以致失火等事件，在法律上負有過失的責任，但與道德並沒有關聯。

第三節　依倫理行爲的常理判別善惡

我們從倫理行爲的某一些現象方面，可以體察出行爲的「外貌相似而實質相反」及「外貌相異而實質相成」的種種特性，藉以辨明善惡。又從倫理行爲發展的過程中，可以推想到行爲的目的、手段和結果，彼此層層影響，因而產生種種變化，並由此歸納爲一些判斷善惡的原則。然而人類的行爲現象紛歧繁雜，有時難於辨認；行爲過程又係變化無窮，常常發生例外。現在更擬綜合一般行爲的現象和過程，從行爲所表現的常態，提出幾項辨別行爲善惡的基本準則，使我們在行爲實踐上，也許更易把握。

人們的行爲雖然異常複雜而多變，但是無論在任何時代或任何地區，大家對於一般倫理行爲正誤的裁判，都有一個共同的基本原則，便是一切行動和事物合乎常態者，大家都認爲當然，也就是對的，自會引起彼此的信任和共鳴。違背常態者，大家都認爲反常，也就是錯的，自會引起彼此的懷疑和反對。而常態之中，實卽含有常理。譬如大家都在深夜需要安眠，而某人卻在深夜高歌狂笑，吵得四鄰不安，便不合乎常態，也卽有背常理。大家都愛惜自己的生命，也不願傷害人家，而某人卻以殺害他人爲嗜好，便不合乎常態，更屬有背常理。所以一般行爲是否合乎常理，乃是判別善惡的基本準則。

所謂常理，又可分化爲三方面：第一，有關人事演變的各種自然情況，大都屬於事理。第二，有關人情感應的各種心理情境，大都屬於情理。第三，有關國家社羣所製訂或約定的法律習俗，大都屬於法理。所以凡是善良正常的行爲，大都符合事理、情理和法理。以下試從三方面分別引證事例，予以闡明：

㈠事理方面　我們日常生活的許多行爲習慣，大都依照自然的情況予以規定。例如在旅客擁擠的場合，必須按照排隊次序上車，否則必定大亂。在任何公共場所，都必須保持淸潔衞生，如果隨手亂抛紙屑，隨地吐痰便溺，也就是違反事理的不道德行爲習慣。又如一座容納五千人的戲院，登廣告說，觀衆排隊買票幾達萬人，便是一則不符事理的宣傳。因爲戲院座位有限，決無如許觀衆去排事實上買不到戲票的隊伍。如果確有此事實，則必爲一批極爲愚昧或瘋狂的觀衆。又如報載某醫生一日之內，免費施診達二百人，此一記載也係不合事理。因爲某醫生縱然精力充沛，姑以一日施診十小時計算，共計六百分鐘，二百病人應診時間，每人平均僅有三分鐘，此三分鐘對輕症病人已感不够應付，如遇重症病人更須超過數倍的時間，方可診斷確實。由此推論此二百病人之數，必係誇大不實，否則某醫生對病人只是潦草敷衍，未能做到眞誠的服務。所以凡屬不合事理的行爲，不是虛僞，便是錯誤，因其違反正常的道理。

㈡情理方面　人與人之間，彼此相處必有常情。因此，父慈子孝、兄友弟恭、夫婦相愛、朋友互信，均屬合乎常情，也就是我們所重視的倫理道德。但是人世間竟會發生焚斃子女以騙取保險費的父親，也有謀害親長以奪取遺產的子孫，至於兄弟殘害、夫婦謀殺、朋友欺詐等等情形，均係違背常情的不道德行爲。我們很容易分辨出來。另外像愛好淸潔的人，對訪客坐過的座位，在客人離開以後，立即加以洗刷。又如自命淸高的人，口中絕不提及金錢二字。與其說他們是生性高潔，不如說他們是怪癖和矯情。因其違反一般人的常情。此外對人極端奉承，此人生性必多虛僞。對人遇事懷疑，此人胸襟必極偏狹。因其違反做人的常態。推而我們評論一部文藝小說或電影故事，情節縱然十分曲折，必須合乎情理，才會引起羣衆的共鳴，爲大家所接受。否則難免遭受指摘，被人厭棄，因其違反常情。所以凡屬不合情理的行爲和事物，不是虛矯，便是與道德的正軌隔着相當的距離，而非正常的行爲。

㈢法理方面　一般人按照規定的時間工作，按照一定的秩序排隊，按照一致的動作表示禮儀，都是合乎法理的正常行爲。如果有人任意曠職，任意揷隊或者任意行動，使變成違法犯紀的行爲。以上兩類行爲，我們不難分辨。至於像依照交通規則，當紅燈亮起的時候，所有車輛均須停止進行，然而救火車和救護車卻可鳴放警報器暢行無阻，不算違犯交通規則。因爲這兩種車負有緊急的特殊任務，可以例外通融，仍然合乎法理。又如某一機構辦理報銷，所有單據均係依照法定手續準備齊全，可以認爲合法，但若發現其中有一些僞造的單據，那便變成了違法瀆職的罪行。因爲形式上，雖然完全合法，實質上卻有虛僞的弊病，自屬違犯法紀。通常法律重視證據，而證據常須憑藉事理和情理，作爲法理的推斷。例如查證某人是否犯有竊盜的嫌疑，常憑指紋來判斷。追究若干兇殺案件，常以血型爲重要的物證。這些都是依事理來判定其是否犯罪。某人突遭兇殺，其妻子或丈夫如無悲戚的表情，便涉嫌疑，或有其他不可告人的恩怨，這是憑常情來推測其犯罪的可能。可見法律判斷是非，雖然主要是以法條明文爲依據，仍須顧到事理和情理，以求獲得公允的裁決。所以一切非法的行爲，不但違背法理，而且大都不合事理和情理。

依照上面所引事例，凡是正常善良的行爲，大都符合事理、情理和法理。倘有例外，必有其特殊的因素和理由。例如拿破崙每天只睡四小時，而精力十分充沛；拳王每天食肉數十磅而消化良好，因其體質特殊，仍然合乎事理。周公大義滅親，不顧手足之情；岳母勉勵岳飛盡忠報國，不念母子之情。因其深明公義重於私情，仍然合乎情理。消防車在救火時可以直闖紅燈，並不算違犯交通規則；民意代表在議會內有充分發言權和質詢權，對外不負責任，因其負有代言的特殊任務，仍然合乎法理。所以在人類日常行爲中，常常發生若干例外的事件，如能分析其釀成例外的因素，仍與常理符合，那末這類行爲和事件，仍應視爲正常而善良。

綜合以上所述，我們可以建立判別行爲善惡的幾項基本準則：

(1)某一行爲從事理方面衡量，符合一般事物正常發展者爲善，否則爲惡。

⑵某一行爲從情理方面衡量，符合一般人心正常感應者爲善，否則爲惡。
⑶某一行爲從法理方面衡量，符合一般法律正常規定者爲善，否則爲惡。
⑷某一行爲倘與慣例相反，必須研析其是否具有特殊的因素和理由，然後再辨明其是否符合常理，以決定其行爲的善惡。

第四節　依倫理行爲的整體判別善惡

前面研析倫理行爲的善惡，係從某一種行爲表露的現象加以分析；或某一段行爲發展的過程加以評斷，或某一類行爲所蘊含的理則加以衡量，指出其正誤之所在。對於性質單純的行爲，或某一種特殊事件，未嘗不可據此作爲判斷，但對於情況比較複雜的行爲，倘若運用不愼，流於局部或片面的評量，便可能會發生「不見廬山眞面目，只緣身在此山中」的感覺，更也許會遭遇到「盲人摸象」的困擾。因此我們除了審愼的採用上述各項原則，判別行爲善惡以外，更要從行爲的整體來加辨認，期能獲致更爲公允而正確的評斷。

在沒有談到從行爲整體判別善惡以前，必須說明什麼是行爲的整體。簡單的說，一連串行爲結合起來，便可構成行爲的整體。如果要說得明白具體一點，有關思想、知識、情感、意志等等因素集結起來，便可構成行爲整體的內涵；有關氣質、風度、儀表、品格等因素融合起來，便可構成行爲整體的形態。所以行爲的整體可能是某一部份的生活情況，也可能是某一階段的思想梗概，更可能是人生經歷的全部。因而在觀察行爲整體時，必須注意到行爲前後的因果關係，和行爲發展的連鎖影響，才能把握住行爲整體所包含錯綜複雜的因素而明辨其是非得失。和從片面或局部評斷行爲是非的觀點，顯然有所不同，下面試用簡單的事例加以說明。譬如兩個人同在賭博場上興高彩烈，呼盧喝雉的行爲，都可說是賭徒。但若進一步深入的了解，則某甲乃是僞裝賭徒的刑警，某乙才是眞正的賭徒。除了在賭場表現相同的行爲以外，彼此行爲的動機和後果完全不同，我們並不能因見兩人都在賭博，卽認定兩人都是賭徒。又如兩個學生同樣獲得七十分的成績，就局部情形說，他們的程度完全相等。但是甲生以前的成績總在六十分左右，獲得七十分還是第一次；乙生以前的成績總在中等，獲得七十分也是第一次。那末前者顯然是進步了，應當予以嘉獎；後者顯然是退步了，應當予以警告。並不因爲兩人分數相等，而採取同樣的處理。這就是依行爲整體的原則，而改變了評斷的結果，使其更能符合公允和正確的要求。

我們究應如何從行爲整體來判別是非？宜卽盡量把握以下幾項原則：

（一）多方探究的原則　任何事物由於觀察的角度，接觸的場所和經歷的時間等等不同，其所表現的形態也自會發生差異，所以必須從多方面，用各種方法去仔細觀察，才可以獲知眞相。例如同一景物，在平原展現時覺得寬濶，在高峯俯瞰時，立卽顯得渺小。同一少女，白天進入學校，衣着樸素，便是純潔的學生；晚間登上歌壇，濃裝艷抹，便是嬌妖的歌女。同一顏回，在課堂聽講時，不違如愚，在課外自修時，卻又聞一知十。像以上各種事物給人不同的觀感，都與空間及時間的變異有關。所以我們要了解某一個人的個性和氣質，必須採取各種不同的方法去加以探測。譬如用測驗的方式，以測知對方的智力、學力、體力、性向等。用會談的方式，以了解對方的心情、思想、意願、抱負等。用觀察的方式，以記取對方的儀態、氣度、談吐、行爲表現等。用調查的方式，以收集對方的身世、成就、志趣、生活情況等。用自傳的方式，以明瞭對方的思想、情緒、處境、對自身的期望等。經過以上各種方法的探究，也許對某人的個性可以大致明瞭。即使縮小範圍對某一事件或某種現象的觀察，亦宜在可能範圍以內，採用上述各種方法，作爲鑑定行爲眞象的依據，也許所得結論比較客觀而可靠。

(二) 互相印證的原則　「盲人摸象」之所以發生爭論，乃由於好幾位盲人所摸象的部位不同，而又以偏概全來斷定象的形狀，因而產生錯覺。如果幾位盲人能夠很虛心的互相印證一下，修正自己的感覺，也許便可以獲知象的全貌。又如每個人都有偏好，有人以小爲玲瓏，以大爲臃腫；有的以大爲雄偉，以小爲卑微。如果兩個人把自己觀察的角度比一下，則一切事物之中，大的事物有的顯得雄偉，另有一些則顯得臃腫；小的事物有的顯得玲瓏，另有一些則顯得卑微。大小不宜一概而論，彼此互相印證一下，庶幾可以得到一個折中的看法。準此原則，我們評量某一個人的優劣，或某一事件的好壞，不要單憑一個人的主觀，最好彙集許多人的觀感來印證一下，然後綜合起來，可以得到一個比較公允的結論。例如教師評判學生的操行，除了導師的觀察以外，還要徵詢其他科任教師和職員的意見，收集同學生之間彼此互相批判的意見，以及學生本人自我檢討的意見，然後歸納起來加以印證，確定所應給予的操行等第，也許比較公平。又如法官判案也要多方搜集人證和物證，以及當事人的自訴，然後互相印證，以確定其是否犯罪，期能獲得公正的裁判。

(三) 累積紀錄的原則　許多專門學科，都是採取累積紀錄的方法，以建立系統的知識，獲得整體的概念。天文氣象的觀察，物種品質的分析，固屬如此；人文史籍的記載，政治經濟的活動，也莫不如此。因爲從累積紀錄中，才可以察知事物因果的關係，探究史跡推演的得失。所以現代科學的探討，特重資料的搜集、調查、統計與分析。累積起來，便可成爲一項專門的學識。西方醫院建立病歷制度，作爲診斷病情的依據。少年問題專家，建立個案研究，用以發掘問題少年，都是採取累積紀錄的方式。關於行爲整體的是非判別，除了運用多方探究與互相印證的原則以外，更須採取累積紀錄的方法，將從測驗、會談、觀察、調查、自傳等方面所獲取的資料，和從甲、乙、丙、丁各項關係人物所表示的觀感，綜合予以整理，便可累積成爲一套紀錄，足供我們辨認行爲整體極具價值的資料。根據資料所作行爲優劣的評斷，自較片面觀察、主觀判斷所下的結論，要客觀精密得多。

（四）蓋棺定論的原則　自然現象雖屬錯綜複雜，千變萬化，但只要發現演變的定律，便不難推究而獲得眞象。人類行爲較之自然現象更加變幻多端，不易捉摸。外表的行爲有時不足以代表內心，未來的結果也可以推翻目前的事實。古人曾有一首詩說：「周公恐懼流言日，王莽謙恭下士時，若是當年身早死，一身忠佞有誰知。」正足以說明人類行爲善惡的不易識別。我們常常只憑片面的觀察，局部的認識，便將好人當作壞人，壞人當作好人。因此歷史家對於人物是非的衡量，提出蓋棺定論的原則。對於尚未去世的人物，均持保留的態度，不作武斷的評論。其實依上面詩中的含義，如果周公王莽去世較早，則周公變成壞人，王莽反是好人，可見蓋棺定論的原則，也並非絕對可靠。我們常用此一原則，只是提示對於行爲善惡的批判，應當注意下面幾個要點：(1)對於人類行爲好壞的評論，宜長期觀察，審愼考量，不可很快卽下結論。(2)對於一件事物好壞的評斷，不宜過於苛刻，應當稍留退步。⑶決定某人行爲的責任，宜有充分的資料和多方面的印證，如果資料不够齊全，印證不够明確，最好不作肯定的論斷。⑷評量歷史人物，須有客觀的態度和精密的考證，並能替古人設身處地着想，不可用現代的思想眼光來苛責古人。

第十三章　倫理行爲價值的衡量

第一節　倫理行爲價值決定的因素

倫理學的基本任務，在究明行爲的本質，判別行爲的善惡，更進而依據行爲標準以求其實踐。所以倫理學是實踐應用的學科，也是衡量價值的學科。我們在前面業經闡明倫理行爲的本質和倫理行爲的善惡，現在擬就行爲價值方面作較爲深入的探討。

首先觸及的問題，便是行爲價值由何而生，更基於何種因素決定其價值。任何行爲現象，在純自然的狀態之中，本不存有價值的觀念，但一涉及人生感受和應用，便不免產生美醜的印象，禍福的倚伏，是非的糾纏，而須作價值的衡量。譬如行雲流水原係極其自然的現象，但天上的行雲如果烏雲蓋頂，濃濁昏暗，便令人發生恐怖厭惡的感覺，如果彩色繽紛，絢爛瑰麗，便令人發生欣羨愛好的感覺。於是行雲在人類的眼中，便有價值的比較。地面的流水，如果積聚橫決，氾濫成災，給人類帶來災害，便成爲狂流。如果儲存水庫，冲激發電，爲人類增進幸福，便成爲水利。於是流水對於人生也就表現了價值的作用。所以一切行爲涉及人生日用，大都要產生價值的觀念，倫理行爲離不開人生日用，所以倫理行爲都含有價值的質素。至於行爲價值的有無，行爲價值的高低，究係根據何種標準來決定，約有以下三個因素：

（一）**基於行爲者的自覺**　人之所以異於禽獸，便是由於人類能夠自覺。自覺其本身的存在，因而產生了追求生存與幸福的意志，構成理想的人生。自覺其可以主宰宇宙間一切的事物，因而產生了改造環境征服自然的雄心，提供卓越的人力。自覺其可以造福週圍有關係的人羣，因而產生了守望相助、患難與共的慈懷，發揚偉大的人性。自覺其爲有理想、有智慧、有義務的最高動物，因而產生了做人的責任感，表現獨立的人格。自覺人羣中每一個份子，都應享有生存發展的權利，因而產生了自由、平等、博愛等等崇高的正義感，揭示莊嚴的人權。……所以一切的自覺，都是人類對於自身種種的估價，也就是對於自己的所行所爲，產生各種不同的價值觀。至於其他物質，像鑛物中的金銀寶玉，植物中的奇花異草，動物中的珍禽怪獸，由於獲得人類的重視，具有極高的評價。但是因爲它們不能自覺，便無從憑着自己的意志，去表現它們的價值。而人類由於知道創造自身的價值，對做人的目的便須分別正誤，對日常的行爲便須認清是非，以求得到最高的評價。

(二) 基於行爲者的處境　行爲價值的衡量，常因各人所處的境遇和所持的角度而有不同。譬如同是一塊石頭，普通人拾到，覺得一文不值，但在考古學家發現時，也許是無價之寶。同是一杯水，普通人飲用，覺得毫無可貴之處，但在大沙漠行旅者的渴望中，能飲此杯水，卻是生命之泉。即使是同一個人對同一的事物，也因不同的處境，而產生不同的價值觀。譬如某君腹中饑餓時，吃任何東西都甘之如飴，腸胃飽脹時，吃任何東西都味同嚼蠟。心情愉快時，見到任何人都面帶笑容，融洽相處；心情苦悶時，見到任何人，都愁眉深鎖，不願理睬。美國太空人在一九六九年七月二十一日登陸月球，是人類歷史上的一件大事。但其所表現的價值觀卻因人而異。有的從科學研究的立場上看，認爲這是人類致力科學發展，征服太空的偉大成就。有的從哲學探討的立場上看，認爲這是人類探尋宇宙奧秘的起步，並由此更可顯示人類本身的渺小，今後應當放開眼界，擴大胸襟，對人世間的一切爭執和糾紛，看得無足輕重。有的從政治的立場上看，認爲人類登陸月球，可以促使世界進一步的團結和合作，也有認爲人類生活圈子更加擴大，將要和地球以外的生物作激烈的競爭。有的從經濟的立場上看，認爲人類從月球上更可獲得許多寶貴的資源，也有認爲這是一種浪費金錢而不能換取實效的行爲。更有的從藝術立場上看，月球在太空攝影傳眞的畫面上，乃是一團凹凸不平佈滿坑洞的灰色沙漠，以往令人嚮往的美麗幻景，勢將從此消滅，而不再值得歌頌。可見人類對於事物的接觸，常隨境遇而改變其價值；同是一種行爲，各人的立場和看法不同，價值也就隨之變更。

（三）基於行爲者的影響　人類行爲的是否具有價值，不僅是由於人類本身的自覺其價值，而更是基於人類本身的有所作爲，以顯示其價值。並利用行爲以發揮其影響力，進而決定其價值的高低。譬如某君確信人生不朽的價值，而不能用行爲表現，則其價值無從證實。必須更進一步從事於立德、立功、立言的工作，才可以顯示不朽的價值。而立德、立功、立言的具體業績及其所發生的影響，更足以決定其不朽價值的高低。再以美國太陽神十一號太空人登陸月球成功的行爲來說，誠然是以太空人阿姆斯壯、艾德林二人駕駛登月小艇，代表人類的足跡踏上月球地面爲焦點。但如果沒有柯林斯的駕駛太空艙與小艇會合，阿、艾二人便不能重返地球；沒有數以千計的科學專家的精心設計，太陽神十一號便不能順利發射升空，帶太空人飛往月球；沒有數以萬計工作人員的通力合作，從事太空人登陸月球的準備、策劃、聯絡、接應、運返等任務，便無法保證正確的成功。沒有數以億計美國人民所繳納稅金的財力，便不能支付太空艙以及各種設備的製造和消耗，以達成登陸月球的壯舉。可見此一行爲乃是很多人的智力、能力、財力滙合的結晶，而其影響之大也是未可限量的。所以一件偉大成功的事蹟，常常是累積前人的知識和經驗以及集合當時人羣的智慧和才力而達成。而人類行爲之是否能够表現價値，更完全以行爲之是否能够發生影響以爲斷。

第二節　從行爲自覺上衡量行爲價値

從哲學的觀點來看，任何物質的一切變化，大都含有目的，不獨人類惟然。縱是一塊頑石，它須要求「存在」，「存在」便是它的目的。縱是一片浮雲，它不免瞬息「變化」，「變化」便是它的目的。推而至於一切物質的興亡存廢，一切生物的生老病死，都是「順其自然」的現象，「順其自然」便是它們的目的。所謂「存在」、「變化」、「順其自然」，都是行爲發展的趨向，也就是一切行爲所含的目的。不過因爲人類能够自覺，其他物質和生物不能。所以其他物質和生物的目的都很單純，只有人類的目的，常從多方面去尋求發展，依循目的所表現的行爲，也就紛歧錯雜，構成十分繁複的現象。

人類不僅自覺其存在，而且會常常追問自己爲什麼要活着？有時把自己看得非常渺小，像莊子秋水篇中所說：「計四海之在天地之間也，不似礨空之在大澤乎？計中國之在海內，不似稊米之在太倉乎？號物之數謂之萬，人處一焉。此其比萬物也，不似毫末之在馬體乎？」指出人在空間所佔的位置至爲微小。像列子楊朱篇所說：「百年壽之大齊，得百年者，千無一焉。設有一者，孩抱以逮昏老，幾居其半矣，夜眠之所弭，晝覺之所遺，又幾居其半矣。痛疾哀苦，亡失憂懼，又幾居其半矣。……人之生也奚爲哉！奚樂哉！」指出人在時間上所經歷的生命極其短促。

有時又會把自己看得非常偉大。像郭象說：「人之生也，形雖七尺，而五常必具，故雖區區之身，乃舉天地以奉之。」認爲人是天地的主宰。像周濂溪說：「乾道成男，坤道成女，二氣交感，化生萬物，萬物生生而變化無窮焉。惟人也，得其秀而最靈。形旣生矣，神發知矣，五性感動而善惡分，萬事出矣。聖人定之以中正仁義而主靜，立人極焉。故聖人與天地合其德，日月合其明，鬼神合其吉凶，君子修之吉，小人悖之凶。」認爲人獨鍾天地的靈秀。像邵康節說：「人之所以靈於萬物者，謂其目能收萬物之色，耳能收萬物之聲，鼻能收萬物之氣，口能收萬物之味。聲色氣味者，萬物之體；耳目鼻口者，萬物之用也。體用交而人體之道備。然則人亦物也，聖亦人也。有一物之物，有十物百物之物，有千萬億兆之物。生一物之物，當兆物之物者，豈非人乎？是知人也者，物之至；聖也者，人之至。人之至者，謂其能以一心觀萬心，一身觀萬身，一世觀萬世。能以心代天意，口代天言，手代天工，身代天事。能上識天時，中盡物情，通照人事。能以彌綸天地，出入造化，進退古今，表裏人物。」認爲人能統御宇宙萬物。

因爲覺得自己很渺小，對人生便不免悲觀，不願認眞去做，只是得過且過，追求眼前的快樂。因爲覺得自己很偉大，對自己的前途抱着莫大的希望，於是打起精神做人，對時間和空間一點也不肯放鬆，自然會勤勞奮發，負起「爲天地立心，爲生民立命」的任務。這兩種觀念常常在一個人的心中發生矛盾，使自己感到徬徨。透過哲學家的眼光，贊同前一種看法，便產生了「快樂主義」、「利己主義」等思想；贊同後一種看法，便產生了「苦行主義」、「利他主義」等思想。介乎這兩種極端思想之間，還有其他各種對於人生不同的看法，究竟誰是誰非，可說很難得到一個大家一致公認的結論。

人類的行爲既然十分繁複，對人生所抱的目的又難求一致。那末，人們怎樣確定自己做人的態度呢？由於人類先天秉賦的氣質和智愚差別很大，後天所受的教育文化和所處的時代環境又各不相同。因此對於人生的領悟和想法，便會發生深淺高低不同的程度，也即是每個人有自己不同的覺解。

馮友蘭在「新原人」一書中，將人類的覺解分爲四種境界。他說：「境界有高低，此所謂高低的分別，是以某種境界所需要的人底覺解之多少爲標準。其需覺解多者，其境界高，所需要覺解少者其境界低。自然境界需要最少的覺解，所以自然境界是最低的境界。功利境界高於自然境界，而低於道德境界。道德境界高於功利境界而低於宇宙境界。宇宙境界需要最多的覺解，所以宇宙境界是最高的境界。至此種境界，人的覺解發展至最高的程度，至此種境界，人已盡其性。在此種境界中人，謂之聖人。」馮氏按照各人對人生覺解程度的高低，大致納入於自然境界、功利境界、道德境界、宇宙境界四大階層。凡屬渾渾噩噩，得過且過，不管天高地厚，缺乏時空觀念，只知聽天由命，以終其一生，都是自然境界中的人。凡屬終日奔波勞碌，計較利害得失，汲汲於個人的功名利祿，以至於鞠躬盡瘁，死而後已，都是功利境界中的人。凡能確認羣己關係，明辨是非善惡，並且擇善固執，盡其在我，以期有所奉獻，都是道德境界中的人。凡能知命盡性、超越現實、擺脫一切功利觀念，置身是非圈外，化小我爲大我，與萬物同歸於一體，便將成爲宇宙境界中的人。

以上四種境界的人，並非一成不變，可以由淺及深，自低升高，從某一境界進到另一境界。一個無知無識未經開化的人，受過適當的教育薰陶，若干年後，便可能從自然境界轉入功利境界或道德境界。目前有一部份人仍舊生活在自然境界，乃是因爲沒有接受現代文化陶冶的機會；至於接受教化以後，仍然蒙昧不靈，始終停留在自然境界中的人，爲數極少。由功利境界進到道德境界，賴有較高的覺解，並須加以不斷的修持，否則便難免沉緬功利，執迷不悟，無從升入道德境界。大多數人都因爲不易衝破名利這一關，停留在功利境界，與道德境界保持若干距離。由道德境界轉向宇宙境界，更須下一番省察修養的工夫，對人生有深切的體認，對性命有透澈的領悟，才可以到達此一人生覺解最高的境界。可是能够超越現實的人究居少數。所以自古迄今，眞正升到宇宙境界中的聖人，在千萬人中難獲一個。然而我們不能不承認宇宙境界是人生最高的理想，更不能不深信人類只要不斷的修持，必可到達此種境界。

我們用價値的觀點來衡量，對於人生覺解能力較低者，其所含的價値意義偏低，對於人生覺解能力較高者，其所含價値意義也較高。生活在自然境界中的人，只是「不識不知，順帝之則」，「鑿井而飲，耕田而食」，他們既不知道評估自身的價値，更不會創造自己在宇宙間應有的價値，日常所作所爲，只是聽天吩咐，自生自滅，當然談不到什麼人生價値。生活在功利境界中的人，似乎對於人生價値已有所認識，他們追求現實，講究效用，對於時間和空間都非常重視，能够把握時間以求進取，控制空間力謀發展，對利害得失，成敗榮辱，絲毫不肯放鬆。但是他們所計較的，只是眼前的利害得失，所關心的只是一己的成敗榮辱。因此對人生所提供的價値，極有限度。有時爲日的不擇手段，做出違反道義的行爲，那更毫無價値可言。生活在道德境界中的人，對於人生的看法，較高一着，他們了解羣我的關係，一切行爲先從羣體着想，然後才及個人；他們對於時空有長遠的打算，不汲汲於謀求眼前現實的滿足，把一時的利害榮辱看得並不重要，才會由義居仁，把自己的生命看得更加透澈，才會捨生取義。能有如此的修持，自然達到崇高的道德境界。其表現在人生方面的價值，當較功利境界爲高。至於生活在宇宙境界中的人，能知天命，能超現實，「因其知天，故完全知性。知社會之全，知宇宙之大全，外天地，遺萬物，無生死之累。其對宇宙有所貢獻，卽爲盡天。所以其所謂價值是全美全善的同天價值，不是道德價值。不求所知之實踐，而適性、同天，卽可實現其所知。由此大了解，對現實的眞我而言，這是眞大我的實現，卽我的生命價值發展至最高處。因此宇宙境界的生命價值是至高無上的。」（見黃公偉著「人生哲學通義」五二三頁。）因此人生覺解程度的不同，對人生所提供的價值也就發生了差別。功利境界較自然境界爲高，道德境界又超過功利境界，宇宙境界更居道德境界之上，充份發揮生命的最高價值，成爲人生追求的終極目的。

總之，人類因爲能够自覺，更進而追問人生的目的。又因人類的先天秉賦和後天環境的差異，產生不同的覺解，形成各種心靈境界，由此顯出了不同的人生價值。同時人類具有理性，能够辨別善惡，崇尚眞理，因而對人生價值有所衡量，對人生目的有所抉擇，不斷追求最高的人生理想。故能成爲萬物的靈秀，宇宙的主宰。

第三節　從行爲處境上衡量行爲價值

人生的心靈境界，大致可以分爲四等，各人憑着自己的覺解和抉擇，分別生活在不同的境界。這些境界究竟具有多少道德成份的行爲價值？人類住在這些境界中，是否易於轉移？從各種境界所顯示的做人態度，究竟有何差別？從各種境界所產生的行爲影響如何？都是我們在衡量行爲價值時，值得注意的問題，以下是就人生境界所分析出來的一些意見：

（一）**從行爲處境所評估行爲價值的比重來分析**　人類由於能够自覺，對於自身所含的行爲價值常會予以評估。但因各人覺解的能力不同，對自己在各種境界所具評價的認識，也就有了差別。自然境界中的人，對人生不存價值的觀念，一切聽其自然，很難判別何種是道德行爲或不道德行爲。所以行爲價值判別的問題，對他們並不十分重要。生活在宇宙境界中的人，已經看透人生，擺脫現實，對於小我的利害得失絕不計較，而力求實現與發展大我的生命價值，業已超越道德價值之上，對於行爲價值無須加以衡量。只有生活在功利境界和道德境界中的人，對於行爲價值的評估、影響最大。他們可以因爲良知的發現，把迷失的方向轉變過來，立卽由功利境界進入道德境界，提高他們的人生價值。他們也可以因爲一念之差，做出違仁背義的行爲，轉眼便由道德境界沉落功利境界，降低他們的人生價值。因此，有關行爲價值的衡量，乃是他們在人生歷程中，極其重要的課題。憑此以決定行爲的趨向，使自己不至於淪落。

（二）**從行爲處境所產生的行爲轉變來分析**　就一般情況來看，自然境界中人受了資質和環境的限制，對人生不易理解，便很難轉入較高的境界。宇宙境界中人對人生已有慧覺和定識，不易爲外物所誘，世俗所惑，修持已達爐火純青，也就不會降落較低的境界。所以人類在自然境界或宇宙境界中，行爲穩定而少轉變。至於功利境界和道德境界的人，對於人生的看法，常常捉摸不定，行爲的趨向，也就因而徘徊歧途。功利境界中人，雖易見利忘義，然而一旦理性覺醒，對是非善惡有明確的認識，能够有所爲和有所不爲，便立可升入道德境界。道德境界中人雖可捨生取義，然而一時利令智昏，行爲乖張，便又不免沉落在功利境界。兩者之間，行爲常常發生轉變。因爲自然境界和宇宙境界的人爲數甚少，而浮沉在功利境界和道德境界之間的人數極多。所以生活在功利境界和道德境界的人，更須對行爲價值的衡量特予重視，俾能確認行爲是非，把握行爲趨向，使大家都可力爭上游，達到人生崇高的理想。

（三）從行爲處境所包含的行爲實質來分析　人在最低的自然境界或最高的宇宙境界所表現的行爲，都是順乎自然，在形式上似乎相同，但前者對人生覺解很低，不知自身的價值，而與萬物同歸於自然。後者對人生覺解極高，能够體認出宇宙間的「大我」和「眞我」，而將「小我」和「假我」同化於萬物。所以兩者的實質是截然不同。至於功利境界或道德境界所表現的行爲，有時很容易分辨，像見利忘義的人，顯然是屬於功利境界；捨生取義的人，無疑的應歸於道德境界。有時必須仔細認清，像有一些人汲汲謀求功利，其主旨在爲大衆而不是爲自己，便已進入道德境界；有一些人掛着道德的招牌，卻處處在爲私人的名利打算，那末還是停留在功利境界裏面。所以我們要判別某種行爲是屬於自然境界還是宇宙境界？須看行爲者對人生的覺解如何。同樣我們要判別某種行爲是屬於功利境界還是道德境界？須看行爲者是否明義利之辨，識羣己的關係。

（四）從行爲處境所造成的行爲影響來分析　人是能够創造自身價值的動物，而其本身價值的高低，常從行爲影響的結果中顯示出來。自然境界中人，從蒙昧中成長，從沉寂中死去，日常的行爲表現極其單純，對他人並沒有什麼影響，其價值自然很低。功利境界中人，終日追求名利，忙於現實，只爲自己個人或本身家族着想，縱然家財萬貫，婢僕如雲，影響他人的圈子太小，所表現的價值也就有限得很。道德境界和宇宙境界中人，能夠將自己努力貢獻的範圍，由一個社團、一個社區、推廣到全國乃至全世界人羣，影響他人的圈子逐漸擴大，對人羣貢獻的價值也必隨之逐漸提高。如若更能把人生的眼光放遠，看到千百年以後，把自己所想所爲，對後代產生啓發誘導的作用，那末，貢獻的範圍，不僅偏及四海，而且可以垂諸久遠。其所表現的人生價值，自更晉入更高的境界。此所以歷代帝王將相顯宦巨富，在當時雖然功成名就，炫耀一時，但不久即爲後世所遺忘；而孔子、耶穌、釋迦牟尼等人，因其對人心影響深遠，歷千百年仍爲大家所景仰。

總之，行爲處境雖可分爲四個階段，但大多數人都能夠自覺，評估自身在宇宙間的價值，以衡量自己應走的方向。能夠對自己所作所爲有所選擇，以顯示自己行爲的價值。能夠對行爲是非有所辨別，以提高本身的人生境界。能夠創造自己在宇宙間的價值，以擴大自己行爲影響的範圍。這便是人之所以爲人，與其他生物和物質有別。

第四節　從行爲影響上衡量行爲價值

以上曾從行爲自覺和行爲處境的觀點上，提出一些衡量行爲價值的意見和原則，立論較爲廣泛。在衡量的尺度上說，委實不夠具體。本節擬再從行爲影響方面，提出幾項比較具體的標準來談談，也許對於判斷行爲價值的問題，能夠找到更爲切實的答案。下面擬就一般倫理行爲實踐時，由於時間、空間、能量、人數、行爲者的地位等因素所產生的影響，引證若干事例，藉以申論衡量行爲價值重點之所在。

（一）行爲影響的時間愈長其價值愈久 任何事物的價值大都講究時效，倫理行爲所表現的結果也不例外。像某甲用一千元幫助窮人，受助的對象如果只是用來維持一個月或半個月的生活費，其價值自然有限。如果用來作爲小本經營的資財，憑着勤勞刻苦，使生計得以長久維持，其價值便會大大增加。如果用來大吃大喝，或在賭博場上很快的輸掉，那便毫無價值。所以我們用一千元助人，必須考慮對方如何發揮使用的價值，來衡量是否值得幫助。這是在日常生活中，很容易遇到的事例。至於若干偉大的人物，有的憑輝煌的事業以立功，有的憑崇高的節操以立德，有的憑淵博的學術和思想以立言，影響當代以及於後代，經歷千秋萬世而不會磨滅。這就是我國先賢所頌揚的三不朽。像這些行爲都是經得起時間的考驗，其價值影響的久遠，可以想見。

（二）行爲影響的空間愈廣其價值愈宏 行爲實踐的影響，不僅具有時間的價值，而且含有空間的價值。尤其現代交通事業和傳播事業日益發達，可以擴大行爲影響的空間效用。像目前醫藥的發明，一經證驗有效，即可推廣到世界各地，使千百萬的病患者，從此可以得救。偉大的學術思想，也可憑着各種傳播工具，立即宣揚世界各地，讓大家得到啓示。這都是由於行爲影響空間的擴展，發揮了宏大價值的顯著事例。爲了增進行爲價值，在日常生活中，便應隨時注意把善良行爲影響的圈子盡量放大。例如以往「各人自掃門前雪，莫管他人瓦上霜」的觀念，只顧自己一家的淸潔，其行爲的圈子未免太小。倘若能夠號召大家合作，努力來掃除積雪，維護公共交通，便利來往行人，其行爲價值便要大大增加。推而至於一切福利公益事業，由自己所在的家庭、鄰里，展開到社區以至全國，都是行爲實踐影響空間價值的擴大。

（三）行爲影響的能量愈強其價值愈深　行爲不僅靠着時間和空間，表現價值的久暫和大小；而且憑着能量的強弱，才可以顯出價值影響的深淺。像岳武穆的精忠報國，文天祥的臨難不苟，正義凜然，彪炳千古，忠貞之氣，深入人心。其行爲能量的強大，可想而知。一個人遇到「富貴不能淫，貧窮不能移，威武不能屈」的時候，便可顯出志節卓越的品格，足以產生強烈的影響力，表現深厚的行爲價值。即在我們平日生活中，常可遇到金錢和美色的誘惑，權勢和暴力的威脅。如果自己能夠把握得住，在消極方面，至少不會做壞事；在積極方面，更可表現光明的人格，形成一種力量，因而影響他人，產生深厚的道德價值。至於我們有時用一句話警惕某人，使浪子翻然悔悟，痛改前非。便可顯出這句話的能量強，得到意外的效果。我們有時用一些金錢施捨給乞丐，也可以聽到他們口頭一時的感謝。但是過後即被他們忘掉。可見此類行爲的能量很弱，價值也很淺薄。

（四）行爲影響的人數愈多其價值愈大　一種行爲所影響的時間很長，空間很廣、或者能量很強，其所影響的人數也必定很多，價值也一定很大，似乎可以斷言，無須多加解釋。然而某一行爲在同樣的時間和同樣的空間，由於表達的方式和內容不同，其對人的影響也就可能發生顯著的差別。例如某神父舉行若干次佈道演講，時間均爲一小時，空間也在同一教堂，但影響人數多少，還要看他用什麼方式講道，講些什麼內容。有時會使許多聽衆深受感動，影響的力量很大。有時可能使許多聽衆感到厭倦，雖然坐了一小時，好像什麼都沒有聽見。可見影響人數的多寡，除了時空以外，還包括其他因素。某一行爲由於實踐的對象不同，其價值也會變更。例如男女相愛，彼此基於純潔的感情，縱然遭遇任何阻折，始終不變。此種堅貞聖潔的愛情，在道德行爲上誠然可貴。但是行爲影響只及於男女雙方，其價值究屬有限。如若將此種愛的對象加以擴充，由愛親族、愛同胞、愛人類，發展到愛萬物，其行爲影響的價值必然加大。推而至於我國傳統道德最崇高的是忠君孝親，如若只知忠於一個君主和雙親，其直接影響的人數很少，價值並不算大。如若能由忠君推廣到忠於人羣，由孝親推廣到順從公意，那末，就現代眼光說，所提供的價值便大得多了。這是生活在現代的我們，對行爲價值的衡量，所宜改變的標準。

（五）行爲者本身的地位愈低其所表現善行的價值愈高所表現的惡行也比較獲得寬恕　論語說：「君子之德風，小人之德草，草上之風必偃。」這是指出上層份子影響下層份子的力量很大。所以上流社會的人物，必須以身作則，春秋對於賢者犯有錯誤，必嚴加責備。認爲做一個君子，品德良好是份內應有的事，做錯了事，便須承受指責。因爲他們的所作所爲，足以影響他人。從相反的方面來看，一個地位很低，知識很差的人，能够做出一些不平凡的行爲，其身價必然顯著的提高。像武訓是一位不識字的乞丐，居然能抱定興辦義學的志願，經過三十年的刻苦奮鬭，憑着自己的積蓄，在山東創設了三所義塾。無怪當時的人，在武訓去世時如喪考妣，後代的人尊武訓爲大教育家。又如臺灣野柳義人林添禎，不過是一位貧窮的漁夫，屢次從海上救人，終以身殉，引起全國上下的尊敬，爲之立碑紀念，並踴躍捐款救助他的家屬。這都是最顯著的事例。可見地位低而德行高，與地位高而德行低，在一般人的眼光中，對他們行爲價值的衡量，適成尖銳的反比。

總之，從以上五項衡量的標準，對於一般倫理行爲價值的判斷，大概可以獲致一個比較具體的結論。某一行爲所表現價值的大小，常與行爲所影響的時間久暫、空間廣狹、能量強弱、人數多寡成正比，與行爲者本身地位的高低成反比。

第十四章　行爲潛力的運作

第一節　行爲潛力發生的現象

本書在分析行爲的本質時，曾經指出行爲是一種變化。我們更可引申的說：由變化而表現動作，由動作而產生力量。自然現象固屬如此，人類的倫理行爲亦莫不如此。譬如空氣因冷熱的變化而表現爲風，便產生一種吹拂掃蕩的力量。二氫一氧元素結合爲水，水因所處位置的高低表現爲流動的狀態，便產生洗刷冲激的力量。易燃物接觸氧氣而成爲火，表現燃燒的狀態，便產生蒸發毀滅的力量。正負電子相遇而成爲電流，表現熱和光的狀態，便產生融通親合的力量。至於人類的行爲，像甲乙兩人存有友情，彼此相逢親切握手，便產生融洽感應的力量。丙丁兩人存有敵意，彼此見面一言不合，即互相鬬毆，便產生撲擊反抗的力量。舉凡人與人間的一切交往活動，都可發覺各種顯著的力量。然而在各種行爲動作的裏面，常有一種潛在的力量（以下簡稱爲潛力）爲我們所忽視。即以上面所舉甲乙握手言歡，乃是由於友情中含有相融的潛力；丙丁二人打鬬交惡，乃是由於敵意中含有相拒的潛力。

孫中山先生曾說：「主義說是一種思想、一種信仰和一種力量。」所謂「主義」、「思想」、「信仰」，便含有一種智的潛力。情侶相悅，常會心心相印，默默含情，便是含有一種愛的潛力。忠貞氣節之士，爲國赴難，常存「臨危不懼」，「視死如歸」的心情，便是含有一種勇的潛力。心理學者把人們內心尚未表達的動機和慾望，稱之爲「潛意識」，把尙未呈露的天才，稱之爲潛能。其實都是一種潛力。由此可知人類行爲中，實含有多種的潛力。

人類行爲蘊含的潛力，大致可分爲好壞兩方面。譬如由誠實而產生行爲的原動力，由仁愛而產生行爲的生命力，由勇健而產生行爲的持續力，由公正而產生行爲的平衡力，都可說是含有好的行爲潛力。又如由猜疑而產生阻力，由專橫而產生壓力，由仇恨而產生破壞力，由嫉妬而產生傾軋力，都可說是含有壞的行爲潛力。站在倫理的立場上，我們對這些潛力必須妥善的加以運作，讓好的潛力可以充分發揚，壞的潛力可以設法消除。務期我們日常生活中所表現的行爲，都能符合道德的要求。

人們基於好的潛力所表現的道德行爲，用不同的名詞指陳出來，可以多至數十種乃至數百種。其實主要的道德行爲僅有數種，其餘的均係由主德衍生而來。我國向稱智、仁、勇爲三達德、或以仁、義、禮、智、信爲五常德。西方則以智慧、堅毅、節制、公正爲四基德。這種標舉主要德行的方式，提綱挈領，擷精取華，對於倫理行爲的實踐，便於運作。好像畫家以紅、黃、藍、白、黑爲主色，加以融和，而成爲絢爛七彩的畫面；音樂家以宮、商、角、徵、羽爲主調，加以協奏，成爲抑揚頓挫的諧聲；烹飪家以甜、酸、苦、辣、鹹爲主味，加以調配，而成爲水陸雜陳的珍饈。我們如想成爲一個氣質善良的君子，須要深切體認幾種基本的德行，恰當運用在立身處世待人接物上，必將依循理性，通達輿情，贏得大衆的好感，而爲人所尊崇。

一個人能夠將純良的德性，圓滿而且永恒的表現在品格上面，必須具備幾項主要的德行。才能將倫理行爲的實踐，由發動、滋長、擴展、持續以至於充實光輝。那末我們究竟需要一些什麼德行？依據行爲潛力的觀點，要使道德行爲產生蓬勃的原動力，便需要「誠」；要使道德行爲滋長充沛的生命力，便需要「仁」；要使道德行爲開拓廣大的平衡力，便需要「公」；要使道德行爲維繫長遠的持續力，便需要「健」。後面即係循此種觀點，闡揚四種基本的德行，藉供我們實踐倫理行爲運作的參考。

第二節　以「誠」引發道德行爲的原動力

什麼叫做「誠」？「誠」便是宇宙以至於人生所表現的自然現象。就人類的道德行爲來說，誠乃是一切倫理行爲的實質，具有潛在的動力，能够催促行動，能够感召他人，足以成爲引發一般道德行爲的原動力。

太空中一切星球都是循着一定的軌迹在運行，始終保持一定的時間和距離。這是「誠」。地球上一切生活照着一定的季節在生長，在變化，在凋謝，完全合乎自然的規律，這是「誠」。推而至於一切物理現象和化學現象，無不包涵着一個「誠」，我們才可以用公式計算他們的變化，用定律說明他們的特質，令我們感到大自然的可靠。同時令我們感到一切自然現象的變化，無不處處顯示出「誠」，因而「誠」也就是一切事物變化不息的動力。所以中庸第二十四章說：「誠者，物之終始，不誠無物。」又說：「誠者，自成也。」第二十五章說：「至誠無息。不息則久，久則徵，徵則悠遠，悠遠則博厚，博厚則高明。博厚，所以載物也。高明，所以覆物也。悠久，所以成物也。」這是觀察自然現象所得的眞理。

不僅自然現象顯示著誠，人類的行爲中更需要誠。所以中庸第二十章說：「誠者，天之道也；誠之者，人之道也。」因此，中庸第一章便開宗明義的指出：「天命之謂性，率性之謂道。」「戒愼乎其所不睹，恐懼乎其所不聞。」「莫見乎隱，莫顯乎微，故君子愼獨也。」都是爲「誠」字下注腳，提示人生修持的基本守則。一個人能够以誠對自己，才能表現眞性情。所以中庸說：「唯天下至誠，爲能盡其性。」一個人能够以誠對他人，才能發生感化的力量。所以中庸說：「惟天下至誠，爲能化。」以上所引的許多話，旨在說明「誠」是推動一切道德行爲的基礎。

「誠」爲什麽是推進道德行爲的原動力，首先必須確認誠是一切道德行爲的實質。凡是實質，都含有能量，小如核子，大如星球，其本身都具實質，也就含有動能。誠是道德行爲的實質，在表面上也許是靜止的狀態，可是內部卻含有不可忽視的動力。試以朋友相處爲例，彼此以誠相待，表面也許淡如清水，但遇到急難的時候，立卽加以助力，甚至犧牲自己的利益也在所不惜，由此發揮了忠誠的力量。男女相戀，彼此以誠相待，在開始認識時，也許保持距離，表現冷靜的態度，一旦認識淸楚，發生眞實感情，雙方互相信任，便自然水乳交融，形影不離，由此發揮了摯愛的力量。從反面說：朋友或情侶缺乏眞誠，縱然外貌十分親熱，其內心並不可靠，隨時都可能成爲欺騙的結局，絕難產生道義的力量。其他道德行爲，均可由此類推。足徵任何一種良好的品德，倘若缺少誠的素質，必定流於空虛，無從表現行爲的力量。倘若具備眞誠，則任何困難和障礙，均不足以阻止道德行爲的表達。可知誠是蘊藏在一切道德行爲之中，具有堅毅不拔的原動力。

誠既是一切德行的基礎，由誠所衍生的良好行爲也就不少。譬如就對己說，要求「率眞盡性」，要求「歸眞返樸」，要求「心安理得」，要求「革面洗心」……其行爲的着眼點，都在一個誠字上面。就對人說，要求「肝膽相照」，要求「甘苦與共」，要求「相依為命」，要求「童叟無欺」，其行為的出發點，也在一個「誠」字上面。就對事說：要求「實事求是」，要求「開誠佈公」，要求「腳踏實地」，要求「觀察入微」……其行為的立腳點，也都在一個「誠」字上面。所以我們在日常生活中，對於道德行為的運作，處處離不了「個「誠」字，並宜利用「誠」來作為引發一切道德的原動力。

現代人羣的生活逐漸複雜，人與人間接觸頻繁，彼此的情感固易交流，而變化也比較快。從倫理觀點說，行為表現易於失去眞誠，不及農業社會的人情比較保持純樸。譬如在交際場合中，小至於私人宴會，大至於國際外交，彼此交談，俱以迎合對方的的心理為首要，很少說出實話，這是大家常常會感覺到的。至於工商業社會更以贏取利潤為目的，在現實情況需要之下，常用各種巧妙的辭令作為宣傳和廣告，以賺取顧客的金錢，自然談不到什麼誠意。因而導致社會風氣趨向虛浮，人與人間缺乏信任。這是現代人類値得檢討和警惕的一種現象。我們固然不能仍舊回到農業社會去生活，但如何保持誠篤的精神，在一切日常行為之中，卻是現代人羣所必須重視的一個問題。

第三節　以「仁」滋長道德行為的生命力

什麼叫做「仁」？「仁」便是人類一切道德行為生長發源的根基。任何德性都必須從仁心中滋長出來，如果缺乏仁心，人類也許不會講求倫理，更不會產生什麼道德。我們把創造一般生物的種子叫做「仁」，正可以說明「仁」是富有生命的潛力，成為一切道德行為誕生的本源。

東方的儒家孔子，以「仁」為倫理思想的中心，發展成為一系列的道德行為。西方基督耶穌，以

「愛」爲信賴宗教的歸宿，宏揚成爲博大的救世精神。都是把「仁愛」看做是繁衍人類一切良好德性的種子。

我國儒家提倡倫理，宏揚仁德，確認「仁」是倫理行爲的中心。智、仁、勇是我國一向重視的三達德，和人生不可須臾離開。而三者又以「仁」爲中心，智、勇爲輔翼，彼此結合成爲一體。並且憑着智德以明辨行爲的是非，藉仁德以開拓行爲的功能，賴勇德以貫澈行爲的意志。將智、情、意打成一片，讓我們的心靈活動得以調和，我們的品格陶冶得以實踐。更由此發榮滋長而成爲人類一切倫理行爲的生命力，衍化成爲各色各樣的德行。譬如我們以仁爲倫理行爲的中心，由識仁而產生了智德，由行仁而產生了勇德。先就仁德來說，由於行爲對象不同而產生各種美德。對父母有仁心便成爲「孝順」，對子女有仁心便成爲「慈愛」，對兄弟有仁心便成爲「友愛」，對夫婦有仁心便成爲「恩愛」，對朋友有仁心便成爲「愛護」，對事物有仁心便成爲「愛惜」。次就智德來說，由於行爲事象的推廣，在法律上運用智德便成爲「公正」，在政治上運用智德便成爲「英明」，在經濟上運用智德便成爲「清廉」，在學術上運用智德便成爲「聰慧」，在宗教上運用智德便成爲「虔敬」，在藝術上運用智德便成爲「誠摯」。再就勇德來說，由於行爲的變化，在行爲抉擇上表現勇德便是「知恥」，在人生目標上表現勇德便是「奮鬬」，在空間上表現勇德便是「進取」，在時間上表現勇德便是「堅毅」，在理智上表現勇德便是「果敢」，在情感上表現勇德便是「犧牲」，在事業上表現勇德便是「創造」。由此可見人類一般優良的品德，都是從智、仁、勇三方面衍化而來，而智、勇又係以「仁」爲生長的根基。所以「仁」無疑是一切道德行爲的生命力。

我國論孟記載儒家有關仁德的學說很多，茲擇要引錄一些於次，藉見「仁」在儒家思想中的重要。

關於仁德闡釋的言論：

君子務本，本立而道生。孝弟也者，其爲仁之本與？——論語學而下

子曰：克己復禮爲仁。——論語顏淵

子曰：剛毅木訥，近仁。——論語子路

夫仁者，己欲立而立人，己欲達而達人，能近取譬，可謂仁之方也已。——論語雍也

子曰：巧言令色，鮮矣仁。——論語學而

孟子曰：人皆有所不忍，達之於其所忍，仁也，人能充無欲害人之心，而仁不可勝用也。——孟子盡心下

子夏曰：博學而篤志，切問而近思，仁在其中矣。——論語子張

子曰：不仁者，不可以久處約，不可以長處樂。仁者安仁，知者利仁。——論語利仁

樊遲問仁。子曰：愛人。——論語顏淵

樊遲問仁。子曰：居處恭，執事敬，與人忠，雖之夷狄，不可棄也。——論語子路

子貢問仁。子曰：工欲善其事，必先利其器。居是邦也，事其大夫之賢者，友其士之仁者。——論語衛靈公

子張問仁於孔子。孔子曰：「能行五者於天下，爲仁矣。請問之。曰：恭、寬、信、敏、惠。恭

則不侮，寬則得衆，信則人任焉，敏則有功，惠則足以使人。——論語陽貨

仲弓問仁。子曰：出門如見大賓，使民如承大祭，己所不欲，勿施於人。在邦無怨，在家無怨。——論語顏淵

關於仁德運用的言論：

子曰：仁遠乎哉，我欲仁，斯仁至矣。——論語述而

子曰：唯仁者，能好人，能惡人。——論語里仁

子曰：志士仁人，無求生以害仁，有殺身以成仁。——論語衛靈公

子曰：知者樂水，仁者樂山；知者動，仁者靜；知者樂，仁者壽。——論語雍也

子曰：仁者不憂。論語子罕

子曰：我未見好仁者，惡不仁者。好仁者，無以尚之。惡不仁者，其爲仁矣，不使不仁者加乎其身。有能一日用其力於仁矣乎？我未見力不足者。蓋有之矣，我未之見也。——論語里仁

子曰：苟志於仁矣，無惡也。——論語里仁

子曰：民之於仁也，甚於水火。水火吾見蹈而死者矣，未見蹈仁而死者矣。——論語衛靈公

曾子曰：士不可以不弘毅，任重而道遠。仁以爲己任，不亦重乎？死而後己，不亦遠乎？——論語泰伯

第四節　以「公」開拓道德行爲的平衡力

什麼叫做「公」？「公」便是人類從愛好自己、尊重自己的心情中，更進而擴充與發展，推及他人，產生以平等正直對待他人的情感，達到化小我爲大我的境界。所以具有開拓人羣良好關係的作用，更含有平衡人情是非的力量。

我國禮運大同篇，開始即鄭重指出：「大道之行也，天下爲公。」並且描寫了一個理想的大同社會。經濟能夠做到：「貨惡其棄於地也，不必藏諸己；力惡其不出於身也，不必爲己。」政治能夠做到：「選賢與能，講信修睦。」人倫能夠做到：「不獨親其親，不獨子其子，使老有所終，壯有所用，幼有所長，矜寡孤獨廢疾者皆有所養，男有分，女有歸。」充分表揚了大公無私的精神。儒家重視忠恕之道，恕便是以「公」爲待人的立腳點，因而有「己所不欲，勿施於人」，「己欲立而立人，己欲達而達人」，「老吾老以及人之老，幼吾幼以及人之幼」等等的說法，都是推己及人走向大公無私的境界。

國父孫中山先生倡導三民主義，對民族主義不僅要求中華民族獨立，而且要扶助弱小民族，讓大家平等相待。對民權主義不僅要普及民權，而且要使人類才力之不平等歸於平等。對民生主義不僅要在國內實施平均地權，節制資本，而且希望國際投資，共同開發中國廣大的資源。這種世界一家的想法，完全表現天下爲公的精神。

西方曾經產生各色各樣的社會主義，有的從經濟方面着眼，有的從政治方面着眼，有的從教育文化方面着眼，其共同的特徵，都是站在公衆的立場，主張如何改善人羣關係，增進社會福利。現代各國推行民主政治，注重社會福利措施，實施普及教育，都是以維護公衆利益爲前提。足見「天下爲公」的精神，實已爲東西雙方所共同推崇。

人類雖然嚮往於天下爲公的境界，然而人的本位，卻喜歡爲自己以及自己最親密的人打算。因此在西方便有個人本位的想法常常抬頭，在東方便有家族本位的觀念深入人心。於是個人的權益，宗族的榮辱，遂爲人們所重視。自私的心理因而發榮滋長，由此造成許多不平等的事實。帝國主義者以弱小民族爲對象大事侵略，造成種族上的不平等。獨裁君主以無辜人民爲羔羊大事宰割，造成政治上的不平等。資本家以勞苦大衆爲工具大事剝削，造成經濟上的不平等。使人世間充滿怨恨與憤怒，成爲暴力的泉源。所以歷史上流血的糾紛與罪惡層出不窮，都可說是由於人類自私的根性所招致。現在帝國主義者、獨裁君主、資本家都已爲大時代潮流所冲激而逐漸消沉，但在人類的眼界和胸襟未能普徧擴大以前，天下爲公的理想，仍然需要一段較長的時間方可具體實現。

如何以「公」開拓道德行爲的平衡力？

就自己講，人類最大的弱點，便是以自我爲中心，常常以爲自己的意見是最正確的，而否定他人的意見。以爲自己的權益是最正當的，而抹煞他人的權益，以爲自己的生命是最貴重的，而忽視他人的生命。推而至於一切都是自己的好，而將他人放在較低的地位。因而產生專橫、壓制、搾取、鬭爭種種不公平的現象，形成人類一切禍害的根源。如要消除禍，便須反求諸己，諒解別人，將自我的範圍逐漸擴大，化小我爲大我。同時超越自我的立場，用客觀的態度評斷一切事物，使眞理因而發現，正義得以伸張，化自私爲大公。每個人都能具有如此的胸襟，則心情上必然產生一種平衡的力量，並且不斷拓寬，感到心安理得，廓然無私，讓心靈安放在高遠曠達的境界。

就對人羣講，人與人間存有統制心理便會產生壓力，人與人間存有猜忌心理便會產生阻力，人與人間存有憤恨心理便會產生暴力，只有彼此公平相處，大家遇事公開，則上述各種力量可以消除，並且轉化爲平衡的力量，人羣關係處於安定的狀態，社會秩序得以維持，人類文化因而進步。而公平相處的基本態度，便是「視人如己」「推己及人」。能夠「視人如己」，則對任何人都會關心，發揮博愛的精神，能夠「推己及人」，則對任何人都會諒解，養成寬恕的美德。所以公德的推廣，便是博愛和寬恕。遇事公開的基本原則，便是「虛懷若谷」、「問心無愧」，能夠虛懷若谷，則任何人的意見都可以容納，表現容忍的氣度。能夠問心無愧，則任何事都可坦率告人，顯示光明的態度。所以公德的延伸，便是容忍和光明。對人能博愛和寬恕，對事能容忍和光明，則一切暴戾之氣均可轉化爲祥和，天下爲公的理想，不難終於達成。

由於時代的進步，私的倫理已逐漸爲公的倫理所代替。我國一面認爲智、仁、勇是人人應具的品德。但對於井蛙之智，婦人之仁，匹夫之勇，都加以非議，因其行爲多半傾向偏私，缺乏公正立場，不值得爲人們所贊賞。而對明心見性的大智，民胞物與的大仁，浩然之氣的大勇，多所頌揚，因其具有大公無私的精神。我國以往所倡導的忠孝節義各項德行，受了新潮流的影響，都漸由對少數人效命而轉向爲大多數人服務。因而談忠則重在報效公衆，談孝則重在順從公意，談節則重在講求公德，談義則重在履行公務。至於西方社會特別注重國民公德，對於公共秩序、公共安寧、公共衛生、公共福利爲每個國民所必須尊重，如有違害，便將受到羣衆的指責。可見公德已隨時代進步而日益擴充，人與人間行爲力量的平衡，必將逐漸趨於普及。

第五節　以「健」綿延道德行爲的持續力

什麼叫做「健」？「健」便是宇宙萬有循環不息，人類精神永恒維繫的現象，因而自然賴以萬古常存，文化由是綿延不絕。就人類的道德行爲來講，凡是能夠貫澈始終的行爲，便是品格健全的表現；凡是能夠歷久常新的行爲，便是精神健康的象徵。所以「健」在道德行爲中具有振奮堅毅，綿延持久的潛力。

易經乾卦說：「天行健，君子以自強不息。」宇宙間星球能夠經億萬年而運轉不停，乃是具有「健」的優良性能，人類之所以能夠不斷奮鬪，不斷進步，也是由於具有「健」的品德。這是古人由觀察自然現象，以勗勉人羣所作睿智的啓示。可是用「健」作爲一種美德，在我國經典和語文上加以稱頌，可說並不多見。所以「健」德這一名詞，對我們比較生疏。然而「健德」的實質，在我國古今賢哲的名言讜論裏面，所在多有。例如張載說：「爲天地立心，爲生民立命，爲往聖繼絕學，爲萬世開太平。」這是一種永恒的工作，也是人羣健者雄偉的抱負。蔣總統說：「生活之目的在增進人類全體之生活，生命之意義在創造宇宙繼起之生命。」這是一種遠大的志趣，也是人羣健者高深的修養。又如列子愚公移山的故事，要把移山的責任付托給子子孫孫，李白詩中老婦磨針的寓言，要把磨針的工夫用在窮年累月。這都是珍貴的啓示，也是人類健者可能表現的堅強作爲。

由於現代科學知識的進步，更可增加我們對於「健」的若干新認識。例如最近科學家正在實驗超冷導電的現象，發現某些金屬在接近華氏零下四百六十度，由通電產生一種「永恒的動力」，（參看拾穗二三二期所載「未來世界新動力——超冷導電」一文的報導。）科學家如能利用此種動力爲人類服務，則將開闢無窮盡的能源，未來世界勢將因此大爲改變。此種「永恒的動力」便是健的現象，它將爲人類盡最大最久的服務。又如最近美國太空人登月的成功，發明快速冷凍的方法，使氣體燃料變爲液體。科學家更將以此種冷凍的方法轉用到生物上面，以老鼠作實驗，證明可以延長生命，在若干年後，也許可以應用在人類身上，藉以延年益壽。（參看五十八年八月一日中國時報第三版所載「探月爲人類帶來新希望，壽命將藉冰凍延長」一文。）此種高速冷凍生物延長壽命的報導，也是一種「健」的象徵，它將給予人類前途更多新的啓示和努力。

「健」在倫理行爲的觀點上說，也可發現許多重要性：第一，人類一切偉大的成就，都是基於經年累月繼續不斷奮鬬而獲致。反之，世界上絕無一時僥倖而可以保證成功的事例。縱然偶有例外，其成果的保持也是十分短暫的。可見「健」是一切事業成功的基礎。第二，人類一切崇高的理想，都是靠着堅毅不拔的意志，循着有條不紊的程序，而終於達成。如果朝三暮四，半途而廢，便永無完成的可能。足見「健」是一切理想實現的保證。第三，人類一切善良的德行，假使沒有健康的身體，充沛的精力，便會感到心有餘而力不足，不能切實的做到，使若干善行不免落空。西諺說：「健全的精神寓於健全的身體。」可見「健」是一切道德實踐的前提。第四，人類一切日常的善行，不論大小，均宜經常去做，培養成爲一種習慣。積小善爲大善，鑄成完美的品格。可見「健」是一切品格成熟的要素。

「健」不僅是一種重要的品德，而且由健可以衍生爲許多的德行。試以忠孝仁愛信義和平來說，忠加上了健，便有「忠貞不渝」的節操；孝加上了健，便有「孝思不匱」的良知；仁加上了健，便有「仁者壽」的生活體驗；愛加上了健，便有「永結同心，白首偕老」的頌禱；信加上了健，便有「垂諸百世而不惑」的信心；義加上了健，便有「留取丹心照汗青」的壯志；和加上了健，便有「協和萬邦」的宏願；平加上了健，便有「爲萬世開太平」的遠識。此外還有「堅毅」、「有恒」、「勤勞」、「振奮」………的品德，可說都與健德具有聯帶的關係。

「健」在人類日常行爲中所表現的特性是：均勻、規律和持續。譬如人們每日所吃的食物，必須力求營養成份的均勻，每日起居作息的時間，必須養成規律的習慣，而良好的生活習性，更須長久的保持。如此才可以符合保健的原則。又如國人常藉太極拳以健身，而太極拳的基本精神，便注重在均勻、規律、持續幾個特徵上面。在練拳時，要求運氣力求均勻，動作的姿勢，力求圓融而有規律，動作的銜接，力求綿延而不間斷。才可以達到健身的目的。推而至於一般倫理行爲：第一重在中庸協和，便是求均勻。第二重在人倫秩序，便是求規律。第三重在力行不懈，便是求持續。總之，一個人無論在立身處世待人接物各方面，能夠保持行爲的常軌，數十年如一日，便是能在健德上用工夫，也必能得到所預期的成就。

第十五章　倫理道德的實踐

第一節　道德實踐的涵義

倫理行爲以道德爲要件，所以有人稱倫理學爲道德學。倫理行爲以實踐爲任務，所以有人又把倫理學稱爲實踐的學科。然而「道德究竟是什麼？」「怎樣才算是實踐？」本書在闡明行爲的是非和行爲的價值以及行爲的運作以後，實有詳加解釋的必要。本節即係就「道德」和「實踐」兩名詞，分別說明其意義。

（一）道德的涵義　「道德」一詞，中外哲人曾經多方詮釋。其中就名詞本意解釋得最清楚者，爲謝扶雅所說：『就西文而論，Moral Philosophy 或 Ethics 底語源，皆與中文道德一詞，甚相配合。Ethics 由希臘文 ἔθος 而來，本爲風習禮俗 (Custom, usages) 之意，其後衍出一個短音的讀法，作爲 ἦθος，便有品格、德性(Character) 之意。繼希臘之後，羅馬碩儒席西羅(Cicero, N. T. 106–43 B. C.) 曾譯亞里士多德所用的 ἦθος 爲 Moralis。這個拉丁字的語源乃由 Mores 而得　漢譯亦爲通行習俗之類。另有拉丁文 mos 一字，則亦爲品性之義。正和希臘的 ἔθος 由 ἦθος 轉來一樣，Mos 也由 Mores 變讀短音而成。可見人羣道德行爲底評價，最初總爲外表的行爲，以後鞭闢入裏，慢慢覺得內存的品格，尤爲評價的對象。但習俗是通行的，公共的，而品格則由於各人自己修得的，個殊的。所以拉丁的 Mores 常用複數，而 Mos 則常用單數，表示前者係公衆性，後者係個獨性。這正和中國的「道」與

「德」不約而同。按道字古作衜，从首从行。最初道路的「道」和行路的「行」，必只是一個字，而且就是這個象形字卝。這是繪出東西橫街南北直衢的十字通道，爲人人通行的大路，乃是公衆性的。至於「行道」有「得」，每個人行路的能力和結果，卻是各個不同。甲可日行百里，乙只二三十里，而已疲不能行。這就是個獨性的「德」了。德者得也，心得也。古作悳字，从直从心。所以德是內心的，而道是外形的。中國書籍上把「道德」二字開始聯稱，作一合成詞者，當首推漢初司馬談對於六家的評論。他將先秦的老莊一派列爲「道德家」。……後來江袤更詳爲申說之曰：「……無乎不在之謂道，自其所得之謂德。道者，人之所共由，德者，人之所自得也。」這種解釋頗爲公允，而亦切合本字的涵旨，兼且暗與西方字義相通。』（見謝著「當代道德哲學」第十一——十二頁。）就哲學觀點闡明得最精闢的，爲陳立夫所說：「人類共生、共存、共進化之路，就是道。人類所具有此共生、共存、共進化之潛能，就是性。人類實現此共生、共存、共進化之道之生命原動力，就是誠。人類本乎生命原動力而行此共生、共存、共進化之道之所得，就是德。德之內容爲智、仁、勇。智爲求共生、共存、共進化之理（知）。仁爲達共生、共存、共進化之情（情），勇爲共生、共存、共進化之行（意）。三者以仁爲中心，智所以知如何行仁，勇所以實際行仁。德之效用爲內得於心以成己，外顯於人以成物。而所以成己成物之過程，則是由格物、致知、誠意、正心至修身，爲成己之過程；由修身至齊家、治國、平天下，爲成物之過程。」（見陳著「生之原理」第一七一頁。）依照前者的說法，我們可以把道德的意義，歸納爲下面幾句話，即是就字義解釋，中西雙方大致均認爲道是共同的習俗和行爲，德是個人修持的所得，道德二字聯合起來，便是指稱有關公衆和個人所表現的一般正當合理的行爲。依照後者的說法，我們確認道德的眞諦，乃是人類基於生命的原動力，建立行爲的出發點，然後循着共生、共存、共進化的大道，從知行兩方面以求有所得，從成己成物兩方面以求有所用。藉以完成人之所以爲人的使命。

（二）實踐的涵義　我國明末淸初崛起了好幾位樸學大師，一反宋明理學空疏玄虛的弊病，提倡「經世致用」之學，特重行爲的實踐。其中指出「實踐」的重要性最爲痛切者，爲顧炎武在「答友人論學書」中所說：「博學於文，行己有恥。自一身以至於天下國家，皆學之事也。自弟子臣友以至於出入往來，辭予受取之間，皆有恥之事。恥之於人大矣。不恥惡衣惡食，而恥匹夫匹婦之不被其澤。故曰萬物皆備於我，反身而誠。嗚呼，士不先言恥，則乃無本之人。非好古而多聞，則爲虛玄之學。以無本之人而講虛玄之學，吾見其日從事於聖人而去之彌遠也。」提示「實踐」的功用最爲親切者，爲顏習齋在其「存性篇」中所說：「求道者，盡性而已。盡性者，實徵之吾身而已。徵身者，動與萬物共見而已。吾身之百體，吾性之所用也。一體不靈，則一用不具。天下萬物，吾性之措施也。一物不稱其情，則措施有累。合內外，成人己，通身世，打成一片，一幷做工。」說明「實踐」的工夫最爲精到者，爲李顒在其「四書及身錄」中所說：「吾人良知良能之發，豈無一言一事之善？只是隨發隨已，不能委曲推致，與不學何異？所貴乎學者，上當在此處察識，此處着力。如一念之善，即推而致之，以擴其念。一言之善，即推而致之，以踐其言。一事之善，即推而致之，令事事皆然。纖悉委曲，無一不致。」我們從上面引證的三段話，對於「實踐」一詞所含的意義，當有較爲深刻的認識。所謂「行己有恥」，「反身而誠」，便是「實踐」的動力和基本。所謂「求道盡性」、「實徵吾身」、「合內外」、「成人已」、「通身世」，便是「實踐」功能的發揮。所謂「此處察識」、「此處着力」、「推而致之」、「委曲盡致」，便是「實踐」，所下的眞工夫。

(三) 道德實踐的要義 綜合上面兩項解釋，對於道德實踐所涵的意義，大致可以獲得下列幾個要點：

(1)道德實踐是將個人所修和大衆所信的正當德性和觀念，一一具體表現在行爲上面。

(2)道德實踐的基礎是「性」和「誠」，即是憑着個人生命的原動力，力求向外發展，用以完成我們做人應有的使命。

(3)道德實踐的重點在知恥和踏實，能知恥，然後有所爲或有所不爲；能踏實，然後一切理念才不致落空。

(4)道德實踐的範圍是由本身逐漸擴大，而後推及於他人。

(5)道德實踐的工夫是做到「求道盡性」，「委曲盡致」、「合內外」、「成人已」、「通身世」的境地。

第二節 道德實踐的原則

在我國歷代經籍和先賢垂訓中，提供做人做事的原則，陳述嘉言懿行，幾已琳瑯滿目，實覺美不勝收。又如法國巴黎大學哲學教授拉郎德(André Laland)所著「實踐道德述要」一書（中華書局曾印有吳俊升之譯本），詳舉道德實踐規律二百餘條，對於道德觀念及道德行爲的指示，均頗詳細。但對靑年而言，仍感頭緒紛繁，不易把握。筆者鑒於人類倫理行爲的表達，不外對己、對人、對團體、對環境等因素而確立其行爲的規範，因即針對上列因素，提出有關道德實踐五項最簡要的原則，並加以說明。

（一）**確認自身職位**　論語說：「君子務本，本立而道生。」所謂「務本」，就是認識自己本身的職責和地位，努力完成做人應有的任務。譬如在家庭中，父母、子女、夫婦、兄弟、姊妹之間，各有各的職責和地位。倘若每個人都能認淸自己的職位，那末父母慈愛，子女孝順，夫婦、兄弟、姊妹互相敬愛，便是在家庭中能够務本。在社會中，各行業的份子都有自己的職責和地位。倘若每個人都能盡到自己的責任，謹守自己的本份，大家公平相處，互助合作。便是在社會中能够務本。推而至於在世界上、在宇宙間，每個人都能確認人類之所以高於一般動物，努力完成自身所應負的任務。那末人生的光明大道，便將展現在我們眼前。也就是「本立而道生。」因此，每個人能够確認自身的職位，盡其在我的完成自己的任務，便是道德實踐的起步。人類彼此相處時，最易犯一種毛病，便是缺少主動的精神，常常期待別人先對自己好，然後自己再對別人表示好感。倘若每個人都是如此的想法，那末人與人之間便很難同情和合作。還有一些人存着更壞的想法，認爲別人對自己好是理所當然，而自己對別人好便是一種恩惠。認爲社會應給予自己生存和發展的機會，而沒有想到自己應對社會有所貢獻。認爲國家應當照顧自己，而自己並不存着報答國家的念頭。都是不知務本的緣故。惟有確切認明自己應盡的職責和所處的地位，首先向別人和所處的羣體表示出來，並且切實的做到，才是做人應具的基本原則。

（二）**明辨人我關係**　我國傳統的倫理道德，首重「敬敷五教」，所謂「父子有親，君臣有義，夫婦有別，長幼有序，朋友有信。」便是由於人與人間的關係不同，所應具備的德性也就有了差別。因此，一個人除了認淸本身的職位以外，須辨明自己與周圍一切人的關係，然後才可以表示各種適當的行爲，使彼此相處得很好。而且能够將自己應表達的道德行爲實踐得恰到好處。由於現代社會的進步，人與人間，常從親族、地域、職業、教育、政治、經濟、宗教、交誼、遊樂等方面，產生錯綜複雜的關係。一個人在不同的場合便具有不同的身份，對不同的人也便須表現不同的行爲。譬如某人坐在室內，見到尊長進來，便須立卽起身讓至上坐。見到平輩進來，可以起身招呼讓至適當坐位。見到晚輩進來，只須頷首微笑招呼就坐卽可。又如某人對知己的朋友，可以肝膽相照，傾吐自己一切的情愫和意願；對新交的朋友，便須保留心中許多想說的話，以免引起對方的誤會，犯了交淺言深的毛病。所以我們對某人究應如何表示適當的行爲，先須明辨人我的關係。每個人生活在衆人之間，不知要發生多多少少的關係，而其中最値得指出的一點，便是在人我關係之間，常常是我求助於衆人者多，而衆人求助於我者少。因爲我日常生活所需衣食住行育樂等方面，都須依賴他人，而我所工作的範圍有限，僅能對某一部份人服務或貢獻。可見我在衆人之間，所取者多，所予者少。每個人在明辨此種關係以後，更應盡其在我，使人我關係從好的方面去繼續發展。這是道德實踐所宜重視的另一原則。

(三) 嚴別公私分際　我國以往甚爲重視家族倫理和個人修養，對於公共團體生活中若干良好行爲習慣，常常易於疏忽。在道德實踐上便成爲値得討論的問題。例如父母常常因爲愛惜兒子，兒子因爲要在家中侍奉父母，對國家規定的兵役想盡方法來逃避。甚至認爲這種逃避的態度是對的。又如丈夫因爲家庭負擔太重，便採取貪污的手段來彌補家庭的經濟，甚或盜用公款博取妻子的歡心；妻子也原諒丈夫認爲是情不得已，甚至助長丈夫貪污的行爲。這種錯誤的觀念和態度，足以造成因私害公違犯國法的後果。至於利用公衆的財物人員等等，使私人得到方便。如用公家汽車接送子女上學，用公家信箋寫私人信件，用公家的員工做私人的事務等，都是社會上常見的現象，而且視爲當然，都是犯了公私不分的毛病。還有在辦公時間，把公事擱在一邊，做許多私人的工作；在公共場所，只圖自己私人的便利，做出許多妨害他人的行爲。我們試從日常生活習慣方面，仔細檢點一下，隨處可以發現類此的情形。都是由於大家沒有把公私界限劃分清楚。以致引起若干外國人的譏評，認爲我們缺少公德心。所以我們在道德實踐上必須把握「嚴別公私分際」的原則，在金錢、時間、工作、生活習慣等等方面，都必須嚴格劃分清楚。公家財物決不能私自挪用，辦公時間決不可以處理私事，公共場所決不應貪圖私人便利而妨害大衆利益。在私人情感和公衆利益發生衝突，或者私人主張和大衆公意有所違背時，均應先公後私，甚至犧牲自己的利益和放棄私人的主張，這是現代公民應具的行爲準則。

(四) 洞悉社會背景　孔子入境問俗，便是重視當地的風俗習慣，想要了解當地的社會背景，作爲自己行爲適應的標準。所以一個人的行爲習慣，常須受到當地社會風俗的影響。並不能完全憑着自己主觀的道德標準，來表現自已的行爲。譬如中國人有隨地吐痰的習慣，但在香港定有嚴厲的罰則，便不得不把吐痰的習慣革除。駕駛人員喜按喇叭，但在有些地區須受重大的處罰，自會注意音響的控制。天體運動有些地區毫不見怪，但大多數地區則認爲有傷風化。公開聚賭爲大多數國家所嚴禁，但也有少數國家以抽取賭稅爲正常收入。類此情形，不勝枚舉。可見道德標準的認定，在若干行爲細節上，常因地方社會習俗的不同而發生差異。至於道德觀念也常受到社會背景的影響。例如東方社會以農業經濟爲背景，便產生了「君子謀道不謀食」和「爲仁不富，爲富不仁」的想法。西方社會以工商業經濟爲背景，便產生了「金錢代表智慧、奮鬪、勤勞、以及社會地位」的想法。足徵道德觀念和行爲常與社會背景發生連帶的關係。我們生活在某一種社會，便難免受到該社會傳統習慣和風俗的影響，而必須改變自己的行爲，以期能夠適應。因此洞悉社會背景，是我們實踐若干道德行爲所當注意的原則。使自己所作所爲，不致對他人發生誤會和隔閡，並可獲得同情和讚許。

（五）**熟察時代趨勢** 道德行爲不僅含有空間性，而且兼具時間性，所以在實踐時，除了洞悉社會背景以外，更須熟察時代趨勢。時代不斷的前進，我們對於道德的理解，也必須隨之改變。譬如古代人們最敬佩的是打鬪的武士和劍俠、鎗手所表現的匹夫之勇。後來敬佩的對象，轉變到爲國犧牲的忠臣義士所表現的報國之勇。現代最能贏得人們敬佩的是冒險犯難的探險家和太空人所表現的征服自然之勇。這完全是基於時代趨勢所使然。又如古代所提倡的道德，多以少數人爲對象，像忠君、孝親、夫婦貞節、主僕重義等，都是對一二人或三五人表示其德性。現代則由忠君擴大爲忠於團體的各個份子和全國人民，孝親擴大爲尊重他人意見和服從公衆決定。至於夫婦的貞節，主僕的義，早已爲新的觀念所改變。現代人類所需要的道德，乃是以大多數人爲對象。例如「自由」係以尊重他人的意志爲準則，「平等」係以尊重他人的地位爲準則，「博愛」係以愛護廣泛的人羣爲準則。然而以往所提倡的道德，若能符合時代精神，仍舊受到現代人類所重視。例如「誠實」爲現代科學研究所必守的軌則，「恕道」爲現代民主政治所崇尙的風度，均爲我們當前所不可缺少的德性。我們必須運用開明的頭腦，熟察時代的趨勢，則一切道德行爲均可配合時代潮流而隨時前進。這是今後道德實踐所應把握的又一重要原則。

第三節　道德實踐的層次

筆者在所著「道德教育實施論」中，曾經將道德的實踐分爲三大步驟，即是：㈠靜思與內省，㈡批評與檢討，㈢策勵與力行。（見該書第三五——三七頁。）這是一種概略的劃分。如果我們就不同的觀點來加以分析，那末道德實踐的層次和範圍，便有各種不同的看法。下面提出幾種觀點，試予闡明：

㈠道德行爲的表達自內而外　在本書第八章中曾經指出：行爲演進到最高階層，便是道德行爲，含有純粹的理性。嗣又在第九章中闡明人類行爲的內涵，包括內在的心靈感應（意識）和外在的肉體動作（活動）。可見人類的道德行爲是以理性和心靈爲出發點，自內而外，逐漸表達出來。我國儒家曾經將人生修養分爲：格物、致知、誠意、正心、修身、齊家、治國、平天下八條目。便是依照自內而外的觀點，劃分道德實踐的層次和範圍。而格物、致知、誠意、正心、修身五目，乃所以成己的步驟；齊家、治國、平天下三目，乃所以成物的步驟。成己係由內發，也即是用內聖的工夫，以達成修己的任務。成物係向外放，也即是用外王的工夫，以達成善羣的任務。所以一切道德行爲的表達，都須從內心修養上做起。宋明理學家特別重視心性修持的學問，也是抱着這種觀點。然而過於注重內修，忽視外達，便將陷入空疏和孤獨的境界，使道德無從具體而且廣泛的實踐。

（二）道德行爲的重心由己到羣　中國傳統的倫理思想，特重修身。道德的實踐也是從修身開始。因此，實踐道德行爲最初的對象便是自己，以後再推及他人。所以大學說：「古之欲明明德於天下者，先治其國。欲治其國者，先齊其家。欲齊其家者，先修其身。」書經虞書堯典上說：「克明俊德，以親九族；九族既睦，平章百姓；百姓昭明，協和萬邦。」這都是啓示我們實踐道德行爲由己到羣所應走的步驟。古代人類生存在農業社會裏面，交通極爲不便，人與人間接觸的機會很少，即已具有此種遠見，實在令人欽佩。現代個人和社會的關係日趨密切，人與人間接觸頻繁，道德實踐斷不可以獨善其身爲滿足，也不能避居到桃花源裏面去過着高人隱士的生涯。今後人類道德實踐的步驟，用現代語意來闡明：第一步，便是如何使自己身心健全，所行所爲均能符合道德的標準。第二步，便是如何使自己與日常所接觸的人（包括家人、鄰居、戚族、朋友等）過着和好而愉快的生活。第三步，便是如何使自己所生存的羣體（包括家庭、學校、社團、社區、國家、世界等），能够不斷的進步和發展，大家都可以和平幸福的活着。這種說法，與古人所想並無二致。

（三）道德行爲的發展是從倫理擴大到宗教文化法律政治經濟各方面　我國社會組織向以家族爲中心，道德行爲的規範便自然以家族倫理爲主體。古代所推行五倫的教育，其中三倫爲父子有親，夫婦有別，長幼有序，都是家族份子間應具的品德。所以有關道德行爲的培養，均以家庭倫理爲溫床。至於宗教、文化、法律、政治、經濟等方面的思想與措施，雖亦有時與道德發生關聯，但在單純的農業社會中，並未受到重視。西方社會便與我國不同，宗教思想自始卽具有濃厚的道德意味。中世紀時，宗教成爲教育實施的主幹，對社會發生極大的影響。文化發達，使西方人民生活水準提高；法治盛行，使法律與人民生活密切的結合；政治昌明，一切行政措施，均與人民公共福利有關；經濟進展，處處足以影響人民的生活。人類為了要適應各方面與生活有關的種種事項，勢須定出若干符合大衆願望和利益的行為準則，讓彼此有所遵循。所以道德實踐的範圍，便不只局限於倫理方面，而擴大到宗教、文化、法律、政治、經濟多方面。現代東方社會亦向西方看齊，均由農業社會的型態，轉向於工業社會的型態，有關道德行為自亦不免隨之改變。這是人類進步和發展必然的趨勢。但在西方社會極端重視功利的潮流中，每易放棄道義。所以東方倫理思想，仍為現代人類實踐道德行為不可忽視的一個環節。

第四節　道德實踐的工夫

我國儒家有「言必信，行必果」的昭示，理學家有「卽知卽行」、「知行合一」的體認。用現代語來說，可作如下的解釋：「當我們認為某件事是應做的，說出來便必須做到。」或者「知道了某件事是對的，便應當立刻去實行，並且把所知和所行打成一片。」這似乎就是我們實踐道德行為所應採取的態度。然而這種態度只能應付比較單純的事物，至於遇到較為複雜的情境，便非用「說了就做」，或「知道便做」的方式，卽可順利的適應，而必須下一番修養的工夫。下面特提出幾種修養的方式，加以簡要的說明，提供參考：

（一）**存養**　人性的本體雖無善惡，但人性的實踐卻能够趨善避惡，表現人類特具的理性和良心，因此必須予以存養。然而理性和良心，極易遭受外物的誘惑，以致於蒙蔽或湮沒，不能發揮應有的功能，所以必須下一番存養的工夫。我國學者提出許多存心養性的說法，內容大半流於玄虛，使初學者不易把握。如孟子說：「盡其心者，知其性也，知其性，則知天矣。存其心，養其性，所以事天也。」邵康節說：「氣則養性，性則乘氣，故氣存則性存，性動則氣動也。」張橫渠說：「形而後有氣質之性，善反之，則天地之性存焉。故氣質之性，君子有弗性者焉。」王船山說：「性者，生理也，日生則日成也。天命豈但初生之頃命之，天之生物，其化不息。幼而少，少而壯，壯而老，亦非無所命。形日以養，器日以滋，理日以成。方生而受之，一日生而一日受之。故天日命於天，人日受命於天。惟命之不窮而靡常，故性屢移而異。未成可成，已成可革。性也者，豈一受成形，不受損益哉。故君子之養性，行所無事，而非聽其自然。」我們最好用一個譬喻來說明怎樣存心養性。所謂理性，好像植物的種子，必須保存在適宜的土壤中，才會發芽生長。稍不小心，便可使種子失去生機。種子發芽生長以後，還要好好的養護，時時給予適度的水份、肥料、陽光和溫暖，否則仍難免半途夭折。這些都是我們對植物所下的存養工夫。至於理性必須保存在我們的心田中，念茲在茲，處處做到明心見性，發揚眞理。也就是隨時隨地都要順乎自然，率眞盡性，顯露誠意。所以中庸說：「養性莫善於誠。」大學說：「所謂誠意者，毋自欺也。如惡惡臭，如好好色，此之謂自慊，故君子必愼其獨也。」「毋自欺」，「愼其獨」，便是存養理性的工夫。以後程明道所謂「識仁定性」，朱晦庵所謂「居敬窮理」，王陽明所謂「致良知」，都是對存養工夫所下的注腳。我國先賢王烈便有如下的一則故事。王烈素以義行爲鄉里所稱頌，對里民常善加勸誘。有一偷牛賊被牛主逮捕，賊當即表示願受任何刑戮，但求不要告知王烈。王烈獲知此事，立即贈送一匹布予偷牛賊，並加勸勉。有人問王烈何必如此善待此賊。王烈說：「盜懼我聞，是有恥惡之心，旣知恥惡，則善心將生，故贈布以勸爲善。」後有一老父遺劍於路，有一路人守至傍晚，等候老父尋還該劍，原來此人便是以前的偷牛賊。由此可知，惡如盜賊，倘加以勸誘，亦能知恥養廉，恢復善良的本性。

（二）省察　當理性存養以後，還要時時反省自己的行爲有無差失？考察自己的品德有無缺陷？這就要加上省察的工夫。曾子說：「吾日三省吾身，爲人謀而不忠乎，與朋友交而不信乎？傳不習乎？」這便是我國先賢省察的事例。理性最易受到外物的影響而不能順利的發揮。好像植物種子的養份極易被雜草吸收，陽光也易被雜草遮沒，以致無法生長。必須拔除雜草，植物才可以得到生機。人性能夠充實光輝，有賴於隨時隨地摒棄私慾。私慾有時隱藏在心靈深處，不易發覺，必須細加省察，毫不放鬆，做到拔草除根的地步。中外賢哲大都主張去欲，去佞必須先要加一番省察，使好的品德得以保持，壞的行爲因而改正。孟子說：「愛人不親反其仁，治人不治反其智，禮人不恭反其敬，行有不得者，皆反求諸己。」朱晦庵說：「凡人之心，不存則亡，而無不存不亡之時。故一息之頃，不加提省之功，則淪亡而不自覺。天下之事，不是則非，而無不是不非之處。故一事之微，不加精察之功，則陷於惡而不自知。」呂新吾說：「每日點檢，要見這願頭自德性上發出，自氣質上發出，自習識上發出，自物欲上發出。如此省察，久之自識得本來面目。」都是做省察工夫時最佳的指示。宋朝大臣李沆嘗與眞宗論及唐朝樹黨難制，遂使王室衰微，蓋因姦邪難辨。沆說：佞言似忠、姦言似信、不可不察。眞宗一夕遣使持手詔，欲以劉氏爲貴妃，沆對使者，引燭焚詔。並附奏曰，臣沆以爲不可。遂作罷論。駙馬都尉石保吉求爲使相，帝復問沆，沆曰：「賞典之行，須有所自。保吉因緣戚里，無攻戰之勞，台席之拜，恐騰物議。」他日再三問之，執議如初。遂止。眞宗曾問李沆，人皆有密啓，卿獨無何也？對曰：「臣待罪宰相，公事則公言之，何用密啓。凡人臣有密啓者，非讒卽佞，臣常惡之，豈可效尤。」由李沆的言行，公私分明，平日對自己必常加省察，對人主亦規其重視省察工夫，因而免去許多過失。

（三）克制　人們遇着理智與情感的衝突，公義與私利的矛盾，內心常會發生紛歧和困擾，便必須做一番克制的工夫。千萬不可讓感情任意奔放，超過應有的限度，那便要發生危險。更不可讓利慾薰昏了頭腦，以致墮入罪惡的深淵。所以當兩種行爲動機在我們內心發生矛盾和衝突時，必須明辨是非，當機立斷，決定自己行爲的方面，將偏激的情感和邪惡的慾望予以控制，使我的行爲可以趨向正軌。現代人類的生活環境至爲複雜，許多形形色色的事物和刺激，有時引起羨慕和妬嫉，有時引起氣憤和仇恨。對付前者必須放得開，對付後者必須忍得住。能夠想得開和忍得住，才會消除內心不平的念頭，使情緒趨於安定，避免造成許多不必要的糾紛和禍害。所謂「放得開」和「忍得住」，便是一種克制的工夫。而此種工夫大都經過理性的衡量，而後有所決定。所以克制並不是無情的壓抑，而是合理的制衡。我們所要克制的事物很多。大學說：「所謂修身，在正其心者。身有所忿懥，則不得其正；有所恐懼，則不得其正；有所好樂，則不得其正；有所憂患，則不得其正。」孔子說：「君子有三戒，少之時，血氣未定，戒之在色；及其壯也，血氣方剛，戒之在鬬；及其老也，血氣既衰，戒之在得。」所謂「忿懥」、「恐懼」、「好樂」、「憂患」和「色」、「鬬」、「得」，都是必須克制的事物。東漢楊震曾經拒絕友人王密深夜贈金。王密以爲暮夜無人知曉，請其接受。楊震反問說：「天知地知，子知我知，何謂無知？」使密感到慚愧。以後楊震轉任涿郡太守，子孫常蔬食步行，故舊欲令為開產業，震曰：「使後世稱為清白吏子孫，以此遺之，不亦厚乎？」足見楊震能下克制工夫，纔可保持清白。

（四）化除　人類遇到是非利害發生衝突時，必須明辨是非，軽衡利害，作理智的抉擇，將錯誤和有害的行為予以克制，這是對自己而言。至於人與人間，由於彼此的秉賦氣質、生活背景、教育程度種種的差異，不免有各人的偏見，也就造成了多方面的隔閡。我們怎樣才可以打消偏見與隔閡，便需要做一些化除的工夫。「第一是虛心，應當知道自己所持的見解，只是就某一立場或某一觀點所感到的。假使站在另一立場或觀點。便又有不同的看法，因而不堅持自己的主張，也就不至固執成為偏見。同時，在我們的心胸中，可以容納許多不同的見解，得到一個比較完全的認識。第二是體諒，由於我們既不能把自己的生命歷史安排得和別人一樣，也就不能勉強別人的見解主張和自己一樣。因此只有互相體諒，才可以獲得進一步的了解，彼此產生同情。第三是遷就，每個人都有自己的優點和缺點，每個人都有自己的個性和羣性，假使彼此不築起壁壘或劃分鴻溝，能夠互相遷就，則彼此的行為可以逐漸接近，認識也就親切，容易獲得合作。第四是寬恕，在兩個異己之間，有一方能夠寬恕，則另一方也許便會隨着改變態度，使一切是非糾紛都易於化除，禍亂也就不至發生了。（引自拙著「人生走筆」第二二頁。）所以化除是人與人間融通合作不可缺少的修養。唐朝宰相婁師德是我國待人最為寬厚的典型人物。史冊上有如下的一段記載：「師德性寬厚清慎，犯而不校，與李昭德俱入朝，體肥行緩，昭德罵曰：「田舍夫」，徐笑曰：「師德不為田舍夫，誰當為之。」其弟除代州刺史，將行，師德謂曰：「我兄弟榮寵過甚，人所疾也，將何以自免？」弟曰：「自今雖有人唾某面，某拭之而已，庶不爲兄憂。」師德愀然曰：「此所以爲吾憂也。人唾汝面，怒汝也。而汝拭之，則逆其意而重其怒矣。夫唾不拭自乾，當笑而受之耳。」狄仁傑之入相也，師德實薦之，而仁傑不知，意頗輕之。太后問仁傑曰：「師德賢乎？」對曰：「爲將能謹守邊陲，賢則臣不知。」又曰：「師德知人乎？」對曰：「臣嘗同僚，未聞其知人也。」太后曰：「朕之知卿，乃師德所薦也，亦可謂知人矣。」仁傑既出歎曰：「婁公盛德，我爲其包容久矣，吾不得窺其際也。」是時羅織紛紜，師德久爲將相，獨能以功名終，人以是重之。」就現代眼光來看，師德待人的作風，是一般人所做不到的，也許並不爲人所贊賞。但這種唾面自乾的精神，確實是化除人與人間許多隔閡與誤會的一種方式，值得我們參考。

（五）持中 中道素爲我國所崇尙，在本書第十章中曾經予以闡明。現在要補充解釋的，便是指出人們對於中道的誤解。有的人對某件事自己缺乏主張，聽見甲說點頭稱是，聽見乙說丙說也點頭稱是，希望各方面都能夠討好，究竟誰是誰非，毫無標準，而自以爲是在實行中庸之道。其實這是「鄉愿」的作風，孔子說：「鄉愿，德之賊也。」因其沒有是非的標準，足以違害公正的精神。而中道卻是具有明確的是非準則和合理的行爲規範。有的人認爲某一種行爲做慣了，在任何情況之下都不改變。好像每日三餐吃慣了，在腸胃不消化時也照吃不誤。見人面帶笑容，在追悼會場中也照樣帶着笑容。自以爲這是保持中庸的精神，其實這是昧於事理的鄉愚行爲，並不是眞正的中道。而中道是在公平合理的情境之下，因時制宜，通權達變，表現其適當的態度和行爲。這就是儒家所主張的「時中」。所以中道的運用，因時、因地、因人、因勢而轉移其行爲的焦點或支點，以求達到明確和公平的目標。好像望遠鏡的鏡頭須隨着遠近距離而選定其明確的焦點；天平上的物體須依照物體的重量而增減法碼，以求其支點的平衡。可見中道的把持，並不簡單，必須自己先有明確的準則和適應環境的能力，纔能夠做得恰到好處，而不會變成鄉愿或鄉愚。所以我們必須先要明辨行爲的是非，確認事物的價值，然後擇乎其中，作適當的表現，這是在道德實踐上所應有的修持。宋司馬光呈請朝廷立十科舉士法，其奏曰：「爲政得人則治。然人之才或長於此而短於彼，中人安可求備。若指瑕掩善，則朝無可用之人，苟隨器授任，則世無可棄之士。若專引知識則嫌於私，若止循序未必皆才。乞設行義純固可爲師表。節操方正可備獻納。知勇過人可備將帥。公正聰明，可備監司。經術精通、可備講讀。學問泓博，可備顧問。文章典麗，可備著述。善聽獄訟，盡公得實。善治財賦，公私俱便。練習法令，能斷清讞。凡十科舉士，應侍從以上，每於十科舉三人，中書置籍記之，有事須材，執政按籍視其所舉科，隨事試之，有勞又著之籍，內外官缺取嘗試有效者，隨科授職，仍具所舉官姓名，其人任官無狀，坐以謬舉之罪。」此種任用人才的辦法，可說是本着持中的原則而訂立的。

（六）固執　假使我們懷有私慾，不僅不能固執，而且應卽盡力克制。假使我們存有偏見，不僅不能固執，而且應卽設法化除。但是對於一般善良的行爲，便須抱着固執的態度，選擇其中最妥當的，堅持不懈的做下去。這便是所謂「擇善固執」。那末，那些行爲情境是我們應當固執的呢？第一，人類具有理智，能夠辨別一切行爲的是非；人類具有自覺，能夠衡量一切行爲的價值；人類更具有選擇能力，更會把一切最合理而最有價值的行爲，樹立典型，製成規範，勉勵大家始終如一的去做，絲毫不要放鬆。這便是對行爲規範的「擇善固執」。第二，人類行爲由於時間和空間的影響，常常變更不同的方式和傾向，但變更的因素必須依循一種合理的法則，也就是無論如何變化，決不能違反我們做人的基本原則。換一句說，一個心地正直的人，對待他人在行爲小節上，雖可多方牽就，委曲求全，但決不會做違背自己良知的事情。所以我們的行爲不妨隨着環境的變異而適應，但是做人的原則決不變更。所謂「萬變不離其宗」。這就是對做人原則的「擇善固執」。第三，前面所闡揚的「中道」，就是要求一切行爲做得恰到好處。所謂「恰到好處」，便是我們所要把握正確行爲的焦點和支點。我們能够經常的守着中道的一點，去應付事物而不敢懈怠，這便是立身處世的「擇善固執」。根據上面三種說法，可見我們所應當固執的，乃是眞實永恒的善行和法則。我們如何才能擇善固執？必須具備信心、決心和恒心。信心所以產生固執的精神，決心所以堅定固執的態度，恒心所以獲致固執的成果。憑着這些修養，才可以奠定道德行爲實踐的基礎，而且逐漸發揚光大。宋德祐元年，元兵三道大入，詔天下勤王，天祥提刑江西，奉詔流涕，發郡中豪傑，結溪洞山苗，以萬人入衞。其友止之曰：「子是行，何異驅羣羊而搏猛虎？」天祥曰：「吾亦知其然也。第國家養士三百年，一旦有急徵天下兵，無有應者，吾深恨於此，故不自量力而以殉之。庶天下忠臣義士，將有聞風而起者，而社稷或猶可保也。」性豪放，自奉甚厚，聲伎滿前，至於痛自貶損，以家資爲軍費。二年除天祥爲樞密使，尋以爲右丞相。帝昺祥興元年十一月，天祥屯潮陽，方飯五嶺坡，張宏範兵突至，衆不及戰，天祥被執，急吞腦子不死。見宏範，以客禮待之，使爲書招張世傑。天祥曰：「吾不能扞父母，乃敎人叛父母乎？」固命之，乃書所過零丁洋時與之。末云：「人生自古誰無死，留取丹心照汗青。」宏範笑而置之。厓山破，軍中置酒大會。謂曰：「國亡，丞相忠孝盡矣，能改心以事元，今將不失爲宰相也。」天祥泫然出涕曰：「國亡不能救，爲人臣者死有餘罪，況敢逃其死而貳其心乎？」宏範義之。遣使護送至燕，天祥在燕凡三年，坐臥一小樓，足不履地。臨刑殊從容。其衣帶中有贊曰：「孔曰成仁，孟曰取義，惟其義盡，所以仁至，讀聖賢書，所學何事，而今而後，庶幾無愧。」充分表現了從容就義百折不撓的精神，這是我國歷史上感人甚深的一則擇善固執的事例。

（七）創新　大學第二章解釋新民的要旨說：「湯之盤銘曰：苟日新，日日新，又日新。康誥曰：作新民。詩曰：周雖舊邦，其命維新。是故君子無所不用其極。」昭示人類自古以來，即在不斷的創新。中庸說：「君子之中庸也，君子而時中。」所謂「時中」，便是隨着時代的更新，表現適當的行爲。孟子稱孔子爲「聖之時者也」，亦即是孔子的學術思想，可以萬古常新，並非一成不變。明乎此，我們對於一切道德的實踐，並非抱殘守缺。如張勳拖着一條辮子表示對清廷效忠，被人譏爲頑固。我們對於道德的理解，更非食古不化。如報載某君手中持着舅父臨終時所遺的銀行存摺，囑於光復大陸後留交家屬。而某君不幸失業以致斷糧，但因守信而始終不敢動用存款。此種德行的動機極爲可敬，但造成的後果卻未免近於迂腐。今後道德行爲的實踐，應當針對現代的新情境予以衡量。例如由於機械可以替換人類的勞力，電腦可以節省人類的腦力，有關勤勞、智慧等方面行爲適應的法則，勢須重新估價。由於人造衛星的放射，太空船的飛航，業已突破空間的界限，以地球爲主的「領空」、「領海」、「領土」等有關權利與義務的觀念，也許不久即將重新考慮。至於人類將來像動植物一般，可以選種生育，則貞操、戀愛等等觀念，也許要重新評量。諸如此類，都是不久的未來，可能預見的新情勢。總之，道德行爲本無新舊之分，符合時代精神者，雖最古的道德典範，仍然歷久常新，固應遵守不渝。違反時代需要者，雖新倡的道德學說與行爲法則，亦必在短時間內即行消滅，不必盲目崇拜。反過來說，基於時代需要，而確係符合事理、情理、法理的新觀念和新行爲，我們縱然感到陌生，仍宜經過愼重考慮，予以接受，不宜深閉固拒。使一切道德行爲在日常生活實踐中，不斷的建立新標準，創造新境界。國父孫中山先生畢生從事國民革命，其思想和事業無不力求創新。就倫理道德方面講，在民族主義第六講中說：「在國家之內，君主可以不要，忠字是不能不要的。如果說忠字可以不要，試問我們有沒有國呢？我們的忠字可不可以用之於國呢？我們現在說忠於君，固然是不可以，說忠於民是可不可呢？忠於事又是可不可呢？我們做一件事，總要始終不渝，做到成功；如果做不成功，就是把性命去犧牲，亦所不惜，這便是忠。」即是一種創新的見解。又如在「世界道德之新潮流」講詞中說：「古時極有聰明能力的人，多是用他的聰明能力，去欺負無聰明能力的人，所以由此便造成專制和各種不平等階級。現在文明進化的人類，覺悟起來，發生一種新道德，就是有聰明能力的人，應該替衆人服務。這種替衆人來服務的新道德，就是世界上道德的新潮流。」這也是對現代道德一種創新的主張。

第十六章　行爲規範的建立

第一節　個人行爲的一般規律

談到道德實踐，必須確立行爲規條，以便有所示範。中外賢哲所提示有關倫理修身的觀念和法則，實在不勝枚舉，更無法完全羅列。本書既認爲倫理的終極任務，重在實踐，自不能略而不談。謹依照我國儒家修己安人的基本原則，並參酌現代人羣道應環境的實際需要，分爲個人和羣體兩大部份，列舉若干規條，藉供採擇。

（一）觀念方面

1.人類與一般動物不同，能夠自我感覺本身所負使命之重大；具有理智，能夠辨別行爲的是非善惡；具有選擇能力，能夠衡量行爲的價值以求實踐。道德便在此種情勢之中產生。

2.道德主要的任務，乃在表現對待他人的一切正當合理的行爲，以求人類彼此之間，可以共生、共存、共進化，發揚人之所以爲人的使命。

3.道德的實踐，必須每個人都從自己開始，保持純潔的心靈，然後充分表達於行爲，完成人格純良的個體。

4.任何一種品德，倘若缺少「誠」的素質，便非出於行爲者的本心，必將流於空虛，以致失去道德的價值。所以「誠」是一切德行建立的基礎。

5.對於一切事物的觀察，能將自身利害置於事理之外，而出之於超我的立場，則所表現的行爲後果，必定符合公平的原則，自會與道德合拍。

6.道德規律出於人類理智的判斷，常常超越法律、宗教、風俗、習慣，以及一切成規之上，而有其不可侵犯的標準。

7.人類理智有時昧於事實而造成錯誤的判斷，故運用時，必須多方對照與比較，力求正確而公允。而道德亦因時代需要而隨之修改內容。故道德規律並非一成不變，而須因時制宜。

8.人類行爲有時應當隨着環境的需要，而改變其處理的方式，但決不可以背叛良知，也卽是不可違反做人的基本原則。所以在行爲小節上，有時不妨多方牽就，委曲求全，但做人的基本精神，千萬不可改變。

（二）氣質方面

1.人性的根本傾向，在於保存自己、維持自己、並進而充實自己，以求有所發展。此種傾向爲人類生存所必需，但一不小心，便將變爲自利和自私，產生一切罪惡和禍患。故必須善加省察。

2.人類常喜以自我爲中心，認爲一切均因自己而存在。倘能放寬眼界，極目太空。則地球不過是太陽系中的一個行星，而人類不過是散佈在地球上的一種生物，自己更不過是億萬人羣中的一份子。抱着如此看法，則內心定然產生恢宏坦蕩的氣質。

3.一個人能够立定切實可行的志願，並且繼續不斷的追求實現，則精神上便不會感到空虛，苦悶也就無從生根，自能養成堅忍不拔的氣質。

4.人類大都愛惜生命，但遇到認爲較自己的生命更有意義和更有價值的事物，常常不惜冒生命的危險以求取得，甚至甘願用生命作爲換取的代價。這是人類成仁取義所獨具的崇高氣質。但如果見利忘義，或者利令智昏，以致喪失生命，乃係人類卑劣氣質表現之另一面，必須時加警覺。

5.對於一切事物，均須本着追求眞理的精神，加以思考與判斷。盡量摒除主觀、片面、偶然的各種印象與傳聞，務求獲致精確的結論。此種科學精神爲吾人對事對人所應具之氣質。

（三）習性方面

1.對於任何事物，倘能注意其因果關係，則在應付的時候，必知本末先後，自會按步就班，有條不紊，做到得心應手的境地。所以觀察入微，小心謹愼，乃是處世接物所不可缺少的習性。

2.計劃與準備爲一切工作成功所必具的因素，亦即吾人日常行爲表現時，所不可缺少的起步。故「有備無患」實爲吾人亟應養成的一種習性。

3.任何行爲的開始，即須考量所能造成的後果。如果不加考察，隨遇而安，因循成習，一旦發覺爲一陋習或惡習，甚至招致不堪設想的後患，縱令痛加悔改，其對於身心的戕害，已屬不淺。

4.好逸惡勞，本屬人之常情，亦最易養成人類的惰性，使一切理想和事業，均因而落空。如欲力爭上游，便須克服此一弱點，養成勤勞習性。

5.現代人類生活特重整潔與衛生，並已納入道德行爲的範圍。因爲蓬首垢面、衣冠不整等現象，不僅對自已身心有損，而且足以令人發生厭惡之感。如果不講衛生，更將影響他人健康。然而人性愛好悠閑與自由，日常生活每易趨於散漫與零亂，必須注意檢點。

6.享樂本可調節身心的疲乏，但是不加選擇而沉溺於低級的享受，甚至縱欲無度，淪落於淫邪的邊緣，則享樂便是一種罪過。

（四）態度方面

1.人生有光明面也有黑暗面，如能信任自己的努力，可以驅逐黑暗而走向光明，則所表現的態度自然樂觀。

2.做人能把私利看淡些，做事能把眼光放遠些，則氣量自然寬宏，態度也就顯得和善。

3.遇有不如意事，能作退一步想，遇有與人爭執時，能反省自己的錯誤，則不致怨天尤人，而可以心平氣和。

4.處處能够設身處地爲他人着想，則他人有痛苦時便會關懷；他人有過失時便會諒解；他人有幸運時便會高興；他人有成果時便會讚美。

5.對於一切事物，均能冷靜觀察之後，再提出自己的意見，便可減少偏見；對於一切利害，均能拋開自己的立場，從公衆的利益着想，便可減少私情。

6.受到無理的侵犯時，應當斷然自衞。否則一味退讓，反足以助長狂暴，招來欺凌與屈辱。所以容忍亦宜有最低的限度。

7.凡基於個人利益，而僞裝慈善或威嚴，以達到誘騙、脅迫的目的，均係不正當的行爲。

8.凡認爲合理而正當的行爲，不論遇着任何阻擾，均能存着不懼怕的心理，則態度自然勇敢。反之，明知善行而沒有勇氣去做，便是可恥的卑怯。

9. 遇到痛苦，能够堅強的忍受，則一切困難均可以克服。

10 遇到快樂，能够冷靜的接受，則不至得意忘形，招來若干嫉妬和輕視。

第二節　個人生活的重要守則

行爲規律着重在基本觀念的培養和領會，行爲守則着重在日常生活的適應和示範。本節即從身心健康、儀容禮節、衣食住行、作息休閑、用錢用物、求知服務等方面，提出有關個人生活的若干守則，藉供從事修養的參考。

(一) 身心健康方面

1. 生理健康守則

(1)養成清潔衛生的習慣。

(2)每日能有一定的時間作健身運動。

(3)每日有適度的營養和良好的消化。

(4)每日有適當的工作和充分的睡眠。

(5)養成正常排洩的習慣。

(6)注意呼吸新鮮空氣。

(7)適度利用陽光。

(8)多飲開水和愛好沐浴。

(9)喜歡從事各種勞動。
(10)經常接受健康檢查。
(11)節制各種不正當的欲望。
(12)戒除不良嗜好。

2. 心理健康守則

(1)笑口常開，富有樂觀的精神。
(2)做事從容，調劑緊張的情緒。
(3)樂於助人，暢開同情的懷抱。
(4)不怕艱難，磨練堅強的意志。
(5)明辨是非，處世接物力求心安理得。
(6)不計得失，安身立命力求心胸坦蕩。

(二)儀容禮節方面

1. 端整儀容守則

(1)養成定時整容的習慣。
(2)養成服裝整潔的習慣。
(3)行路須抬頭挺胸，精神振作。
(4)與人同行須比肩齊步，循序前進。

(5)行進時不可攀肩搭背或吃零食。

(6)談話時，聲音務求適度，以免打擾他人

(7)說話時，態度務須安祥。

(8)與人說話，力避表現疲倦的神態。

2.遵行禮節守則

(1)在公共場所，對國旗國歌應按一般慣例，表示敬意。

(2)遇見國家元首，宜用肅立、鼓掌、歡呼等方式表示敬意。

(3)遇見一般尊長，態度宜恭謹，並用適當行爲表示敬意。

(4)遇見熟人宜微笑招呼，並親切問好。

(5)需人協助時，應說「請」字，接受幫助時，應說「謝謝」，對人不週時，應表示歉意。

(6)行、坐、站、立，均須注意尊卑的位次。

(7)與人握手，必須注目示敬。

(8)親朋聚會，亦可拱手爲禮。

(9)受人敬禮，必須表示答禮。

(10)親友遠行或蒞臨，應酌情前往迎送。

(11)禮節重在表達眞實的情感，不宜太重形式。

(12)禮節須合時代潮流，不宜過於保守。

⒀禮節須合當地的習俗，隨時酌加變通。
⒁禮儀的細節規定範圍很廣，必須虛心學習。

㈢衣食住行方面

1. 衣着守則

⑴衣着須切合季節、年齡、身份、體態等條件，予人以整潔、合時、悅目、大方的感覺。
⑵衣着的質料須愼重選擇，注意經濟耐穿，並宜採用國貨。
⑶衣服穿着有一定的順序和通則，必須細心留意，以免失禮。
⑷衣着宜與生活配合，家居時，着常用服；工作時，着工作服；辦公時，着制服；應酬時，着禮服或較爲整潔美觀之衣服。
⑸參加喪禮弔唁，應着深色或樸素之衣服。
⑹集會入室，應將帽子及大衣脫下，放置在適當地方。
⑺衣服須勤加洗滌和修補，並妥加保管。
⑻不可在人前脫鞋、脫襪、更衣、梳頭、捏脚、洗脚。
⑼外出時，不穿睡衣，不赤膊、不着拖鞋、木屐。
⑽在正式場合，不可將手揷入兩袖中或胸際衣袋內。
⑾皮鞋宜保持光潔，布鞋宜刷淨灰土，鞋帶宜繫好，襪統不可垂下。
⑿缺少的衣着須隨時添置，不宜輕易向人借用。萬不得已須借用時，亦宜定時歸還。

2. 飲食守則

(1)飲食須講求清潔衛生，和注意食物營養的調配。

(2)飲食須有定時定量，勿過飽，不偏食。

(3)用餐時，須保持心情愉快，細加咀嚼。

(4)飲食時，宜注意良好的姿勢，力避妨礙他人。

(5)食時應避免發生咳嗽、噴嚏、嘔氣、噫氣等形態。

(6)不可用筷子或手指剔牙，如必要時，須用牙籤，並以手掩口。

(7)不可一次將過多的食物進入口中。

(8)吃進的食物不宜吐出，如有骨刺，亦宜緩緩的吐出，置於盤碗旁邊。

(9)殘肴、骨刺、果皮等，均宜置於適當地方，不可拋擲地上。

(10)喝湯不宜有聲，碗盤筷匙不宜撞擊作響。

(11)飲食完畢，應將用具理好，坐椅亦宜放回原處。

(12)餐後宜稍事休息，不宜用腦或作劇烈運動。

3. 居住守則

(1)住宅須講求安全、衛生、舒適、美觀等條件，力謀生活健康愉快。

(2)居室要乾燥，並注意通氣、透光、能有防風雨寒暑等設備。

(3)室內佈置須利用適當的空間，妥善安排各種用具，並定時洒掃，保持整潔。

(4)室外亦宜注意環境佈置，在適當空地栽種花木，力求清潔美化。
(5)水電開關，均宜注意於用後隨時關閉。
(6)避免隔室呼喚及與距離過遠的同室人談話。
(7)隔牆不可爬視，對門不可張望，隔窗不可窺探，在室內及室外，不竊聽他人私語。
(8)進入他人居所，應先揚聲或按電鈴，不可悄悄潛入或擅自闖進。
(9)將入人室，應先扣門，俟室內應聲或啓門，方可進入。
(10)進出房舍，隨手關門，如原係打開者，仍保持原狀。
(11)開關門窗，移動器物，使用盥具，上下樓梯，踐履地板，務須輕緩，不可令其有震驚聲響。
(12)注意防火、防盜、防震等等設施，以策安全。
(13)溝渠保持通暢，垃圾經常掃除，不可隨地傾倒。並隨時撲滅蚊蠅蟲鼠，以防疾病。
(14)廚房、畜舍及厠所，經常保持清潔，並常用開水或藥劑消毒。

4.行動守則

(1)在交通要道應注意紅綠燈及各種交通標誌。不可任意穿越馬路，或搶走平交道。
(2)步行應走人行道，駕車應走車道，均應靠右走，如無人行道，亦應靠邊走。
(3)行車走路均不可爭先恐後，應循序前進。
(4)候車、上車都要依次排隊，對婦孺老弱要讓坐。
(5)與長輩或婦　同行時，應在其左或後，如二人以上相隨，應分在兩側或後方。

(6)如要超過人前，應從其側面繞過去，不可向前直闖，如須請求讓路通過時，應先說聲「對不起」或「請原諒」。

(7)在途中如有人問路，應詳為告知，如是兒童迷路，應護送回家，或送交附近警察局所。

(8)在途中見人發生災害，應即設法急救，或幫助送入附近醫院。

(9)在途中誤撞別人，或與人相撞，均應說聲「對不起」。

(10)通過黑暗地區，男子應先行。在公路或任何處步行時，男子或位低者，應靠較危險的一邊。

(11)駕駛交通工具，都須關心別人和自己的安全。

(12)入室、上車、上船、上飛機、上樓，應為長者婦孺開門，並讓他們先行。出室、下車、下船、下飛機、下樓，則應自己先行，以便照顧他們。

(13)如將遠離，應告別親友，如不獲見，應留名片，並註明辭行。

(14)凡親友遠行，應往送行，並祝其一路平安。

(四) 用錢用物方面

1. 用錢守則

(1)金錢可以維持生活，更可助人為善；同時金錢可以滿足物慾，更可助人為惡。究竟何去何從，必須自己審慎選擇。

(2)用錢必須講求如何發揮效果，財富百萬的守財奴，自己既未享受，又不興辦事業，等於赤貧的窮漢。僅有萬元的企業者，投資生產，運用恰當，便可創造許多驚人的事業。足見運用效果的重要。

(3)金錢必須積少成多，再作妥善的運用，才可以發揮最大的效果。所以應當養成儲蓄的習慣並會作長遠的打算。

(4)個人所得與所出，必須力求平衡，最好應有剩餘，倘若支出超過收入，度着借貸的生活，便應仔細檢討，設法補救，否則前途將不堪設想。

(5)金錢用在恰當處，雖巨款亦在所不惜；金錢用在不當處，雖分文亦宜加以考慮。

(6)個人收入豐裕，應有一個合理的生活水準，任情縱欲，以致生活奢侈，固屬驕淫；節衣縮食，以致有損健康，亦屬愚蠢。

(7)用錢待人從寬，待己從儉，便是美德；待人刻薄，待己優厚，便成惡行。

2. 用物守則

(1)用物的基本原則，便是順乎自然，各盡其用。科學家之所以能够發明，便是窮究自然的現象，洞悉物理的奧妙，然後設法予以利用，才能表現偉大的功績。至於揠苗助長，殺鷄取卵，乃是違背自然，用物失當的愚笨行爲。

(2)物力宜節約時，必須酌情節約，故森林不宜窮伐。物力宜利用時必須盡量利用，故山洪儲蓄可以發電。推而至於日常用品，都應作如是觀。

(3)日常應用物品，均須作有計劃的購備。衣服做得太多而穿着不盡，食品買得太多而吃喝不完，都是浪費物力。

(4)任何用具，均宜佔有適當的位置，用後均歸還原位，則地方雖小，一切均井然有序；反之，任意取用，隨手亂丟，則空間雖大，亦顯得零亂。

(5)公用物品可以便利大衆，較之私人用品更能發揮效果，所以應當加意愛護。

(6)凡是沒有失去時效的物品，均須盡量利用，自己不需要的物品，均宜捐贈他人，使所有物品都能各盡其用，這是做人應具的品德。

(7)一個人不但要順應環境，而且要克服環境；不但要愛惜財物，而且要善用財物，則生活自然合理而愉快。

(五)作息休閑方面

1. 作息守則

(1)一般人均宜養成早起早睡勤勞操作的習慣。

(2)每個人由於職務性質的不同，有時須變更作息的時間，但亦宜盡量求其合於規律。

(3)工作時須集中精力去做，休息時須求心情舒暢。

(4)作息時間須力謀互相調節，使體力與腦力可以交替運用。

(5)每日宜有充足的睡眠和適當的工作與活動。

2. 休閑守則

(1)凡是每日工作剩餘的時間，必須認眞把握，設法利用，當可增進身心健康，幫助事業成功。

(2)現代休閑活動種類甚多，應當根據自己的興趣和環境愼重選擇。

(3)每個人應設法利用狹小的空間或片斷的時間，完成一些適宜的休閑活動。
(4)內省、沉思、遐想等，也可作爲休閑生活的一種方式。
(5)每個人應樂於參加團體休閑活動，並與他人建立共同休閑的生活方式。

(六) 求知服務方面

1. 求知守則
(1)任何學問都是從觀察一切事物的現象，更進而經過分析、比較、探討、綜合若干步驟，細下一番研究的工夫，始可得到，可見眞實的學問，得來並不容易。
(2)打開知識的寶庫，須要會疑，能疑才不放過細小的地方，而有進步；培育知識的碩果，須要有恒，有恒才能經得起時間的磨練而獲成功。
(3)有人博覽羣書，一無所長，在於用心不專，專心才可以找到學問的門路；有人皓首窮經，了無所獲，在於用心不潛，潛心才可以探得學問的奧秘。
(4)進入學問之門，必須急起直追，不可觀望等待，才能有所創獲，有所發明。
(5)知識本無邊際，爲學最怕自滿，自滿便將被擯於學海之外，茫無着落。
(6)對事理能樹立權威，才是眞知識，對生活能增進福利，才是眞學問。

2. 服務守則
(1)凡是參加團體服務，均應抱着學習的態度，貢獻自己的才能，則服務的機會愈多，自己的能力和經驗，也就更加充實。

(2)在團體中，無論擔任何種工作，均應服從領袖的指導。自己如果是一個領導者，更須知道如何指導別人。

(3)對參加服務的同工，應當力謀合作，並虛心學習他人的長處。

(4)對能力較差的同工，應當予以協助，使整個團體的工作做得更好。

(5)服務的工作熟練以後，仍宜隨時留心改進，並把握進修的機會，充實自己的能力。

(6)任何工作均宜按照時間，確定進度，作有計劃的支配，自可獲致工作的成果。

(7)任何團體工作的成績，均係集體合作的結果，切不可自己居功，更切勿與人爭功。

(8)對於服務的工作，如果遭遇困難，應即盡力設法克服。如果自感無法勝任，不妨請求他人幫助，或找尋適當的替手，不可因循敷衍，招致失敗的後果。

(9)所擔任的服務工作，無論有否報酬或報酬是否優厚，既已決定參加，便須盡力而為。切不可因為缺乏報酬或報酬太薄而心灰意懶，那便喪失服務的精神。

(10)任何人抱着服務的態度，為工作犧牲自己，只要自己服務的精神和成果能够超越一般人，終將贏得羣衆的讚揚和團體的愛護，而獲致應得的報酬。

第三節　羣體行為的一般規律

東方民族生長於農業社會之中，日常生活係以家庭為場所，對於羣體行為所感受的範圍較為狹小，人與人間所產生的權利義務觀念，不如西方民族的明確而廣泛。所以談到羣體行為的規律時，除了以我國固有的待人接物種種德行爲依據外，更須採納西方的社會意識和團體觀念，以擴大現代人羣友好相處的行爲基礎。茲將羣體行爲的一般規律，斟酌列舉如下：

（一）意識方面

1.個人離開社會即不能獨存，尤其生存在現代社會中的個人，一切日常生活所需均仰給於社會，而個人對社會所貢獻者，僅爲某一行業的一小部份工作。因此，個人貢獻於社會者有限，而個人取給於社會者無窮。我們對於羣體，實不能不盡其最大的責任。

2.社會的主要任務，就道德觀點言之，乃在陶鑄社會中的各個份子，發展其社會的通性，使社會得以安定而進步。

3.個人對羣體應盡的義務，有兩方面：一爲以社會全體爲對象，表現尊重法律、維護公益、爲公服務、保障國家等等德行；一爲以具有特殊關係的人爲對象，表現忠誠、友好、互助、合作、諒解等等德行。

4.個人具有對社會能盡義務的能力時，才可取得公民的身份。故公民實爲國民中優秀而健全的份子，所有言行均應爲國民的表率，恪遵一切公正的法律和規則。

5.每個人在社會上均有一份職業，而任何職業對於羣體均有一份貢獻。故個人對本身職業應當忠心盡責。不論其職業地位的高低大小，對羣體貢獻的價值，都是不可抹煞的。

6.社會實賴全體份子的能各盡本職而不斷發展進步，如其中有一人不能盡責，則社會整體的進步即將減少一份力量，甚至產生阻礙的作用。

7.在現階段中，國家仍爲團結個人意志和保障個人權益的重要羣體組織。我們實不能不熱忱愛護，克盡其所應盡的義務。

8.愛國心應從堂堂正正的氣度上表現，盡量避免與其他民族發生隔膜與仇恨的心理，引起狹隘的地區及種族等觀念，爲人類帶來若干的不幸與糾紛。

9.我們目前雖不能放棄國家與種族的界限，但決不能排拒將來各民族聯合成爲一體的希望。從大社會的整體上着眼，應以公道代替暴力，發展成爲一種國際義務，增進人類彼此間的平等與合作。

10博愛的基本精神，在於促進人與人間情誼的接近，擴大人與人間的了解，加強彼此的合作，並使他人在合法的範圍以內，獲得幸福。

11一個人有了自矜財富，社會地位及種族優越等倨傲心理，便會歧視他人，產生人與人間不平等現象，種下誤會與怨恨的根苗，我們必須盡力避免。

12人類非生而平等，在智力、體力、毅力以及善良意志等方面差別很大。但任何人在法律權益等方面，仍應有平等取得及公平競爭的機會。

13我們對於他人的尊敬與忠誠，應視其道德人格所表現的價值而分差等，但不應視其身份、權力、財產或爵位而分差等。

14對於衰老、殘廢、疾病及在危險中的人，應特別表示同情，並予以適當的幫助。

15對於因社會組織而發生特別關係的人，如夫婦、親子、師生、同事等，在倫理道德上，彼此均負有特殊的義務。

16對於動物，應加愛護，更應避免一切殘忍行為，不使其感受於人無益之痛苦。

(二) 接待方面

1.對人須誠懇和藹、禮貌週到，表現尊敬對方的態度。
2.對人氣度宜寬宏，能盡量聽取他人的意見和尊重他人的人格。
3.他人意見與自己不合時，如非必要，最好保持緘默，避免無謂的爭執。
4.他人如有正當的請託，而為自己能力所能做到者，必須盡力做到。
5.對他人如有諾言，必須盡力實踐，如事實不容易做到，最好不隨便允諾。
6.自己非萬不得已時，決不向人有所請求，必須請求時，亦宜選擇可以幫助的對象。
7.他人對自己有言行失檢的地方，應酌情予以原諒，並應即反省自己的言行，是否也有對不起他人的地方。
8.發現他人優點，應即予以讚揚；發現他人缺點，盡量避免公開指責，亦不宜背後議論。
9.自己的親屬做了錯事，不應代為掩護；自己的仇人做了好事，亦宜代為宣揚。
10自己不願做的事，決不勉強他人去做；自己愛好的事物，他人如不愛好時，應當順從他人的意志。
11對人可以風趣幽默，但非亂開玩笑；對人可以勸善規過，但非攻擊隱私。
12對任何人均不宜輕易發怒，一有怒意，言語行動難免便有錯失。
13人縱有對不住自己的事，決不存報復的念頭，則可減除許多煩惱和禍害。

14對待他人應多留退步，使其可以轉圜。萬不可做到極端，逼到絕境，鑄成無可挽救的大錯。

15在他人面前，切勿過於炫耀自己，因而招到嫉妒和陷害。

16待人宜寬，但亦應有限度，如寬到受人利用，那便有損自己做人的立場，應即加以拒絕。

17對人宜信賴，但有時亦須審察，如信賴而被人欺蒙，應即勿與交往。

18自己如有過失，經他人指出時，應即坦白承認，他人如有建設性的批評，更應虛心接受。

（三）會談方面

1. 會談的目的在交換意見，促進友誼，並增加彼此間的了解，予人良好的印象。

2. 會談的態度要誠懇、和藹、大方。

3. 會談的言詞不宜冗長，並須注意對方的反應。

4. 會談的聲音不宜過高，以對方能聽到爲度。

5. 與人對話時，要正面看着對方的面部和胸際，不可左顧右盼。

6. 在公共場合談話，不宜說得太多，阻礙他人發言的機會。

7. 在對方的言語尚未告一段落時，不宜打斷話頭和搶先表示意見。

8. 如兩人同時發言，應讓年長的先講。旁人在相互談話中，不可插嘴。

9. 談話內容以大家所熟悉的事物爲題材，少說自己私人的事情。

10說話盡量避免主觀武斷的語氣，尤忌強詞奪理。

11不可指責他人的短處，誇張自己的長處。

12不可妄談他人私事和私生活。
13與多數人在一起，不可專與某一二人談話。
14不宜談論他人所不願提及的事情，或詢問他人所不願答復的問題。

(四) 交際方面

1. 凡親友來訪須熱情款待，表示應有的禮貌。
2. 邀宴親友更須注意各種通行的禮節，以免招待不週，引起誤會。
3. 凡因個人私事或公共事務，須向人請託或接洽時，宜在辦公處所拜訪，不宜前往私人住宅。
4. 晚輩對於年老的尊長，均宜常常探問，平輩如遇有疾病或其他意外不幸事件時，亦宜前往慰問。
5. 結交朋友應當感情與理智並重，倘若只重感情，便可能成爲酒肉徵逐的朋友，倘能兼顧理智，則可分清朋友的好壞，能够有所選擇。
6. 任何朋友都有長處和短處，如發現朋友的短處，便不與論交，則世間也許沒有可交的朋友，自己便將成爲落落寡合的孤獨者。
7. 對朋友論交，固不宜要求過嚴，但亦不應過濫，以致鷄鳴狗盜之徒，皆成爲自己的朋友，終至有損自己的名譽和事業。
8. 學問、才能、事業比自己更好的朋友，固宜論交，使自己有所進益。
9. 朋友初交，宜多觀察了解，保持冷靜的態度，不宜交淺言深，予朋友以厭惡的感覺。

10朋友結交以後，在朋友處順境時，不必多獻殷勤；在朋友處逆境時，卻宜常加探問。

11對任何朋友均不宜有欺騙的行爲，一經朋友發覺，便將失去許多可交的朋友。

12對任何朋友均應予以幫助。但如係結黨營私，朋比爲奸，則自己應即跳出包圍的圈子，堅持自己做人的立場，不作助桀爲虐的壞事。

13朋友的讚譽，不必過於相信而引以自滿，自滿則固步自封。朋友的指責，應虛心檢討而痛自反省，自省則德業日進。

（五）餽贈慶弔方面

1. 餽贈

(1)餽贈須基於純摯的情誼，使對方感到溫暖和安慰。

(2)餽贈須適合於對方的需要，選擇對方所愛好的事物，更足以增加彼此的情誼。

(3)餽贈宜精神重於物質，用土產或自己手製的物品，更能宣達親切的感情。

(4)餽贈不可含有交換條件的意味，使成爲變相的賄賂，甚至引起對方反感。

(5)餽贈應量力而行，不可超過自己經濟的能力，形成一種奢侈浪費的風氣。

2. 慶賀

(1)自己家裏有喜事，邀請的必須是至親好友，範圍不宜過大。

(2)慶賀的儀式以簡單鄭重爲原則。

(3)慶賀的費用必須自己的經濟力量所能負擔。

(4)親友有慶賀的喜事，倘若接到邀請的通知，應卽參加，並酌送禮物，否則便是失禮。

(5)慶賀的禮物最好具有紀念的意義。

3. 弔唁

(1)喪禮應對死者表示眞摯的追悼，盡量避免浮華。

(2)祭奠殯葬時間宜求節約，使喪家及參加者，均不致耗費時間過多而感不便。

(3)迷信的習俗盡量破除。

(4)如家境富裕，不妨節省治喪費用，移作創辦公益事業。

(5)參加任何喪禮，態度均須肅穆。

(6)在路上遇見出殯的靈柩，均宜表示哀戚之意，切勿面露笑容。

第四節　羣體生活的重要守則

羣體生活的範圍，具有極大的彈性，小至於兩三個人結合的一個聚會，大至於全人類的整體生活，都可稱做羣體生活。每種生活都應有合理的行爲守則，使人與人間產生良好的情誼，維持正常的關係。我們在此地祇能就人類生活中，比較重要的五種羣體組織，卽家庭、學校、社會、國家和世界，斟酌列擧一些重要的守則，由此擧一反三，細心體認，當不難順利適應各色各樣的羣體生活。

(一) 家庭生活方面

1. 對人的守則

(1)對父母應盡孝道，而盡孝道的重點是在順從父母的心意，能夠在品德上、學問上、事業上有所成就，以增加父母的光榮，讓父母感到安慰。

(2)對兄弟姊妹應當友愛，平日宜從互相忍讓，互相幫助、互相規勸、互相敬重的行爲中，表達友愛的情誼。

(3)對夫或對婦應當恩愛，由於夫婦的關係最爲密切，談處境須同甘共苦，談命運則禍福相依，必須彼此在生活上互相關切，在地位上互相尊重，在精神上互相信任，在物質上互相體諒，在工作上互相勗勉，力謀幸福家庭生活的獲致。

(4)對長輩應當尊敬，在態度上、言行上、生活上，均宜隨時隨地表現敬長的心意。

(5)對幼小應當愛護，在生活上、道義上、事業上，均應盡到指導和幫助的責任。但不可抱着姑息溺愛的心情和態度，以助長幼小罪惡的行爲。

(6)對親族宜在年節時通音問，在婚喪時通慶弔，在經濟困難時通有無，藉以敦厚彼此的情誼。

(7)對鄰里宜在平時注意公共衞生、公共安寧、公共交通、公共福利，盡力予以維護，使彼此能够相安相助，藉以維持友好的關係。

2.對事的守則

(1)家庭中每個份子都必須齊心協力，勤於操作。按照各人能力，分配適當任務。

(2)日常家事的處理，應有適當的計劃和安排，由主婦總其成，其他份子聽由主婦的分配，盡力予以協助。

(3)家庭中的份子，除年老退休及未成年者外，均應有一份正當的職業和工作，共同分擔家庭經濟的責任。（主婦主持家務，應認爲係有助家庭經濟的正當工作。）

(4)家庭經濟應有合理的支配和預算，便須有長遠的儲蓄計劃，以奠定家庭經濟穩固的基礎。

(5)每個家庭份子必須養成愛好整潔和寧靜的習慣，盡量保持良好的家庭環境。

(6)每個家庭份子須隨時隨地注意衞生和安全，以免發生傳染的疾病和意外的災害。

(7)家庭應斟酌經濟情況，購置各種可供高尙娛樂的設備，使家人可在工作餘暇，善加利用。

(8)家中並宜購置適合家人閱讀的書報雜誌，使每個份子的休閒生活更加充實。

(9)現代家庭平時由於工作關係，家人大都分散各處。最好利用假期會合舉行戶外活動，使大家可以團聚，共享天倫之樂。

(10)家中每逢年節，固宜循例表示慶賀，但若干舊有的迷信習俗應即革除。

(二) 學校生活方面

1. 對人的守則

(1)校長爲全校行政的首領，應以身作則，產生帶頭的作用。同時全校師生應對校長的忠勤服務，表示愛戴和尊敬。

(2)教師應以學生爲民族的幼苗，竭盡心力培植和照顧。

(3)學生應感謝師長循循善誘，教誨不倦的恩惠，時存尊敬的心意。

(4)教職員之間應發揮分工合作的精神，爲辦好學校而共同努力。

(5)同學之間應互相勉勵與互相幫助，爲愛護校譽而共同奮發。

(6)職員與工友分擔一部份學校的工作，對於校務的推進，亦有不少的貢獻，應同樣受到大家的尊重。

2.對事的守則

(1)學校中每一個份子，應當認爲學校是屬於自己的，本着愛護的立場，常常提出積極改進的建議，而不作消極的指責和破壞。

(2)學校中每一個教職員，都應盡量聽取個別的或團體的對於自己工作的意見，並且虛心接受和不斷改進。

(3)凡是擔當學校行政工作的同人，均應認定自身工作的重要，切實負起應負的責任。

(4)對於學校行政的重大問題，必須盡量採取公開的方式，促成大家的諒解，使意見趨於一致。

(5)學校各部門主管，必須多多了解所屬職員的個性和興趣，並且予以尊重，使能自動的努力。

(6)學校行政有關的一般政策，在商討期間，各個份子都可參加意見，但一經達成決議以後，必須賦予執行的權力。任何人都不容許表示異議，而應負擔其所分配的一份工作。

(7)學校行政有時在事務紛繁的工作情況之下，可以採取臨時指定工作的方式，使閒散的人員有表現工作能力的機會。同時避免將權責集中在少數人身上，形成勞逸不均的現象。

(8)學校行政工作人員應當抱着嚴肅而不緊張，輕鬆而不懈怠的態度，處理一切業務，則工作興趣可以引起，工作效率可以提高。

(9)學生對於學校頒佈的各項章則，和自己訂定的生活公約，均應切實遵守，充分表現法治的精神。

(10)教職員宜利用機會參加進修活動，學生宜利用課餘時間，完成教師指定的各種作業。教師適時指導學生，學生隨時向教師請益，盡量發揮教學相長的功能。

(11)學校應參照學校本身的性質、環境及設備，舉辦各種學藝和康樂活動，聘請教師負責指導，鼓勵學生踴躍參加。

(12)學校宜盡量充實圖書雜誌，以及便於閱覽的場所和設備，供給教職員及學生充分的利用，養成普徧讀書的風氣。

(13)學校宜有充裕的體育場所和設備，經常舉辦各項的體育活動，鼓勵教職員及學生熱烈的參加。

(14)學生在校內應服清潔掃除、維持秩序等勤務，並宜利用課暇的時間參加社會服務的工作。教職員並宜以身作則，率先領導。

(三)社會生活方面

1.對人的守則

(1)凡與自己發生關係的朋友，均應表示善意，講求信守。對要好的朋友，更須重視道義，互相勸勉。

(2)凡在公共場合，由於職務或事實的關係，需與他人偶然接觸，必須摒除階級、種族、貧富各種成見，一律表示尊重的態度。

(3)凡因事實上的需要，與社會上各行各業的份子發生接觸時，必須表示尊重的態度，不可抱有歧視的心理。

(4)在任何場所遇見年紀長老的人，均宜表示尊敬，並且讓步讓坐。

(5)在任何場所遇見柔弱的婦女或兒童，均宜表示尊重或愛護，必要時並宜給予照顧。

(6)對社會上生活無依的貧苦份子和不幸遭遇災害的人，應給予同情和協助。

2.對事的守則

(1)凡搭乘交通工具，出入集會場所，參加任何會議及活動等，均應遵守公共秩序。

(2)社會中任何份子，均應養成注重公共衛生、愛惜公共建築和維護公用事業的習慣。

(3)對於當地社會原有的良好風俗習慣，應予維護和保存，不合時代需要者，應即提出改善的建議，透過民意和政府機關，設法予以革除。

(4)凡屬某一社區的人民，對於本區的自治工作應當熱心支持，必要時並應參加工作，以便努力推行各項社區活動。

(5)私人和團體應量自己的能力和財力，舉辦各種社會福利和救濟事業，使鰥寡孤獨疾病殘廢的人獲得幫助。

(6)私人和團體應發揚愛護本鄉本土的精神，努力地方建設，提倡觀光事業，以促使社會繁榮與進步。

(7)對於立場公正的大衆傳播事業，應當予以支持，使能代表民衆發佈正確的輿論，共謀社會本身的進步。

(8)社會份子應樂於參加各種正當的文化活動與社交活動，藉以提高文化水準，增進彼此情誼。

(9)依照當地社會的財力及人民的需要，盡量擴充各種社會教育事業，如圖書館、科學館、藝術館等，並充分給予社會人士利用的機會。

(10)地方政府應盡力舉辦公共衛生及民衆保健事業，藉以維護大衆的健康。

(四)國內生活方面

1. 對人的守則

(1)現代國家的領袖，不僅代表國民的意志和力量，同時象徵國家的榮譽和尊嚴。凡屬國民均應對領袖表示敬仰。

(2)現代軍人在前方擔負衞國的使命，在後方擔負保民的任務。任何國民均應敬愛軍人。

(3)現代國家的行政官吏，多由人民選舉，代表國家行使各項職權。官吏應當依法運用應有的權力，人民亦宜抱着監督的態度，尊重官吏的職權。

(4)各級法院的法官，代表國家行使檢舉、審判、裁決一切違法失職的事件，本身的地位極爲淸高，應當恪盡職責，維護法律的公正和尊嚴，人民更應服從法官的裁判。

(5)各地區駐守的警察，代表國家維持地方治安，保障人民福利，負有神聖的任務，應當善盡職責。人民亦應尊重其地位和職權。

(6)各級民意代表均由人民直接選舉，代表人民立法及監督政府施政，應當不負人民所託，善盡言責。人民更應選賢與能，並隨時加以監察，發揮民主政治的精神。

(7)凡屬本國同胞，在平時應當彼此互相愛護，在戰時應當携手並肩作戰，遇有急難時更應量力救助。

2.對事的守則

(1)任何成年男性國民均有服兵役的義務，國家如有徵召，應即踴躍參加服役。

(2)凡國家規定的義務勞動，國民應依照法令認眞參加服役，共同爲建設國家而努力。

(3)國家規定的各種合法的稅收，國民均須依法繳納，使政府有充裕的經費辦理公共事業。同時民意代表應監督政府合理使用經費。

(4)凡屬國家依照合法程序頒佈的法律，上自政府領袖，下至一般平民，均應遵守。

(5)兒童到達學齡，即應接受義務教育，成人失學亦應接受補習教育。同時國家應即廣設學校，充分給予國民就學的便利，使國民受教育的機會一律平等。

(6)凡具有資格的選民和參加競選的人士，均須依照選舉法令和民主精神，完成選舉工作。

(7)國民無論在戰時或平時，對國家負有保密防諜的任務，藉以保障國家的安全。

(8)國家對於人民的私有財富及私營事業，認爲足以妨害國計民生的平均發展，應即製訂法律，予以限制。

(9)對於國民經辦的生產事業及合作事業，政府應予以獎勵及扶助。

⑽國家應充分給予人民工作的機會，對失業者應實施保險制度，對老弱殘廢無力生活者，應予以適當之扶助與救濟。

⑾國家為增進國民健康，應普徧推行衛生保健事業及公醫制度。

⑿對於清寒優秀無力升學的青年，政府宜廣設獎學金名額予以扶助。

(五) 國際生活方面

1. 對人的守則

(1)聯合國組織是現代世界各國公認為促進國際關係的最高機構，因此，我們對於參加聯合國工作的人員，均應表示尊崇。

(2)各民族之間，如果沒有侵略壓迫的行為，均應互相友好。

(3)各國人民應當盡量爭取機會結交認識，交換意見，聯絡情誼，藉以增進彼此的理解。

(4)各國人民對於駐在本國的外國使領人員和僑民，應當表示親善和友好，必要時，並宜給予友誼的協助。

2. 對事的守則

(1)任何一國的國民僑居另一國家，必須熟悉該國的風俗習慣，並表示適當的尊重。

(2)個人參加國際性的會議與活動，必須熟悉國際禮儀，而且遵照實行。

(3)各國人民或公私團體之間，發生債權、物權、繼承權、身份權、智能權等等糾紛時，均應依照國際法律的仲裁。

(4)各國人民或團體可以利用教育、文化、藝術、體育、宗教、經濟各種活動與組織，互相訪問與觀摩，藉以建立國民外交。

(5)各國可以派遣青年留學，交換教授講學，藉以促使國際文化交流。

(6)各國可以派遣各種不同性質的業務人員前往他國，從事訪問、參觀、考察、實習、服務等項活動，藉以廣求工作經驗。

(7)各國對於聯合國公佈的宣言和憲章，應當切實遵守，藉以保障世界和平。

(8)任何人對於聯合國公佈的「世界人權宣言」應當切實了解，並充分發揮自由、平等、博愛的精神，藉以維護基本人權。

第十七章　人類生活的探究

第一節　人生旅程的感受

個人生命在漫長的時光中，委實像旅途中的過客，來來往往，川流不息，只不過是轉眼間的一瞬而已。就在這一瞬之間，每個人對於生命的感受，雖然不盡相同，但總是痛苦多於快樂，困擾超過安和。在人生旅程中，構成抑揚頓挫的交響曲和喜怒哀樂的連環畫。就自我個體說，實在短暫得很，不值得怎樣計較。就人類全體說，卻有一股不可忽視的精神力量，交織成爲綿延不斷的文化巨流。在這巨流中，我們試加展望，固然帶來了綿綿的福澤，卻也潛伏了無窮的禍水。使災害佔去了人類大部份歷史，憂患支配了個人大部份人生。何況人究竟是有靈感的，在內部生活上，最容易感覺到的便是精神的痛苦。人究竟是有意願的，在外部生活上，最容易遭遇到的便是物質的困擾。我們爲了完全了解人生眞相，澈底探究人生問題，就不得不將人類生活上，所最易感到的痛苦和困擾，作比較詳細的抒述。

第二節　內部精神生活的痛苦

內部精神生活本來非常抽象，看不見，摸不着，只能用意識和感覺來體會，很難說出一個究竟，但是我們卻不可因此抹煞內部精神生活的重要性，甚至否認意識和感覺的存在。反過來說，我們更必須正視內部精神影響行爲力量的巨大，而冷靜的加以分析。譬如說：「人生苦多樂少」，差不多每個人都有此種感覺，尤其是年齡越大，知識越高，經驗越多的人，此種感受也就愈加深刻。然而人生究竟有些什麼痛苦？痛苦又因何而起？卻是非常複雜，很難回答的一個問題。就我們粗淺的體會來講，大致不外以下幾個方面：

（一）**情感的抑阻**　人類富於情感，也有很多欲望，但是要時時都能够滿足自己的情感和欲望，卻是不可能的。嬰兒出世，首先就是用啼哭表示不能滿足欲望和需要的痛苦，這就是人生開始發出痛苦的聲音。幼年時期，天眞爛漫，情緒比較單純，縱有不愉快的時候，只要大聲啼哭，便可把痛苦的情緒發洩得一乾二淨，到了少年時期，受着傳統禮教的束縛，和自尊心理的控制，在許多情境之中，便必須加以自制，而不能任情的發洩，便會感到做人的痛苦。尤其少年男女在情感方面，已有互相愛慕的感覺。可是由於習俗、倫理種種因素，彼此不能盡情的相愛，而引起許多的煩惱。何況感情本身便是一種變幻無常的東西，甲男對甲女表示好感，而甲女並不一定愛甲男；乙女對乙男表示好感，而乙男並不一定愛乙女。這類情形非常之多，在感情方面便產生了多重的矛盾和痛苦。成爲古往今來文藝寫作主要的題材，也創造了不少描繪情感糾紛的名著。此外人們的感情常常要求奔放而走向極端，產生「愛之欲其生，惡之欲其死」的情緒。可是事實上，對於自己最親愛的人，常常看見他因不治之症而竟成永訣，如父母之對子女，子女之對父母等，雖欲其生而無法挽救他的生命。對於自己最仇視的人，又常常看見他如生龍活虎耀武揚威的活得很好，如百姓之對於暴虐君主，居民之對於地方惡霸，雖欲其死而無法置之死地。這都是情感上十分痛苦的事情。足見抑制情感是人們在日常生活中所不可避免的現象，也就在內部精神生活上埋藏了不少的痛苦。

（二）理智的迷失　熱烈的情感常常產生許多痛苦，同時另一方面，人類也有冷靜的理智，將感情矛盾的死結打開，解除了不少的痛苦。例如男女之間，有一方並不相愛，另一方面能用理智斬斷情絲，便可以擺脫失戀的痛苦。人民厭惡暴君，大家運用理智結合起來革命，便可化痛苦為英勇。然而世間一切事情的是是非非，善善惡惡，異常複雜，理智本身有時很難認識清楚，那就不免感覺迷失的痛苦。像我國的老莊哲學和西方懷疑派的思想家，便認為世界上沒有眞是眞非。人們在某一段時期所信奉的眞理，也許過了一段時期便要推翻；更沒有公是公非，甲和乙的立場不同，看法也就有了距離。因而公說公有理，婆說婆有理的事實也就永遠存在。在此種情形之下，理智自然失掉目標而找不到方向了。我們不妨更引證一些事例加以闡明。譬如人類自認是具有道德的動物，但在其他動物的眼中看來，（假使其他動物也有人類同樣的感覺。）便會認為人類是最暴虐的魔王，利用他們，殘害他們，無所不用其極，使所有動物都無時無地不受到人類的屠殺和奴役。基督教徒因此承認自己是罪人，而要提倡博愛，痛自懺悔，以求赦免。佛教信徒承認自己是妄人，而要普渡衆生，戒殺生靈，以求超脫。宗教家如此主張，乃是讓理智有一個安頓的地方。可是由於科學知識的昌明，和現實社會的證驗，引起人們對於宗教的懷疑。像基督教認為人是上帝所創造的，生物學的知識卻明白的予以否定。佛教認為行善必得善果，惡人終有惡報，然而事實上，好人勇於行善而遭受苦難，甚至犧牲生命；壞人長於心計，卻會投機取巧，而逃避懲罰。可見因果報應之說，並不可靠。其他宗教的教條，常與現代科學知識和法理違背，都可能動搖人們對於宗教的信仰。法律是人們根據事實的需要而製訂，作爲衡量人類行爲是非的標準。內容富於理智，應當爲人們所信賴。但是狡黠的人，卻會找出法律的漏洞，做出許多壞事，竟然可以逃避法律的制裁。愚昧的人，認識不淸，偶有錯誤，卻觸及法網，受到嚴厲的懲罰。況且審判和執法的人，見解不同，態度有別，常常造成同樣罪行而判決相差懸殊的事實，令人發生不平之感，可見法律也並不是十分可以信賴。最後人類只有訴諸良知，用道德作爲衡量行爲是非的準則，然而道德評量也因時、因地、因人、因勢而有不同，很難找到一個絕對正確爲大衆一致公認的尺度。尤其現代人類沉湎於現實物質的需要與滿足之中，根本忽視精神上的良智和道義，那末道德安頓人類理智的力量，也就有限得很，仍然不免走進迷失的八陣圖中，不知如何安排自己。

（三）**意志的徬徨**　意志本身原來具有堅毅的力量，用以貫徹情感所希冀的事物，和理智所選擇的行徑，達到滿意的結果。倘若情感方面沒有正當表達的途徑，而理智方面又找不到選擇的標準，意志便無法發揮它的力量而只有困惑和徬徨了。靑少年大都富於情感，存有一大堆希望，然而事實上，遭遇困阻的時候，總是比達到目的的時候爲多，因此，所抱的希望便一一爲之幻滅。同時，靑少年也有辨別行爲是非的理智，對善惡有所選擇。然而事實上，人類所表現的行爲是非異常複雜，善惡更不容易找到絕對的標準。尤其在我們週遭所接觸到的社會現象，常常是非不明，黑白難分。甚至積非成是，黑白顚倒的事例，隨時可以發覺。靑少年處在此種情境，有的良知未泯，感到不平，但又沒有打破不平的勇氣。有的認識不淸，與世浮沉，更只有隨波逐流的混混算了。因此意志趨於薄弱，信仰逐漸動搖，在目前世界上，便產生了兩大類型的靑年。一類是向積極方面發展，對現實一概不滿，對傳統完全懷疑，想用暴力推翻一切，創造一個自以爲是的世界，形成動亂的一代。另一類是向消極方面隱遁，認爲最現實的便是自己的享受，最需要的便是個人的自由，其他一切是非善惡，均可置之不問，過着小圈子的浪漫生活，形成頹廢的一代。還有許多青年更徘徊在這兩大類型之間，有時參加動亂的行列，有時又變成頹廢的一羣，充分表現了意志徬徨的特徵。以上各種青年雖然方向不同，行爲迥異，但都是從不滿現實而又找不着正確目標，只有逼着走向歧路，其起因是一致的。這些青年不久都將進入壯年，而逐漸轉向老年，如不及時提醒和指引，將是人生可怕的悲劇。

（四）知識的爆炸　人類的知識，最初發生於哲學的園地，茸茸總總，混沌一片，沒有嚴密的界限，也沒有鮮明的色彩，只要有一點眞知灼見，承認是一種哲理，便可兼容並蓄，納入哲學的系統。以後由於意見龐雜，研究專精，分成許多派別和門類，成爲各種系統的知識，便將一般籠統的哲學分化爲各種專門的科學，知識遂突然繁衍起來。在我國春秋戰國時期，莊子便已發出「生也有涯而知也無涯」的感慨。在西方文藝復興以後，藝術和科學更是突飛猛進，百家爭鳴，衆說紛起，令人有目不暇接，無所適從的感覺。到了印刷技術和傳播工具不斷創新的現代，出版的刊物圖片，複製的唱片影片，大量的製作和問世，成爲傳播知識最有效工具，於是分門別類的知識，向人們散佈和灌輸。各行各業所需的知識和技能，更是日趨專精，逼使人們不得不努力作深入的追求和學習。而各種學科與學科之間，由於不斷的研究發展，建立許多新的關係，更不得不擴大學習的範圍，人們接受知識的負擔也就更形增加。再加上今後研究學問的途徑，大都重視情報資料的搜集與整理，使知識探討的內容日益擴大，某一問題需要搜集的情報和資料，可以無窮無盡，而人類記憶和理解的力量究屬有限，終將產生無法盡量容納，以致瀕臨爆炸邊緣的痛苦。目前高等教育由於新知識的層出不窮，而一時又未經成熟；舊知識的基礎動搖，卻已被人棄如蔽屣，形成青黃不接知識眞空的狀態，便是一個例證。人類處在知識氾濫成災，幾乎湮沒了自己的現代，在精神上也就會產生一種意想不到的痛苦。

（五）思想的衝突　人類的思想本來可以自由開展，也最容易發生紛歧錯雜的現象。遠在我國的春秋戰國和西方的希臘羅馬時代，便已充分顯示知識份子思想的紛歧，常常彼此發生衝突。現代社會日形複雜，每個份子由於歷史背景、生活環境、政治立場、切身利害種種因素的不同，便自然會支持或形成某種特殊的思想，不易取得協調。因此各民族有各民族獨特的意識，各黨派有各黨派獨特的主義，各宗教有各宗教獨特的信條，各地區有各地區獨特的傳統。乃至男人和女人在某一事物上，觀點發生距離；老年人和少年人在某一習俗上，觀念更有隔閡。以上所有各種獨特的意識、主義、信條、傳統、以及觀點的距離、觀念的隔閡，都足以引起人與人間思想的衝突。在精神生活上產生孤立、歧視、疏離、阻隔種種痛苦。還有個人由於身份處境的改變，前後思想也會發生衝突，而不知如何自處？這也是人類精神上常會遭遇的一種痛苦。

第三節　外部物質生活的困擾

從人類內部精神生活看，找出了許多痛苦的癥結。從人類外部物質生活看，更可發覺許多困擾的現象。而內部生活與外部生活是彼此息息相關，互爲因果。凡是內部精神生活簡單的人，對於外部物質生活的刺激，不容易引起反應，便可以減少許多困擾。反之，人們在外部物質生活比較單純的環境中，也可以減少許多刺激，而不致引起內部精神生活的痛苦。所以天眞幼稚的童年，和白痴愚昧的成人，不大容易受到外部物質生活的干擾，心情總是比較快樂。原始社會和目前尚未開發地區的人們，生活範圍比較狹小，物欲比較簡單，心靈也就自然安靜，而可以減少許多痛苦。然而人不能永遠停頓在童稚時期而不再生長，社會更不能長久滯留在原始時代而不再進步。因此，人生愈成長，內部精神感受的痛苦愈多，時代愈進步，外部物質引起的困擾也愈加複雜。下面即擬就人類所感到外部生活的困擾，加以申述：

（一）物質的誘惑　人從出生以後，便需要乳水以維持生命，需要衣服以保護身體，和物質發生密切的關係。年事稍長，需要物質的欲望便會逐漸增加，看見美好的東西都想佔爲己有，但是父母師長便會告訴兒童，別人的東西不能亂要，更不能亂拿，使小小腦筋裏面會發生一連串的疑問：自己需要的東西爲什麼不能表示需要？自己愛好的東西爲什麼不能拿到手裏？別人有的東西爲什麼自己沒有？別人享受的東西爲什麼自己不能享受？如果想不通，而自己需要的欲望又非常強烈，便只有設法去偷取，甚至不顧一切去強佔，成爲犯罪行爲的開始。到了成年，生活的圈子逐漸擴大，所見的事物逐漸加多，物質誘惑的力量更加強烈，尤其處在現代工業社會，新奇的事物層出不窮，人類要求滿足的物質欲也就永無止境，因而迫使許多人走向貪污、中飽、竊盜、搶奪等等犯罪的路上去。還有許多人由於物質欲望的不能滿足，便只好用煙酒來麻醉自己享受的感覺，用賭博來換取僥倖贏得金錢的希望。結果是嗜好越來越深，陷在泥淖裏面而無法自拔。這都是物質誘惑所帶來的罪過。所以中外倫理學者大都主張克制物欲，以保存自己純潔的本性。但是物欲也是人類生來便有的一種心情，因而一般人大都徘徊在理智與情欲之間，時時感到困擾。以往生活比較單純，人們也許容易控制自己的物欲以保持理智。現代工商企業者爲了擴展自己的生產，推銷自己的成品，都在不斷製造許多新奇的事物，以迎合顧客好奇的心理，引起顧客物質的需要，使人羣走進百貨商場，到處都是刺激，進入夜總會裏面，滿眼都是誘惑。大多數人處在這種環境之中，便會失去理智，被氾濫的物質欲望所包圍，生活便逐漸趨向奢侈與荒淫，終至腐蝕了自己，這實在是人類容易墮入的陷阱。

（二）**都市的煩囂**　農業社會時期，人民散處鄉村，彼此接觸的機會很少，大家都不會感到過份的打擾，生活顯得安定。到了工業社會，一切物質的享受隨着社會文明而逐漸提高，人羣愛好享受，便會如蠅附羶的大量集中都市，形成人口膨脹的現象，像日本的東京，美國的紐約，居民都在千萬以上，至於百萬以上人口的都市，更是非常之多。都市就因此產生了不可避免的煩囂，並且釀成許多困擾的問題。首先是道路交通發生擁擠的現象，市區面積必須擴大，車輛必須增加，但是辦公大都集中市中心區，車輛便沒有停放的地方。而人車爲了爭取時間，要求快速，車禍遂不斷的發生，甚至認爲人羣死於車禍，乃是一種正常的狀態。雖然訂有交通管理規則，意外事件仍舊無法避免。其次是音響的問題，飛機、火車、汽車，都是最容易製造噪音的工具，工廠裏面的馬達，商場裏面的擴音器，住宅裏面的收音機、電唱機、電視機，更是此起彼落的集中在城市裏面，縱然嚴加取締，都市的噪音仍然無法根絕。還有煤煙瀰漫都市上空，污染市區空氣，有礙人體健康。垃圾隨便傾倒，污染自來水源，損害居民腸胃。俱是人口集中都市所帶來的煩惱。人民生存在此種環境之下，眼中所看到都是人車擁塞的現象，耳中所聽到的都是五花八門的聲音。同時，走路沒有自由，要等候紅燈，要繞過快車道；講話沒有自由，要壓低聲音，不能大聲喧嘩；娛樂沒有自由，要在適當的時間開放收音機、電唱機，而且音響不能太高。處處時時都可能遭受管制，其所感到的困擾可想而知。所以住在都市的人羣，心緒多半不很寧靜，生活又十分緊張，在過度刺激和過度疲勞之下，精神失常的病患與日俱增，這誠然是現代都市一種可怕的現象，也是不容易解決的問題。

(三) 政治的壓制 人是政治的動物，政治是以造福人民爲要旨。在進步的社會中，公衆事務日趨紛繁，更需要有政治機構和行政人員來負責處理，讓大家可以安居樂業。可是事實上，由於人們自私心理的作祟和政權運用的影響，便發生許多困擾的問題。以往君主專政，人民受到宰割的痛苦固不必說。卽使到了民主時代，人民仍然會感到政治所給予的壓制。由於各國政治的型態不同，歷史背景不同，國家與國家之間，便不免產生許多利害的衝突，引起爭執和戰鬪，國家便不得不運用權力徵召人民須服兵役，用以保衛國家，使人民感到當兵是一件痛苦而又不可避免的事情。爲了提高人民生活水準，政府便不得不向人民大量徵稅，從事公共建設，辦理社會福利事業，使人民捐稅的負擔日益加重，而又不得不忍痛繳納，如果抗繳或逃避，便是一種犯罪的行爲。而在一個國家之內，復有種族的界限，彼此加以歧視，黨派的劃分，彼此加以傾軋，一般平民便在歧視與傾軋之中，成爲犧牲的工具，完全失去自主的力量。從另一方面說，民主政治的官吏，也並不能爲所欲爲，用人要根據民意代表所通過的組織法令，用錢要依照民意代表所審查的經費預算。一旦國家遭遇重大事件，更要承擔一切的責任，忍受一切的指摘。如果民意機構不能協調，更可能從多方面產生壓力，弄到窮於應付或疲於奔命的困境。就連掌握大權的美國總統，對於政策的決定，也要承受多方面的牽制和壓力，常常感到極大的困擾。至於在共黨極權國家,更充滿政治的壓力,人民在極權統制之下,購買日常用品沒有自由,言語思想沒有自由,居住行動沒有自由,職業工作沒有自由,學術研究沒有自由,幾乎喪失了生活上一切的自由,其壓制的力量比君主專政還要強大。同時掌握極權的政治領袖,更以清算鬪爭爲看家本領,傾軋壓制無所不用其極,玩弄政治的壓力,結果本身仍常常爲政治風暴所打倒。由此可見,現代人羣和政治不能脫離關係,無論具有何種身份,採取何種政治立場,都要或多或少感受政治的壓制。

(四)經濟的逼迫　農業社會的人民,除了在揷秧收割的時候,較爲忙碌以外,平時大都輕鬆,感覺不到經濟力量的逼迫。轉向工業社會以後,經濟逼迫的勢力,便逐漸顯露出來。工資的收入是按時計算,要想生活舒適,收入豐富,便必須多做工作,於是工業社會的人們,除了正常工作之外,還要加班兼差以求增加收入。更由於分期付款制度的普徧推行,使大衆可以獲得高級文明的物質享受,同時也使大衆在工業產品大量推銷之下,而負債纍纍,被逼加緊工作,以便還清分期付款所帶來的債務。其所受經濟逼迫的力量至爲沉重。現代工商企業必須快速的週轉運用,所有資金、機器、產品都要循環不息的流動,彼此息息相關,絲毫放鬆不得。倘若資金缺乏來源,便無法購買原料;機器缺乏動力,便不能製造成品;產品缺乏市場,便無從換回資金。因此,企業家爲籌措資金而多方張羅,工人技師爲趕製產品而日夜加工;業務人員爲推銷產品而到處奔走。大家都受着一種催促的力量而向前推動。這也可以說是經濟的逼迫。我們試更擴大經濟勢力的範圍來看,現代國際經濟由於進出口貿易的頻繁,金融流通的加速,一個國家幣値的升降,便可以影響不少國家。而若干出口貨品的暢銷或滯銷，更足以決定某一個國家經濟的成長或衰退。國際間經濟的關係既如此密切，也就成爲一種逼迫的力量。有時使某幾個國家不得不變更幣制；有時使某幾個國家不得不轉移政策；有時使某幾個國家進一步合作；有時使某幾個國家斷絕邦交。其操縱力量之大可以想見。

(五) 科學的威脅　科學造福人羣的果實，爲大家所一致公認，可是科學也替人類帶來了更多的煩惱與威脅。就日常生活說，科學發明了農藥，使作物可以大量的繁殖，而作物上剩餘的農藥，足以危害生命，使大家食用蔬菜水果都存戒心。科學發明了彩色電視，而電視螢光幕上含有放射性的X光，足以損害人體，使大家看電視都要保持適當距離。科學發明了各種快速交通工具，而人類死於車禍、空難、海難的日見增多，但是爲了爭取時間，不得不冒險乘坐。科學發明了各種特效的針藥，但由於人體的適應不同，和醫護技術的不够週全，常常發生各種意外的傷害，使此類病人大量的出現，醫院不得不設「因醫致病」科來負責診治。就特殊情境說，科學發明原子能，國際政治上便利用核子試爆製造原子彈，成爲殺害人類、破壞文明最可怕的武器，使人羣恐怖原子戰爭的發生，在精神上感到無比的威脅。科學發明了電腦，工商企業上便利用電腦操縱機械，逐步走向自動化，代替龐大的人力，使許多人們在健壯的時候，即須從工作崗位上退下來，遭受失業的威脅。科學發明了火箭和太空艙，並且已經載送人類登上月球，留下了太空人的足跡。然而太空科學的研究和發展，需要消耗的人力物力過於龐大，在地球上到處呈現貧窮、飢餓、動亂的情況下，人類是否值得如此去做？而且是否能够放手去做？都是引起人們爭議和感到困擾的問題。

(六) 教育的困惑　我國過去的讀書人有「百無一用是書生」的歎息，對於接受教育認爲是一種浪費。還有人發出「教育程度愈高的人，做壞事的能力也愈強」的論調，認爲教育足以助長惡行。當然這些都是偏激之論，並不能抹煞教育本身所具的功用。但至少有一部份人，對應否接受教育的問題，早已感到疑惑。現代人類生活日趨複雜，接受知識的需要也與日俱增，無論就個人或國家來講，大都認爲教育是改善生活的工具，使個人更能適應環境，國家更能提高本身在世界上的地位。所以近幾十年來，教育事業的發展有增無已，受教育的人數大量的增加，受教育的水準不斷的提高，而教育的內容和方法也在積極的改進。但從另一方面來看，現代教育的蓬勃擴展，也爲個人和國家帶來了若干困擾的問題。就個人講，由於升學競爭的激烈，使許多兒童和青年把活力都埋葬在升學預備上面，而不能得到平衡的發育。由於學系科目的紛繁，使許多青年眼花撩亂，不知所從，無法作最佳的選擇。由於學校數量和科系名額的限制，常使自己不能進入所希望的學校和科系，成爲終身的遺憾。由於時代的飛躍進步，學校教材不能立即納入新的知識，使學生感到所接受的教育，是否能够趕上時代，是否切合實用？常常懷着落伍自卑的疑懼。就國家講，由於教育急劇的發展，在經費預算上需要龐大的數字，感到無法支應。由於經費的不足，教師待遇偏低，大多數青年不願從事此種工作，已任教師者又隨時都在作轉業的準備，因而產生師資恐慌的現象，而不能順利進行教學。由於學生數量增加太快，經費的緩不濟急，學校應有的教室和設備，常常感到缺乏，而不能應付需要。還有教育水準提高以後，青年不滿現實，對國家要求過多，反而引起許多學潮。選拔青年出國深造，學業完成以後，大多不願回國服務，造成人材外流，不利本國的現象。這些都是現代各國發生的困擾，而不是短時間即可解決的問題。

第四節　人類命運的自決

人類內部精神生活既感受到層層的痛苦，外部物質生活又遭遇到多方面的困擾，那末人生豈非一無是處，展望前程更不免引起無限的悲觀。然而我們從另一角度來看，痛苦乃是換取快樂的代價，困擾是刺激人類進步的主因。只要我們不放棄理想，信任自己，人類前途仍然大有可爲。

先從內部精神生活的痛苦來分析。所謂痛苦，乃是與快樂相對待而產生。沒有快樂，便不會有痛苦的感覺，沒有痛苦，也顯不出快樂的重要。譬如古代沒有自來水，要費很大的勞力才可以取得天然水，沒有電燈照明，只好用油燈，看起事物來非常吃力。當時的人並不感到怎樣痛苦。現代都市如果水電突然停止，便成爲人們生活上十分痛苦的事情。這是因爲我們有了水電的享受，才會感到沒有水電的痛苦。同時，人們平時在水電供應正常的時候，並不會感到是一種享受，只有停電缺水以後，才會感到水電的重要。依據此種經驗，再來分析人類內部精神生活的痛苦。在感情需要方面，例如嬰兒感到飢餓時便會啼哭，因爲飢餓是一種痛苦。同時，母親餵給乳水，胃腸獲得飽滿，便是一種快樂。那末絕大多數嬰兒都能得到飽足，飢餓只是偶然的事，足證快樂多於痛苦。只因快樂多了，神經便會痲木，而感覺不出快樂，痛苦少了，神經便會敏感，反而顯出痛苦。又如家人之間相愛，平日聚在一起，覺得非常普通，只有久別重聚，才會感到天倫之樂。其他一切感情的需要，均可由此類推。可見人類感情還是能够滿足的時候爲多，不能滿足的時候較少。但是有許多人會感到「人生苦多樂少」，可說只是一種錯覺或偏見。在理智安頓方面說，人們日常感覺到的是是非非，都是憑理智來判斷。由於人生現象過於複雜，而理解能力不足以衡量時，便會發生懷疑，甚至感到迷失，這是心理的自然現象。如果我們深切了解是非善惡的標準，並非千古不變，只要隨着當時各種不同的情境，用我們公正的態度來衡量，選擇最妥當的行爲去實踐，做到問心無愧，那末理智也就可以獲得安頓。大可不必尋求千古不變的眞理，鑽進牛角尖裏自尋苦惱。倘若我們不願放棄追求眞理的願望，對於理智感到迷失而必須更進一步去鑽研時，那應當是一種興趣而不是痛苦。在意志穩定方面說，只須感情和理智有妥善的安排，人們便會面對現實，不存幻想，認淸是非，知所選擇。那末意志徬徨的現象，便將隨之消失。至於知識的爆炸和思想的衝突，乃是因爲人類自己處理的不當。如果對於零碎的知識不過於重視，而能執簡御繁，擷精取華，則知識氾濫成災的現象不易發生，也就不會嘗到知識爆炸的痛苦。如果對於思想的採擇，不要過份堅持自己的意見，而能放開眼界從大處遠處去看，則彼此之間的距離可以拉近，思想的衝突也就易於化除。總結起來說，人生痛苦誠然無法避免，能够把痛苦變成快樂的前奏，那末縱使多感受一些痛苦，仍然可以換取更多的快樂和更大的幸福。古人說：「生於憂患而死於安樂。」早已啓示我們，痛苦足以振起人們奮發的精神，自力更生，所以痛苦並不可怕。快樂有時反會使人們變得痲木，甚至於毀滅，可見快樂也不一定安全。

次從外部物質生活的困擾來分析。凡是人們對於外部物質生活所感到的困擾，一半固然是由於現代社會日趨繁複的影響，另一半也是人類本身內部過於敏感不能控制所獲致。因爲困擾是起於心境的不平。俗語說：「心靜自然凉。」這便是人生的一種體驗。情緒和平時，對於週遭的事物，都會感到順眼，卽使有不順眼時，也會加以牽就。心境惡劣時，對於一切美好的事物也會引起反感。如再遇到壞的事物，更將無法忍受。還有個性和緩的人，不容易感到困擾，個性急燥的人，隨時隨地都可能引起困擾。可見困擾的感覺是因時、因境而有不同。我們試將前面所述的困擾加以分析。在物質誘惑方面，只要人們有深一層的認識與警覺，便不會被浮面的物質欲望所包圍。那末物質誘惑的困擾，便將消除於無形。問題是在大多數人不能打破這一關，使自己變成物質的奴隸，這是人類本身的一大缺點。在都市煩囂方面，可以說完全屬於人爲的因素，如果都市建設盡量朝向面與線的方向拓展，而不要集中在一點，人口也自然易於疏散而不致造成膨脹的現象，其他一切交通、音響、水源、衛生等等問問也就易於解決了。在政治壓制方面，主要是由於人類以自我爲中心，缺乏羣體的觀念，便會產生此種感覺。其次便是人羣關係的未臻理想，也足以造成壓制的現象。由於前者，便會感到當兵是一種束縛，納稅是一種負擔，甚至對國家和政府都會引起莫名的反感。由於後者，羣體與羣體之間，不能和好相處，又爲少數野心者所操縱，便會構成戰鬪、傾軋種種現象，使大多數人蒙受不必要的壓制和犧牲。倘能針對以上兩點力謀改進，那末此方面的困擾自然可以減少。在經濟逼迫方面，可說是人類自己製造的矛盾和煩惱，工商企業利用人類享受物質和追求利潤的心理，消費的物質好了而要求更好，生產的利潤多了而要求更多，使經濟催迫的力量日益加大，而成爲一種顯著的痛苦。如果大家能够在心理上緩和一下，不要過於重視物質的享受和利得，並且致力於物資利益的均沾，和經濟關係的協調，那末經濟逼迫的痛苦，便不會日趨嚴重。至於科學的威脅和教育的困惑，雖足以構成若干困擾的問題，但只要人類憑着理性和智慧，便可以逐步解除各項威脅和困惑，更不必抱着悲觀的態度來展望前途。

經過以上的分析，對於人類未來的命運，似乎可以得到一個結論。那便是：只要人類自覺是一個有理智有意志的動物，必定能夠忍受一切痛苦，謀求前途更多的幸福。只要人類自信有能力、有辦法控制週遭的物質，必定能夠克服一切的困擾，創造比眼前更理想的境界。假使我們只知道痛苦呻吟，而不會自力更生，只感到環境困擾，而缺乏勇氣去排除，無疑的必將面臨悲觀的結局。所以人生是否痛苦和困擾，人類前途的有無希望，完全要靠自己來決定，尤其要憑大多數人羣的意志和力量來決定。

第十八章　人生理想的追求

第一節　人生理想的三大支柱

人類從現實生活中，發覺了許多精神上的痛苦和物質上的困擾，也許會感到人生乏味，引起逃避現實甚至厭棄塵世的想法。然而人畢竟要活下去，便不得不爲前途打算，產生了種種的理想。有的從宗教的觀點，認爲人生雖多痛苦和罪行，但西天尚有一個極樂國，或塵世外另有一座天堂，可以安頓我們的靈魂，作爲我們追求的理想。有的從藝術的觀點，認爲人生要避免痛苦和困擾，只有把自己的心靈浸潤在藝術的薰陶中，而忘記了一切。更從藝術的創造中，以表現生命，而得到無限的愉悅。這便是我們所要追求的理想。有的從哲學的觀點，認爲人生最大的弱點，便是執着小我而不肯放鬆。如果能够將小我昇華到大我，擺脫一切是非利祿的糾纏，走向與萬物同化的境界，則人生自無痛苦和困擾，也就是我們理想追求之所在。還有的從政治的觀點，要建立一個自由自在的烏托邦，從經濟的觀點，要建立一個共存共榮的新社會，作爲人生追求的理想。諸如此類的想法，實在不勝枚舉。然而有的根本是一種空想，有如鏡花水月，無法實現。有的意境太高，只有極少數人能够體認，而非一般人所能接受。有的走向極端，只有更增加人與人間的困擾，而不能把世界擺平，都不能作爲人類最妥當、最普偏而最易實現的理想。

人生的內涵本來十分複雜，範圍也非常廣大，決不是固執某一端或集中某一點，便可獲致人生最高的理想。而必須從面的立場，來找出幾根支柱或幾個據點，並且互相結合在一起，才可以將人生的理想穩妥的撐起來。依循此種想法，我們便確立了人生理想的三大支柱，即是科學世界、民主社會和倫理生活。　蔣總統在號召中華文化復興運動上，早已明白的指出：中國文化的基礎，是建立在倫理、民主、科學三方面，而我們今後復興文化必須從這三方面邁進，這誠然是對當代人羣前途發展十分睿智的啓示。也正是人生理想所要追求的三大目標。下面試就倫理、民主、科學三者對於人生理想構成的重要性，以及彼此間相互的關係，加以申論。

人類心理活動大概包含情感和理智兩大部分，兩者應當兼顧而不可偏廢。假使只有情感而缺乏理智，人生必定會感到迷惘而失卻依據。反之，只重理智而抹煞情感，人生便會趨向冷酷而無所寄託。必須情感和理智雙方面力求平衡，而平衡這兩者的心理作用便是意志。使情感和理智在不同的情境之下，表現適當的行爲　獲致妥當的結果。同時意志對於情感和理智的平衡，絕不是出於個人的私心和偏見，而是基於大衆的公意。三者鼎足並立，形成人類心境的平衡。憑着此三種心理作用向外表達，情感便成爲倫理行爲產生的泉源，　理智便成爲科學研究開啓的鑰匙，　意志便成爲民主精神指引的路標。合起來說，情感、理智、意志融洽無間，倫理、科學、民主打成一片，形成三位一體，便可以奠定人生理想的基礎。分開來說，情感、理智、意志作用分明，倫理、民主、科學各有所司，形成一體三面，便可以導向人生理想的前程。

從另一角度來看，人羣日常生活關係最密切的事物，便是道德、政治和經濟。人與人間接觸的機會很多，如何讓大家能夠過着祥和而友好的生活，便必須講求道德，以確立人際間互相對待符合人情的行爲準則。人羣集居的事務日趨紛繁，如何讓大家能夠過着安定而有秩序的生活，便必須講求政治，以維繫人際間權利義務符合法律的公共關係。人羣享受的欲望日漸提高，如何讓大家能夠過着富裕而有高度文化的生活，便必須講求經濟，以調節人際間供求相應符合事理的生活需要。而道德乃是倫理的重心，政治乃是民主的依託，經濟乃是科學的體現。三方面必須齊頭並進，密切配合，使人類能夠在道德宏揚、政治安定、經濟繁榮的環境中，過着合情（倫理）、合法（民主）、合理（科學）的生活，也就是一般人生所要追求的理想。

以上係從正面強調倫理、民主、科學三者互相配合所獲致的人生理想。我們再從相反的方面來看，倘若彼此分離，會發生怎樣的現象？先就倫理說，倫理假使缺乏民主，便將產生許多片面的道德，像皇帝可以對臣民殘暴，而臣民必須對君主盡忠；父母對子女可以生殺販賣，而子女必須對父母盡孝；丈夫可以對妻子奴役，而妻子必須對丈夫守節。……種種不平等的道德行爲都將隨之發生。倫理假使缺乏科學，便將表現許多迷信的道德行爲，像承認皇帝是上天所命，不敢違抗而必須盡忠；父母病危，用割股嘗藥種種孝行，企圖挽救父母垂危的生命。此類愚忠愚孝的行爲都是違反科學的。所以正常的倫理行爲是不能離開民主和科學。次就民主說，民主假使不講倫理，便會產生運用權詐欺騙粉飾的政治，打着推行民主的旗幟，幹着搾取人民的勾當。民主假使不講科學，便會產生意見紛歧辦事低能的政治，一切行政計劃不能當機立斷，行政工作更將無法逐步實施。始終離不開落後的圈子，走上現代化的路線。所以眞正的民主，不能離開倫理和科學。再就科學說，科學假使不重倫理，科學將會變成一架無人操縱具有毀滅性的轟炸機，其危害的程度實在可怕。科學可以發明許多殺人的武器，科學更可以創造許多毀滅文化的兇器。如果不能憑着人類的理智和道德來運用，其後果自然不堪設想。科學假使不重民主，那末科學所帶來的福利，只爲少數人所享受。科學研究的工作，也只限於特殊份子能夠參預。那末，科學便將變成專制魔王統制人民最有力的工具，整個世界都將形成黑暗地獄。所以進步的科學，更不能離開倫理和民主。可見三者必須互存而不能獨盛，必須融合而不能分離。然後才可以平衡鼎立，以實現人生所追求的理想。（最近讀到中華文化復興月刊第二卷第十期，載有陳大齊所撰「文化復興所應發揚的道德」一文，對於倫理、民主、科學三者作精細的分析，可以參閱。）

第二節　理想的科學世界

現代科學驚人發展的結果，增進了人類不少的幸福，同時也帶給了人類不少的困擾。那末，今後我們所理想的科學世界，究竟是怎樣的一個世界？要解答這個問題，首先必須確立幾個原則：第一，我們要利用科學控制一切，但決不能讓自己做科學的奴隸。第二，我們要利用科學來了解人類，並進而解決人類若干根本問題。第三，我們要利用科學，先從地球上建立一個理想的科學世界，然後再從事外太空科學的研究與發展。

我們在利用科學之前，必須了解科學具有什麼性能。

第一，科學是力大無比的。它會利用氣體的壓力，製成內燃機，推動各種機械來做人力不能勝任的工作。它又會控制浮游的電子產生電力，製造發電機，輸出龐大的電力，替人類做許多艱鉅的工程。它已經發明了神農火箭，把人送上月球。它也能夠製造超級氫彈，把整個城市毀滅。運用得好，它會將人類不斷的帶到新的境界。運用得不好，它不但可以增加人類的困擾，甚至足以摧毀人類。

第二，科學是冷酷無情的，它只證明一切事物的眞相和實質。例如人類原以爲自己是上帝的兒女，具有神秘的優越感。但經生物遺傳學說的推證，人類的祖先是由類人猿進化而來，沒有什麼値得自傲。人類一向對於月亮存有不少的美感和神話，但經過太空人實地勘察以後，知道月亮只是一個荒漠冷寂毫無生物的星球，把人類美麗的幻想消滅了。人類抱着玩放花爆的好奇心，進行核子試爆，誰知核子塵散佈在大氣層中，卻能危害人類，產生畸形的嬰兒。所以科學本身是不問價値優劣的，完全在於人類自身的認識和抉擇。

第三，科學是只進不退永無止境的。它不斷，激動人類的好奇心，發現了新的事物，還要更進一步去了解更新的事物。它不斷誘發人類的開創欲，拓展了新境界，還要更上一層開闢更廣大的空間。它不斷引起人類的物質欲，在獲得某些需要以後，還要從更多方面去尋求物質欲望的滿足。人類如果循着此種科學性能向前邁進，只知好高騖遠，捨本逐末，而不從高處、遠處着眼，顧到輕重緩急。那就難免受到得不償失，躁進和盲進的痛苦。

基於上面的認識，我們今後要建立一個理想的科學世界，必須採取下列三個步驟：第一步，解決人的問題。第二步，解決物的問題。第三步，解決大自然的問題。以下試就粗疏的構想，描述理想的科學世界，所要解決的幾個問題，以及可能達到的境界。

（一）人類本身重大問題的解決　科學發展到現在，對於物質問題的研究，已經獲致顯著的成就。對於人類本身若干的基本問題，還在試探摸索時期，並沒有得到眞正的解決，也沒有把握到基本問題的核心。目前人類自身最基本的問題是什麼？第一個問題是人類的品質駁雜不純，甚至形成反淘汰的現象。例如美國黑白人種的遺傳和發展，便有此種情況。白人的出生率，較之黑人爲低；而黑人後天的教養及文化，較之白人爲差，成爲美國全面進步的絆腳石，也成爲美國種族歧視引發美國目前社會動亂的主因。再就全世界的人口繁殖的情況來看，未開發及新開發地區人口出生率較之業已進入工業化國家的出生率爲高。而這些地區的人口，大半在饑餓線上掙扎，過着貧窮愚昧的生活，對於本身生活的改善，還在走着牛步。倘若被野心家所利用，便足以造成世界全面的紊亂與紛爭。第二個問題是人類無限制的生育，形成人口爆炸的現象。依據人類學者的估計，全世界人口的總數，在公元一八〇〇年時，最初到達了第一個十億。經過了一百三十年，亦卽公元一九三〇年時，就已達到第二個十億。可是再經過不滿三十年的時間，卽已創造第三個十億的新紀錄。現在（公元一九六九年）世界人口數據聯合國的統計已達三十五億。照此推算，可能在一九七五年便將超出四十億大關。如此繁衍下去，其後果是十分可怕的。由於人口無限制的增加，引起糧食生產，物資分配，社會秩序維持，以及工作安排種種問題，都將日趨嚴重，而無法得到妥善的處理。

針對上面兩大問題，現代科學已經作了許多新的嘗試，而且獲得若干成就。關於前者，在十九世紀中卽有優生學的倡導。近年日本林髞博士提倡腦育學，認爲改善食物營養的方法，可以增進兒童的智慧。美國醫學研究機構，在實驗室中發現一種名爲Magnesium pemoline的藥物，可以改善人類的記憶與學習能力，正在製作藥丸進行試驗。（見拾穗第一九九期——五十五年十一月號——所載「科學界驚人的新發現」一文。）又近閱新聞報導生化學者能從胎兒的染色體中，診斷其爲正常或畸形低能，而在事前可作預防出生的措施。關於後者，山額夫人早已提倡節制生育，醫學界並已發明了避孕丸和子宮環，以達成節育的目的。若干國家並已贊同推行家庭計劃生育的運動。然而這兩大問題至今並未普徧受到人類的重視。何況生兒育女是夫婦兩人本身的問題，政府及社會未便過問。而大多數國家尚未明白採取優生和節育的政策，自更不能加以干涉。因此，世界上仍然有不少低能和畸形嬰兒陸續的誕生，仍有不少夫婦生育過多的子女。使這兩個問題無法解決。

今後改善人類品質和節制人口出生的途徑，似宜採取下列幾個步驟。第一，由聯合國成立專門機構，作有計劃的宣傳與推動，使世界各國均能認識兩大問題的重要性，接受建議，制定政策，普徧推行。第二，鼓勵世界傑出的科學家，從事有關改良人種與控制人口的最新醫藥技術等發明。諾貝爾和平獎金並應頒給此類卓著成就的學者。第三，世界各國政府均須儘速普及國民基本教育，並不斷提高其教育水準，使大家均能認清解決人類本身問題的重要性，齊一步驟，身體力行。做到歷史學家湯恩比(Arnold Toynbes)所說的：「億萬人的心靈，必須獲得啓廸，億萬人的意向，必須誘導善作抉擇。」

(二)物質方面重大問題的解決　人類利用科學方法控制物質，目前已有很輝煌的成就。能夠將我們通常所見到的金屬，在鎔化時加上一些別的原子，便可形成各種性質不同的合金。能夠從水中提出氫和氧，從空氣中提出氧和氮，從石油和煤炭中提出碳素，從石灰塊中提出鈣，用來製成形形色色的塑膠和纖維。像這些合金、塑膠和纖維，都已成爲工業上主要材料，供給各種廣泛的用途。對於人類生活的改善，貢獻很大。還有各種化學藥品和化學原料，都是化學家用人工製造的複製品。足見人類對於物質的控制，已經發揮了極大的力量。今後人類最需要的重大問題。第一個是人類食物供應和改良的問題。農業化學家早已知道改良作物育種，增加糧食生產，並且可以利用虹吸管引水灌溉，化沙漠爲綠洲，用移山墊土的方法，化海埔爲新生地，以增加農作物的面積。還有若干科學家，正在爲人類尋找廉價而營養豐富的食物，如從海藻中或煤炭中，提煉高單位的蛋白質，像奶粉一般供人類食用。更有人想從木材中，提出營養的成份，製出麵包。諸如此類的想法和做法，都是科學家爲了解決人類食物問題所作的貢獻。然而由於若干國家和地區，尚未走入工業化的途徑，以致上述各種方法，並未普徧發生效果，因而，全世界仍有大量的人羣，在饑餓線上掙扎，在營養不良的狀態中，苟延殘喘。今後只有寄望於若干生產技術進步的國家，對若干新開發的國家，推行技術援助，如中華民國派往非洲各國的農耕隊，便是一個例證。同時科學家更須不斷提供各種改良食物的新技術，以便人類採用，則此一食物供應問題，也許不難獲得解決。

人類控制物質第二個重大的問題，便是發明廉價動力，用在工業建設及日常生活的問題。目前是以石油、煤炭爲動力主要的資源，然而這些資源總有一天會羅掘俱窮，人類必須探尋更多更廣的動力資源。關於這方面的努力，科學家已在作種種的嘗試，如原子能的發現，便是未來動力的一大來源。據科學家的推測，在公元二千年時，將有大規模的核子設備出現，足可充分應付某一地區人羣所需巨量的動力。而核子滋生反應器的大量製造，更可供給人類未來生活上各種操作和使用。除核子能的研究與發展以外，更有若干科學家正在實驗如何從陽光和海水中，攝取大量取之不盡，用之不竭的能源，替人類產生無窮的動力，作更廉價的服務。還有超冷導電的發現（科學家發覺某些金屬倒入液體氦中，在接近華氏零下四百六十度時，雖然截去電源，仍可循環不息的轉動，成爲一種永恒的動力。拾穗第二三二期——五十八年八月號——刊有「未來世界的動力——超冷導電」一文，可參閱。）更爲人類未來的動力，開闢新天地。所以人類如何獲得低廉而廣泛的動力，從科學的研究發展上看，前途極爲樂觀。問題是我們將來如何善用這些動力，更如何普徧分配這些動力，使大家可以過着舒適而閑暇的生活。千萬不可用來製成武器，自找麻煩，自尋死路，表演人類互相殘害的悲劇。

（三）大自然方面重大問題的解決　人類對於大自然的現象，已有相當的了解，但如何防止大自然的災害，至今仍然感到束手無策。最受到威脅的，便是颱風和地震的問題，現在有些科學家已在着手研究，如何在颱風尙未形成時期，事前加以消除；如何能够早期測知地震區域及時間，事先設法遷移或避免。倘若這些問題都能發明有效的方法而付諸實施，則人類可以減少許多意外的災害。其次便是地球老化的問題，據科學家的研究，地球正在走向混亂，如南極冰帽逐漸增大，使地球軸心失去平衡，可能發生滄海桑田的現象，人類必須準備應付此種危機。還有更爲遙遠的隱憂，也許在億萬年以後，太陽終要失去陽光和熱力，地球上的生物便將無法生存。這些世紀末日的預言，雖然不知何時會將實現，但倘若眞有這麽一天，那確是人類的不幸。在這種觀點之下，外太空的研究便顯得極爲重要，最好能够發現可供人類生存的星球，作有計劃的移殖。所以太空科學的發展，在人類將地球上各種基本而重大的問題大致解決以後，便必須積極着手進行。

依照上面所講，那末理想科學世界的構成。第一步，能够利用科學方法，改良人類的品質和控制人口出生的數量，則人類必定可以努力進取，和平相處，過着奮發而安定的生活。第二步，能够利用科學方法，供應充沛的物資，發明廉價的動力，則人類的物質需要可以普徧的滿足，人類工作的勞力可以盡量的減輕，過着富裕而閒暇的生活。第三步，利用科學方法，防止天然災害，擴大人類生存的空間，則人類不幸的命運不致來臨，前途更加光明。

第三節　理想的民主社會

現代人羣對於民主已有或多或少的認識，大多數國家政治的推行，均已採取民主的方式。即推行極權政治的共產國家，也已訂頒憲法，掛出民主政治的招牌。可見民主號召，已爲今後人類政治生活共同傾向的一大潮流。然而現實的民主政治和理想的民主社會，尙有一段長遠的距離。那末理想的民主社會，究竟是怎樣一種社會？它必須具備幾個先決條件：第一個條件是，所有人民均已具備相當水準的敎育程度，能够認識政治的意義，並依照自己的意志行使政權，做到名符其實的民主。第二個條件是，所有人羣均能使用共同語言和文字，使彼此的意見可以溝通，彼此的主張也可以得到對方的尊重，在民主方式之下，依照大多數的意志，解決一般有關公共事務的問題。第三個條件是，國家只是代表人羣聚居的一種區域性的組織，並沒有嚴格的種族界限、政治背景、以及經濟壁壘的劃分。人民可以依照自己的意志自由遷居，而不致受到約束和歧視。假若以上幾個條件均能具備，則理想的民主社會的根基便已確立。

在理想的民主社會裏面，可說便是一個大同世界。國家只是代表某一羣人民聚居的地方，具有融合和同化的性質。好像我國以往春秋戰國時代的國家，可以由小國逐漸兼併成爲大國。那時要憑政治領袖的野心和武力來兼併，將來只要經過兩國人民的同意，便可以融合。現在歐洲若干國家的共同市場，便是基於經濟性的需要，走向融合的路線。亞洲若干國家的區域性聯盟，便是基於政治性的需要，走向融合的路線。所以未來的國家，勢將解除嚴格的國界，逐漸取得合作。在此種情勢之下，國防便成爲地方自衛的性質，外交也只是兩個地區的政府和人民彼此之間的聯誼。兩國之間如有爭執，可用談判方式解決，而不必動用武力。那末擔任國防的軍隊便可以減少，甚至用警察來代替，外交也不必派遣大批的使節，而只須經常組織一些訪問團或表演競賽等團體互相來往，以促進國與國間文化的交流，藉以敦睦友誼。

在理想的民主社會裏面，政府主要的任務，在替民衆辦理公共建設、教育文化、保健衛生、福利娛樂等等事項，至於國防、外交、司法等等機構，均將逐漸居於次要的地位。到了那個時期，國家成爲區域性的組織，便可以節省大批的國防軍事和外交費用，移作辦理有關增進人民衣食住行育樂各項福利事業，必須有計劃的成立新社區，大量建立學校、醫院、國民住宅、超級市場、娛樂場所、觀光設施等，以滿足人民日常生活的需要。對於交通的發展、資源的開發、金融的流通等等，也爲政府不可忽視的業務。由於人民教育水準的提高，均有相當的法律知識和品德修養，很少違法犯紀的事件發生。所以司法機構的業務，自將日趨清閒。

在理想的民主社會裏面，執掌行政的領袖均由民選，任期具有彈性，由各國和各地方的人民自由決定，並沒有一定的限制，如果某一領袖的政績優異，獲得人民的支持和經過合法的手續，可以長期留任。至於一般行政官吏，由領袖盡量延攬學有專長者擔任，必要時，須經過考試甄選的方式。將來有關國家和地方的重大事件，均須採取民意測驗和公民投票的方式，以表達人民的公意，作爲行政措施的依據。民意代表只是負責監督政府推行一切日常行政及經費支配等事務。

在理想的民主社會裏面，人民可以組織政黨，但是政黨本身具有高度的學術性，黨員對於政治、經濟、文化，均有深切的認識及健全的理想，可以運用政黨的力量，推選代表參加政治組織，以求貫澈政黨的主張。至於人爲的地方派系，個人的權利思想，決不允許摻入政治活動裏面。亦無法在人民公意之下，能够公開活動和發展，以達到私人爭權奪利的企圖。

在理想的民主社會裏面，首先要解決的，便是都市超速發展，人口大量集中的問題，爲了避免此一問題的日趨嚴重，今後的都市建設計劃，應從點的集中，改爲線的延長。在各大都市之間，選擇適當的路線，在適當距離之間，開闢若干新社區，沿着公路線作平均的發展，使人口作合理的分配。則目前各大都市所呈現的病態，如交通壅塞、音響嘈雜、空氣污染、垃圾堆積、水源變質等等現象，均將逐漸改善，以至於消除。住宅的建築，也不必盡量向空中發展，高達數十層之多，人民好像住在鳥籠之中，幾與地面隔絕，過着孤寂而局促的生活。

在理想的民主社會裏面，有關教育文化事項的實施，便是如何有效的普及基本教育和提高文化水準等問題。首先對於現行學校制度的設施，值得加以檢討。爲了集中兒童和青年從事有計劃的學習，學校固然有其存在的必要，但教室卻不是主要的學習場所，教師也不是專門灌輸知識的工作者。這是曾經許多教育學者鄭重的指出。尤其在現代教學觀念大爲改變，教學工具全面革新的潮流中，兒童所最需要學習的，不是抽象的知識，而是親身體認的生活經驗。所以在教室裏面，教師必須利用新式視聽教學工具，把學生的視野擴大，把學生的經驗範圍伸張，讓他們認識更多具體而生動的事物。更應利用自動化的教學工具，讓學生能夠按鈕操縱從事自動的學習，隨着自己適應的能力而不斷的進步。教師更應率領學生離開教室，親切認識學校以外的社會和宇宙，知道「人是怎樣的生活？大自然有些什麼奇異的現象？人應當怎樣接受羣體的約束？」一等一類的問題。所以未來的學校教育中，教師有時候是一位人生戲劇的導演者，讓學生自己做演員，教師只是躱在幕後操縱，而不只是一位宗教佈道者，把學生作爲聽衆，經常站在講壇上公開傳道。在程度較高的教育中，教師更可利用閉路電視，對廣大的學生羣從事講學，不必局促在一間講堂裏面。一位著名教授的學術演講，可以作有系統的設計，利用現場拍成電影和高度傳眞的錄音，分送各地區去放映，以擴大教育的效果。至於學生的班級編配，教師的課程安排，均須具有彈性，以學生眞能學到東西，教師眞能發揮教學效果爲最高原則。至於教育經費預算，應當依照人民實際的需要而不斷的增加，其數字的龐大，可能取代目前國防經費的預算。

在理想的民主社會裏面，有關保健衞生事項的推行，預防醫學必定更加重視，一切傳染病症必將逐漸絕跡，所有不治之症均可探知病源而着手預防。健康檢查及預防注射，成爲一般人民日常生活必須接受項目之一。公醫制度必將普徧實施，任何人患有疾病，均可獲得免費醫療的待遇。醫學的發展，將從生理疾病的治療推進到心理疾病的治療，醫生將與心理學者及教育學者取得合作，從事於心理疾病的預防、診斷和治療。醫療藥物將受到衞生機關嚴格的管制，不能視爲商品大量的任意推銷，造成藥品氾濫危害人類的現象。一般人民均應具有衞生及醫藥常識，醫護人員更須經過嚴格的訓練和考核，方可執業。至於公共環境衞生，更有專設機構及專業人員負責處理，爲政府對人民服務重大工作之一。

在理想的民主社會裏面，有關福利娛樂設施，必較目前更爲普徧推行。由於低廉動力的發現，可以代替人類的勞力，人類工作的時間必將大為減少，休閒時間因而裕餘；同時由於物資的充沛，各國國民所得逐漸提高，人民對於康樂活動的參加，自會日見踴躍。社會投資勢將轉向於觀光、旅遊、運動、娛樂等等方面，教育亦將配合此種需要，着手培植及訓練大量專業人員。娛樂工程亦必普徧增設，如開闢觀光勝地，設置適合男女老幼的各種樂園，高山的滑雪，海濱的游泳，原野間的高爾夫球運動，均將成為一般平民可以參加的體能活動。

在理想的民主社會裏面，經濟結構必將採取持中的方式。一方面維持私有財產制度，允許私人自由發展，用正當方法努力提高個人的經濟生活。另一方面採取公平進步的捐稅制度，平衡國民過於懸殊的收入，防止私人財產大量的集中。政府更應積極推行社會福利政策，辦理各種救濟事業，普徧照顧窮苦人民。同時開闢時代需要各種就業機會，大量安置適齡成員，可以獲得一份切合自己能力的工作。退休制度亦將普徧推行，加速各行各業人事的新陳代謝。對於退休人員亦宜作妥善的安排，轉移到較為自由輕鬆的工作崗位，或安頓在生活寧靜舒適的養老處所，讓老年人不致有晚景淒涼的感覺。

總之，一個民主社會能夠在政治法律上做到大公無私；在教育文化上做到有教無類；在保健衛生上做到共享康寧；在福利娛樂上做到與衆同樂。則所有的人民均將蒙受幸福。倘若此種理想能夠普徧推廣和具體實現，則所有人羣均將共慶太平。

第四節　理想的倫理生活

現代人類的倫理生活，由於社會型態的劇變，人際關係的錯綜，若干道德觀念和道德行為不免呈露今是昨非、此正彼反的現象。在本書第七章中曾予申述。然而我們應當確認以下幾點，否則理想的倫理生活卽無由建立。第一，人類具有理智，能够辨別是非，判斷善惡，選擇最適當的方式表現於行爲，構成倫理的法則。第二，道德觀念和道德行爲無論如何演變，然而人類爲求適應環境，使個人和羣體之間過着合理而和好的生活，維護道德的基本立場決不變更。第三，倫理行爲的演進，必有其自然的趨勢，而現代公認的行爲準則，必較以往的更能符合科學原理和人羣心理。今後理想的倫理生活，亦必將循着合理的途徑向前發展，決不能違反科學和人情。本着此種信念，試述今後人類所應嚮往的倫理生活。

(一)家庭的倫理生活　家庭是男女兩性基於愛情結合，經營共同生活的寄託所在。也卽是倫理生活開始建立的基本單位。有了家庭，才使夫婦的關係確立而穩定，夫婦生了孩子以後，更發展爲父母子女兄弟姊妹的關係，所以家庭在倫理生活中，佔着十分重要的地位。可是由於現代工業社會結構的轉變，男女兩性經濟的趨向獨立，以及極權國家的有意摧毀家庭組織，於是家庭制度不免發生動搖。西方工業國家中，夫婦離異的事件日益增加，遂有許多安定的家庭趨於破碎。縱使夫婦感情敦睦，能够維持完整的家庭，但年老父母均因子女的成長另組家庭，過着無人照顧的生活，這是西方極爲普通的現象。至於共產極權國家，更採取各種措施，如推行兒童公育，設立人民公社等，設法冲淡人民對於家庭的觀念，迫使兒童離開父母，夫婦離開家庭，爲階級的利益而犧牲親情。在此種情勢之下，家庭組織的基礎，實已岌岌可危。站在倫理行爲的立場，憑着理性作最佳的選擇，則適當的家庭制度，應卽予以維護。因爲人性需要安定，需要一個自己最熟悉、最自由的環境，更需要一些自己最可信賴互助的伴侶（家人），家庭便可滿足此種需要。兒童從小即不願離開家庭，遠方遊客無時不懷念故鄉，這是人性自然的流露。可見家庭是切合人性需要的組織，絕不允許加以破壞。至於怎樣才是適當的家庭制度和合理的家庭生活。大約包括下列各點：

1.我國以往的大家庭制度，誠然不合現代社會的型態，無法繼續保存，也沒有保存的價值。同時西方小家庭組成的份子，只有父母子女，子女成長以後，便另行成立家庭，使父母年老無依，這是人情上的一大缺陷。因此，比較妥當的方式是建立中型家庭，除了壯年的夫婦以外，上有年老的父母，下有年幼的子女，共營家庭生活。如果父母年老，而子女均已成家，則父母可以輪流住在子女家中，或選擇一家長期居住，讓老年人獲得照顧。

2.現代夫婦關係易於破裂，因素固然很多。但主要的因素，還是由於婚前彼此的認識不够，婚後彼此又不肯互相容忍和體貼，才會造成此種不幸的後果。今後補救的方法，男女雙方的認識，最好是採取公開徵婚的方式，利用電腦處理徵婚男女的資料，發現條件相等的配偶，從中介紹認識，經過交遊晤談，及健康檢查以後，方始訂婚。訂婚一年以後，彼此獲得眞正了解，再行正式結婚。婚後彼此平等相處，過着同甘共苦的生活，婚姻關係自會維持永久。

3.有人預測今後人類「生活中經歷二三次婚姻將被視爲正常之舉，未經試婚而遽告結合，反將被認爲不負責任。」（見五十八年十月十五日中央日報第二版「一九八〇年的人類生活」專欄。）此一新的觀念，是否將爲大多數人所接受，頗難預料。但爲人類生活安定與維繫兩性幸福着想，夫婦離異應係萬不得已之事，如果視爲正常，則夫婦之間，朝秦暮楚，三心二意，彼此不能長久相處，終非人生之福。至於婚前試婚，站在生理學進步的觀點，也許將成爲流行的方式。但結婚以後，雙方均須保持節操，不允許第三者介入，當係夫婦倫理應有的正常行爲。

4.今後夫婦大多出外工作，男外女內的傳統觀念應即修正。因此，家事的操作，子女的撫育，經濟的維持……夫婦雙方均須不分彼此共同負擔。有關家庭財產經濟的支配，均須彼此協商決定。對於子女的教育，應依照其個別差異，輔導作適當的發展。並承認子女在家庭中應有的地位，對婚姻和職業有選擇的自由。

(二)社會的倫理生活　此處所稱的社會，係包括家庭以外的一切環境而言，範圍非常廣泛。就社會學者的觀點來看，家庭本身便是一個社會，推而至於學校、社區、國家、世界，都是一層包一層的社會，雖然範圍大小不同，但是人與人間相處的基本品德卻是大致相同。因此，除了上面已述的家庭倫理行爲以外，此處只是就大處着眼，闡明理想社會中，人與人間應有的倫理行爲。就一般社會而言，人與人相處的基本行爲準則，約有三項：第一，人與人間必須以互相友好的行爲對待，以建立彼此間的情誼。第二，人與人間必須隨時抱着推己及人的胸懷，以加深彼此間的照顧。第三，人與人間必須表現曲己從人或曲少從衆的態度，以取得彼此間的合作。就人在社會中所發生的關係加以分析，約有三種。即是：(1)主從的關係，(2)朋友的關係，(3)羣衆的關係。我們如何在這三種關係之中，表現應有的行爲準則，略舉事例說明於次：

1.主從的關係　凡是政府機關的首長和部屬，軍隊的長官和士兵，工廠商店的經理和員工……都可說是主從的關係。以往專制時代，彼此相處的倫理行爲，大體都是在上者盛氣凌人，在下者唯命是從，很難產生友好的感情。現在時代變了，平等自由已是大家所熟悉的事物。所以在職務上雖有主從的分別，應當各盡本職。在人格上卻是彼此平等，應當互相尊重。依照上面列舉的三項行爲準則，站在主的地位，應當用友好的態度發佈命令，使部屬沒有威脅的感覺；用推己及人的態度愛護部屬，使部屬的工作不至過於勞累。主管都是少數，部屬卻佔多數，在某些情況之下，主管一切作爲，應當重視公意和輿情，切忌剛愎自用，一意孤行，引起衆叛親離的後果。站在從的立場，在職務上應當遵從上級的指揮；在執行命令上應當體諒上級的處境和用心；在達成任務上應當表現委曲求全的精神。

2.朋友的關係　凡是機關中的同事，社團中的會員，社區中的鄰居……都可說是朋友的關係。以往朋友之間講求信用，只是個人對個人而言，現在朋友的關係較爲複雜，大半是個人對羣體而言，除了信用以外，更要發揚公德心。因爲朋友之間，彼此的地位是平等的，彼此的利害是共同的，除了互相表示友好以外，更要推己及人，曲己從衆，顧到大衆的利益和意見，不可只顧自己而妨全體。如果只圖自己的便利，違反公衆的規定，便將失去許多朋友，自陷於孤立的處境。

3.羣衆的關係　凡是個人處在車站、商場、戲院、運動場……公共地方，都將發生羣衆的關係。雖然彼此接觸的時間甚爲短暫，但因對象複雜，個人的行爲表現極易影響羣衆，必須加以注意。尤其處在人口密集的現代都市，個人和羣衆接觸的機會非常之多，希望自己的行爲能夠予大家以良好的印象，應當依循上述三項行爲準則，首先用友好的態度對人，其次便是注重公德，不做妨害別人的行爲。如行走不守秩序，廢物到處亂抛等等，在彼此利害相關的情境中，最好能夠委曲自己，顧到人家，如自己退後，讓人先走；不隨便吸煙，以免引起旁人咳嗽；不隨便高聲喊叫，以免引起旁人驚異等等。這是現代公民在羣衆場合中，應有的行爲準則。還有在羣衆場所，執行任務的工作人員，如車站的站員車掌，商店的店員，警所的警員等等，更要抱着謙和的態度，予人友好的感覺，隨時爲羣衆解決困難，處處爲大衆利益着想。都是今後擔任公職人員，所必須表現的態度。

以上係就一般社會人際關係而論。此外，尚有特定環境的人際關係，如學校中，便有師生同學的關係，一個國家中，便有同胞的關係，全世界便有人羣（同類）的關係。這些關係也必須注意上述三項行爲準則的表現。無論師生、同學、同胞、人羣，彼此都應當互相友好，固不必說，如果某些人遭受災害，大家便須本着推己及人的心情予以援助，如果發起或推動某項有關公衆利害的設施，必須以大多數人的利益爲前提，而放棄個人的私利，這都是理想社會中，人羣應具的倫理行爲。

（三）宇宙的倫理生活　科學雖已發展到了巔峯狀態，但是人對宇宙的了解，還是有限得很。所以談到宇宙的倫理生活，未免有些玄虛。然而人類幾千年前，對於宇宙萬象便已感到興趣，產生不少的神話和哲理。現在人類已經能夠奔向月球，實地勘察，我們自不得不就對宇宙所能了解的範圍以內，提出一些對於倫理生活的想法。也許這些想法，可以幫助我們對人際關係以外的各種事物，知道如何妥當的應付。

1.人對萬物的行爲原則和態度　古代哲學家常用心物合一的看法來對待萬物，產生萬物與我同化的心理情境，甚至主張戒殺放生，對萬物十分仁慈，但非世俗所能做到。現代科學家從人定勝天的觀念上，認爲萬物均可供人利用，發明了各種控制物質的方法，常拿動物來作科學實驗的工具，又未免過於現實。而一般人對於動物，更極盡奴役和殘害的能事，在良知上實在有些過意不去。我們本着理性，在這兩者之間，加以衡量和選擇，提出下面幾項行爲準則：

(1)爲增進人類幸福起見，對於無機物質，自應盡量加以利用。但像核子試爆一類的玩意兒，實在有弊無利，應當決心制止。

(2)對於有機物質如植物之類，自應依照人類的需要，不斷的改良品種並加以利用。

(3)對於有害於人類生存的生物，如病菌害蟲等，本着人類自衛的理智，只有採取消滅的行動。雖然有違佛教護生的苦心，亦屬迫不得已。

(4)人類雖係肉食動物，但爲自身健康及發揚仁愛精神，最好少吃動物，更不必用科學方法大量繁殖，而又加以殺害。至於對人類有益並能幫助人類工作的動物，更應予以愛護。

(5)人類正在尋求各種增加食物的來源，如果發現或創製更爲廉價而富於營養的食物，則殺食動物的習慣應即戒除。

2. 人對自然現象的行爲原則和態度　以往人類懾於大自然的威力而又無法加以理解，便只有看待如神，不敢存有違抗或控制的念頭。近代科學昌明，知道大自然一部分的眞相，並且設法予以控制和利用，這是人類進步的行爲和態度，因而在自然現象方面，應有如下的行爲準則：

(1)對於人類生活關係最密切的，如陽光、空氣、水等自然物資，應即不斷的加強我們的探討和認識，像「如何從陽光中攝取廉價的能源，有效供人利用。如何保持空氣的清潔，更適合於人類的生存。如何將海水變爲淡水，解決水源不足的困難。」等一類的問題，都是人類所應急切研究的。

(2)對於有害於人類的自然現象，如颱風地震等，應當盡量採取科學方法達到精確預測的程度，並且多方設法防止和避免此類災害的來臨，也是我們今後對自然現象所應克制的一大任務。

(3)目前有些科學家發表地球毀滅的預言，未免言之過早，不必存着過份恐懼的心理，但在人類能夠妥善解決自身的問題，並使整個地球上的人羣能夠和好相處以後，應即積極做探測其他星球的工作，以便在可能而且必要的情況下，讓人類可以移殖，而不至於遭到同歸於盡的命運。

3.人對其他星球生物的行爲原則和態度　人類在登上月球以後，才知道月球沒有生物，至於其他星球是否載有生物，甚至有無像人類一般的高級動物，現在還是一個謎。假使有一天發現其他星球載有生物，我們應當採取怎樣的行爲和態度。站在倫理的立場，宜持下列的行爲準則：

(1)發現其他星球的生物，首先應當了解其性能，並和對待地球上的生物一樣，能夠利用的加以利用，需要愛護的同樣予以愛護。

(2)倘若其他星球上，有和人類相似的動物，在適當的情形之下，宜先抱着友好合作的態度，使彼此可以共存，而不必存着敵視甚至消滅的想法。倘若眞正不能合作，甚至足以危害人類，應即採取自衞的手段，不惜發動戰鬬，以保障自身的安全。

(3)倘若其他星球的高級動物，智慧和能力都和人類相差不遠，又能合作共存，則可以擴大交往，共同爲開發其他無人星球作進一步的努力，由世界大同更走向宇宙大同的境界。

中華哲學叢書

現代倫理學

1912

作　　者／龔寶善　著
主　　編／劉郁君
美術編輯／中華書局編輯部

出 版 者／中華書局
發 行 人／張敏君
行銷經理／王新君
地　　址／11494 台北市內湖區舊宗路二段181巷8號5樓
客服專線／02-8797-8396　　　傳　　真／02-8797-8909
網　　址／www.chunghwabook.com.tw
匯款帳號／兆豐國際商業銀行　東內湖分行
　　　　　067-09-036932　中華書局股份有限公司

法律顧問／安侯法律事務所
印刷公司／維中科技有限公司　海瑞印刷品有限公司
出版日期／2015年7月十三版
版本備註／據1991年7月十二版復刻重製
定　　價／NTD 390

國家圖書館出版品預行編目（CIP）資料

現代倫理學 / 龔寶善著. — 十三版. — 台北
市 : 中華書局, 2015.07
面 ;　公分
ISBN 978-957-43-0078-5(平裝)

1.倫理學

190　　　　　　80002071

NO.B1001
ISBN 978-957-43-0078-5（平裝）